Julian Klaczko

Zwei Kanzler

Fürst Gortschakow und Fürst Bismarck

EHV
HISTORY

Julian Klaczko

Zwei Kanzler

Fürst Gortschakow und Fürst Bismarck

ISBN/EAN: 9783955644154

Auflage: 1

Erscheinungsjahr: 2013

Erscheinungsort: Bremen, Deutschland

@ EHV-History in Access Verlag GmbH, Fahrenheitstr. 1, 28359 Bremen. Alle Rechte beim Verlag und bei den jeweiligen Lizenzgebern.

EHV
HISTORY

ZWEI KANZLER.

FÜRST GORTSCHAKOW

UND

FÜRST BISMARCK.

VON

JULIAN KLACZKO,

EHEM. MITGLIED DES ÖSTERREICH. REICHSTAGS.

Zweite Auflage.

BASEL.

Benno Schwabe, Verlagsbuchhandlung.

1878.

Inhalt.

Vorwort.

Verschiedene Veröffentlichungen von höchstem Interesse haben in den letzten Jahren die innersten Geheimnisse der zeitgenössischen Diplomatie vor der Welt blosgelegt. Wohl ist der Geschichtschreiber genöthigt, diese Zeugnisse zu sammeln und Belehrung aus denselben zu schöpfen, doch erhebt sich das Gewissen sowohl wie die Staatsraison darum nicht minder gegen bedauerliche Enthüllungen, die in so augenscheinlicher Weise die Principien staatlicher Ordnung wie die in den internationalen Beziehungen geltenden Traditionen verletzen. Der Verfasser erklärt deshalb, dass er, obgleich seit dem Jahre 1873 vom politischen Leben zurückgetreten, nicht geglaubt hat, sich von den Verpflichtungen lossagen zu dürfen, welche ihm das Berufsgeheimniss wie die elementaren Regeln des Staatsdienstes auferlegen. Keine der in vorliegender Arbeit citirten Depeschen, keines der angeführten Actenstücke hat das zweifelhafte Verdienst, noch nicht gedruckt zu sein; sie sind sämmtlich öffentliches Eigenthum, und die genaue Angabe der verschiedenen Quellen wie der Daten gestattet ihr leichtes Auffinden in den erwähnten Werken und parlamentarischen Papieren.

PARIS, 15. Januar 1876.

Zwei Kanzler.

Ịn seiner Einleitung zu der langen und reizvollen
Serie von Parallelen, die er mit den Lebensschilderungen
des Theseus und des Romulus beginnt, wird es dem braven
alten Plutarch nicht ganz leicht, die Zusammenstellung
dieser beiden Helden zu rechtfertigen: er kann an ihnen
nur einige, im Grunde wenig ähnliche Züge entdecken, die
doch nichts beweisen. „Mit der Stärke vereinigten sie den
Verstand, beide haben Weiber entführt und keiner von beiden
war von häuslichem Kummer verschont geblieben; der eine
und der andere haben sich schliesslich den Hass ihrer
Zeitgenossen zugezogen."*) Ein Schriftsteller unserer Tage,
der die beiden hervorragendsten Gestalten in der zeitgenössischen Politik, die gegenwärtigen Kanzler des russischen und des deutschen Reiches, in einer Studie neben
einander stellen wollte, wäre sicher nicht auf solche Züge
beschränkt, — die übrigens im vorliegenden Falle sich fast
durchgängig als falsch erweisen würden. Hier rechtfertigt
die Zusammenstellung sich von selbst, denn sie drängt sich
jedem denkenden Geiste auf, jedem der die Ereignisse der
letzten fünfzehn oder zwanzig Jahre mit Aufmerksamkeit
verfolgt hat. Der moderne Plutarch, der es unternähme,
das Leben dieser beiden berühmten Männer zu schildern,
würde, so will es uns scheinen, der Versuchung leicht wi-

---

*) Plutarch, *Theseus, initio.*

1

derstehen, die Analogieen weit herzuholen oder gar zu erzwingen, wo die Vergleichungspunkte so natürlich und so überreich ohne jeden Zwang sich darbieten. Vielleicht hätte er sich vielmehr vor unerlässlichen und unerfreulichen Wiederholungen im Angesichte einer Ideengemeinschaft und Uebereinstimmung im Thun zu hüten, wovon die Geschichte nur seltene Beispiele bei zwei Ministern gekannt hat, die die Geschicke zweier verschiedenen Staaten lenken.

Es ist kein Werk solcher Art, der Leser ahnt es wohl, das wir auf den folgenden Seiten unternehmen. Wir haben hier kaum eine leichte Skizze zu einem Gemälde versucht, das, um einigermaassen vollständig und befriedigend auszufallen, in weit grösseren Verhältnissen hätte angelegt sein müssen, eine bei weitem gewandtere Hand erfordert hätte. Ohne Anspruch darauf zu machen, mit neuen und unveröffentlichten Actenstücken aufzutreten, oder nur alles über den Gegenstand Bekannte hier zu vereinigen, haben wir nur eine Auswahl des Materials vorgenommen, versucht es zu ordnen, zu coordiniren, um damit gewisse Perspectiven zu erleichtern. Wir haben darauf verzichten müssen, den verschiedenen Theilen einen gleichen Werth in Zeichnung und Ton zu geben und uns nicht einmal dazu verpflichtet, in der Erzählung einen regelmässigen und methodischen Gang einzuhalten. Bei einem so umfangreichen Stoff, der so viele Seiten und Kanten darbietet, haben wir es für erlaubt, bisweilen sogar für nützlich gehalten, das Bild von verschiedenen Gesichtspunkten aus zu betrachten und damit dem Urtheil einen weiteren Spielraum zu geben.

Erstes Kapitel.

Die Missionen des Fürsten Gortschakow.

Wie die Odajewski, die Obolenski, die Dolgoruki und
so manche aristokratische Familie an den Ufern der Moskwa,
rühmen sich auch die Gortschakow, dem Hause Rurik ihren

Ursprung zu verdanken; mit mehr Bestimmtheit behaupten sie, von einem der Söhne Michael's, Grossherzogs von Tschernigow, abzustammen, der um die Mitte des dreizehnten Jahrhunderts von den Mongolen unter Batu-Khan getödtet, als Glaubensmärtyrer gefeiert und sogar zum Range eines Heiligen in der orthodoxen Kirche erhoben wurde. Trotzdem finden sich nur wenige Berühmtheiten mit dem Namen Gortschakow in den finsteren und blutigen Annalen Alt-Russlands. Die Epoche vor der Thronbesteigung der Romanow nennt besonders einen Peter Iwanowitsch Gortschakow, den unglücklichen Commandanten von Smolensk, der nach zwei Jahren tapferen und verzweifelten Widerstandes diese Festung den Polen übergab. Er wurde nach Warschau gebracht und dort musste er im Jahre 1611 mit dem Czaren Wasilji, den Fürsten Schuyski und Schehin und einer Anzahl mächtiger Bojaren an dem berühmten „Einzug der Gefangenen" theilnehmen, den der Grossfeldherr Zolkiewski eines Tages — *honorificentissime,* sagt ein Bericht aus jener Zeit — vor dem König und Senat der Durchlauchtigsten Republik aufführen liess. Erst in der zweiten Hälfte des letzten Jahrhunderts, unter der Regierung Katharina's II., gelang es einem Fürsten Iwan Gortschakow, Dank seiner Vermählung mit einer Schwester des reichen und mächtigen Suwarow, den Glanz seines alten Hauses neu zu beleben, das seitdem nicht aufgehört, auf den verschiedenen Gebieten des Staatsdienstes, speziell in der kriegerischen Laufbahn, sich auszuzeichnen. Das gegenwärtige Frankreich erinnert sich zweier Fürsten Gortschakow, zweier alten Soldaten, die bei Borodino gefochten und sich während des Orientkrieges hervorgethan. Der Eine befehligte den linken Flügel der russischen Truppen in den Schlachten an der Alma und bei Inkerman, der Andre, Fürst Michael, war Generalissimus der Armeen des Czaren in der Krim und erwarb sich unvergänglichen Ruhm durch die heldenmüthige Vertheidigung Sebastopols. Er war darauf als Stellvertreter des Kaisers Regent des Königreichs Polen — welch' wunderbare Wandlung in den Menschen- und Völkergeschicken! — er war der höchste Repräsentant jener harten Fremdherrschaft in derselben Stadt Warschau, wo einer seiner Vorfahren einst bei dem denkwürdigen Einzug der Gefangenen figurirt hatte. Wenn übrigens diese Ideenverbindung jemals im Geiste des Fürsten Michael aufgetaucht, so hat ihn dieselbe nur mit edlen Inspirationen erfüllt, denn er regierte das unterjochte Land mit Mässigung und Wohlwollen und gewann sich den Ruf eines in der Civilverwaltung ebenso unbestechlichen wie im Kriege unerschrockenen Mannes.

Der Vetter des Fürsten Michael und gegenwärtige Reichskanzler Alexander Michailowitsch Gortschakow wurde 1798 geboren und im Lyceum zu Zarskoje-Selo erzogen, das in der pädagogischen Geschichte Russlands eine besondere Stelle einnimmt. Von der Regierung als Muster-Erziehungsanstalt für die aristokratische Jugend des Reiches gegründet, hat das Lyceum einen grossen Glanz unter der Regierung Alexander's I. um sich verbreitet, obgleich die Rollin und Pestalozzi gewiss manches einzuwenden gehabt hätten gegen eine Schule, die ihre Zöglinge nur für die vornehme Welt heranbildete und die strengen klassischen Studien als ein zu schweres Gepäck für die ätherischen Regionen des Vergnügens und der Eleganz erachtete. Fast sämmtliche Professoren der Anstalt waren Ausländer, denen der Stempel des achtzehnten Jahrhunderts fest aufgedrückt war, gewandte, etwas losgebundene Geister, Voltairianer mehr als genug. Der hervorragendste derselben,

der Professor der französischen Literatur, derjenige welcher
den künftigen Kanzler in die Sprache Voltaire's einweihte,
deren feine Wendungen, Winkelzüge und Schleichwege ihm
so wohl bekannt sind, war ein Schweizer aus Neuchâtel,
der unter der harmlosen Etiquette eines Herrn von Boudry einen furchtbar vielsagenden Namen verbarg. Herr
von Boudry war ganz einfach der leibliche Bruder Marat's,
des unheimlichen Conventsmitgliedes. Es war die Kaiserin
Catharina, die „um einen Scandal zu unterdrücken," dem
Herrn Professor Marat diese Aenderung seines Familien-
namens befohlen hatte, ohne ihn indessen zu einer Aenderung seiner Gesinnung zu bringen, die nach wie vor „ja-
cobinisch" war. Er starb unbussfertig, in offen erklärter
Bewunderung für den unwürdig verleumdeten *Ami du
peuple.* Aus dieser Erziehung, deren Verdienste sehr zu
bestreiten sind, schöpfte der junge Gortschakow eine reiche
und stärkende Nahrung; er war mit mannigfaltigen und
gründlichen Kenntnissen ausgestattet, als er Zarskoje-Selo
verliess, sogar, was noch überraschender ist, ein guter Lateiner, und letzterer Punkt blieb stets ein Gegenstand der
Verwunderung für seine Mitschüler wie für die folgenden
Generationen, welche jene Anstalt besuchten. Es steht immerhin fest, dass der Kanzler seinen Horaz mit derselben
Schlagfertigkeit zu citiren versteht, wie weiland Ludwig XVIII., geistvollen Angedenkens. Eine seiner bekannte-
sten Depeschen entlehnt auf sinnreiche Weise eine beredte
Stelle aus Sueton über den Unterschied zwischen Freiheit
und Anarchie.

Aus der Jugendzeit erinnert sich der russische Kanzler
besonders gern seiner klassischen Studien und der Thatsache, dass er ein Mitschüler des grossen Dichters Puschkin
gewesen und dessen Freund geblieben. Diese Erinnerung ist

um so ehrenvoller für ihn, als jenes Freundschaftsband zu
gewissen Zeiten auch seine Nachtheile für ihn haben
konnte. Als auf Befehl Kaisers Alexander I., wir wissen
nicht mehr in Folge welcher missfälligen Ode, der junge
Sänger von Ruslan und Ludmila in ein namenloses Dorf
tief im Herzen Russlands internirt wurde, hatten nur zwei
seiner ehemaligen Schulkameraden den Muth, ihn dort zu
besuchen und ihm ihr Beileid zu beweisen und einer von
diesen unerschrockenen Jünglingen war Fürst Gortschakow.
Man findet in Puschkin's Werken einige leichte, zwanglose
Verse, die nur durch den Namen Alexander Michailowitsch
Interesse gewinnen, an den sie gerichtet sind. In einem
dieser Jugendgedichte wünscht Puschkin seinem Freunde
„Cupido zum unzertrennlichen Begleiter bis an · die Ufer
des Styx, und dass er, schon in der Barke Charon's, an
dem Busen der Helena einschlummern möge“, unbedachte
Wünsche, welche menschliche Bosheit sicherlich in der
Folge ausgebeutet hätte, wenn der Kanzler nicht glücklicherweise gewusst hätte, seine alten Tage vor trügerischer
Verführung zu schützen und selbst den Schein eines nordischen Ruy Gomez zu vermeiden. Der Poet war ein anderes Mal besser inspirirt, als er, von ihren so verschiedenen Lebensaufgaben redend, Alexander Michailowitsch glänzende Schicksale vorhersagt und ihn „den Sohn des Glücks“
nennt.

Das Glück beeilte sich jedoch keineswegs, seinen Sohn
anzuerkennen und ihm sein verdientes Loos zuzuertheilen.
Früh in's Departement der auswärtigen Angelegenheiten ein-
gereiht, seit den Kongressen von Laibach und Verona
Herrn von Nesselrode beigegeben, hatte Fürst Gortschakow
schon lange den *mezzo del cammin di vita* überschritten,
ja war schon den Fünfzigern nahe und doch nur erst be-

vollmächtigter Minister an einem kleinen deutschen Hofe.
Da sollte ein glückliches Ereigniss ihn dem Wohlwollen
seines Meisters empfehlen und ihn in jenem Vorhimmel der
Diplomatie, „der von Thränen frei, doch erfüllt von Seuf-
zern", mit Auszeichnung sich schmücken lassen; in jenen
Regionen, die man in der Sprache der diplomatischen Laufbahn Posten zweiten Ranges nennt.

In einem Augenblicke väterlicher Schwäche hatte Kaiser
Nicolaus eines Tages in die Verbindung seiner Tochter, der
Grossfürstin Marie, mit dem Herzog von Leuchtenberg eingewilligt, „dem Sohne eines Beauharnais, eines katholischen Offiziers im Dienste des Königs von Baiern", wie
man sich in den vertrauten Kreisen des Winterpalastes
traurig in die Ohren raunte. Nicolaus war nicht der Mann
dazu, von einem gegebenen Wort wieder zurückzutreten;
er fühlte aber darum den Stachel der in seiner Umgebung
als Mésalliance bezeichneten Ehe nicht weniger und seine
Bitterkeit wurde um so grösser, als kein auswärtiges Mitglied der kaiserlichen Familie den glänzenden Festen bei-
wohnte, die vor und nach der Vermählungs-Ceremonie
gegeben wurden. Das Unglück wollte, dass bald darauf
eine nahe Verwandte des neuen kaiserlichen Schwiegersohns
und Tochter des Exkönigs Jérôme einen in der Industrie
reich gewordenen Russen heirathete, der am Arno als ein
Fürst, an den Ufern der Newa aber kaum als ein Edelmann
galt, — ein ärgerliches Ereigniss, das nach der Anschauung der bestürzten Höflinge aus dem Selbstherrscher aller
Reussen „einen Verwandten eines seiner Unterthanen"
machte! Es war also dringend nöthig, alle diese unange-
nehmen Eindrücke zu verwischen und durch eine glänzende
Heirath für so viel Ungemach volle Entschädigung zu suchen. Man hatte sich einen Augenblick geschmeichelt, die

Grossfürstin Alexandra von einem österreichischen Erzherzog angenommen zu sehen, sich aber mit einem hessischen Prinzen begnügen müssen. Für die Grossfürstin Olga, die schönste und geliebteste Tochter des Kaisers, hatte man sein Auge auf den einzigen damals disponiblen k ö n i g- l i c h e n Prinzen geworfen, den präsumtiven Thronerben von Württemberg, aus dem altberühmten schwäbischen Hause. Das Projekt war nicht so leicht auszuführen, den guten Schwaben behagte es nicht allzusehr, eine russische Heirath schien ihnen zu gefährlich für ihre constitutionellen Freiheiten. Noch schlimmer war es, dass der alte König Wilhelm von Württemberg selber, ein ehrlicher, liberaler, aber höchst eigensinniger Souverain, sich einigermaassen harthörig anstellte und wie zum Spott die Angelegenheit weiter und weiter hinauszuschieben wusste. Auch von anderer Seite fehlte es nicht an Einwendungen, doch der bevollmächtigte russische Minister in Stuttgart, der ehemalige Mitschüler Puschkin's, verstand es, sie alle mit vollkommenster Gewandtheit aus dem Wege zu räumen: seiner Kunst und Schlauheit gelang es, die Grossfürstin Olga in der königlichen Familie von Württemberg an den Mann zu bringen. Die Freude des Kaisers Nicolaus war gross und rückhaltslos und im Winterpalast erklang es von Lobliedern auf den diplomatischen Ehestifter. Nach solchem Erfolge konnte Fürst Gortschakow sicherlich eine Beförderung in seiner Laufbahn fordern, um damit einige Stufen der Gesandtschaft in Wien näher zu rücken, die man allgemein als das höchste Ziel seines Ehrgeizes betrachtete. Dennoch that er nichts dazu und bewies eine wunderbare Geduld — die Geduld des Erzvaters Jacob bei Laban, dem Sohne Nahor's. Alexander Michailowitsch erklärte sich bereit, zu den vier Jahren, die er schon in Stuttgart geblieben, einen wenn es nöthig sei

noch längeren Aufenthalt hinzuzufügen: er versprach der
Kaiserin-Mutter, auf unbestimmte Zeit bei der Grossfürstin
Olga zu bleiben, ihr in einem fremden Lande und einer für
sie ganz neuen Umgebung als Führer und Rathgeber zu
dienen. So klein auch das Gebiet war, das ihm angewiesen,
so hoffte er doch darauf unter dem Strahl der Schönheit
und Gnade zu wachsen, der direkt von der nordischen Sonne
auf ihn fiel; er blieb wirklich noch acht lange Jahre auf
dem Stuttgarter Posten . . . *Tenues grandia conamur!*
Uebrigens ist für den, der sein Fernrohr zu richten
und die Sterne zu befragen versteht, jeder Beobachtungs-
posten gut: der bevollmächtigte Minister in Stuttgart hatte
ausgedehnte Beziehungen und fand Mittel, seine Regierung
über viele Dinge zu unterrichten, die ausserhalb der Grenzen
und des Horizonts des kleinen Königreichs Württemberg
lagen. Bald kam auch das Jahr 1848 mit den furchtbaren
Katastrophen, den revolutionären Erschütterungen, die die
Erfahrungen der Gescheidtesten bereichern, die unerkannten
Abgründe der menschlichen Natur mit einem plötzlichen
Lichte erhellen und, um mit Milton zu reden, selbst die
Finsternisse sichtbar machen sollten. Eine solche Lection
der Geschichte war wie selbstverständlich für den ehemaligen Schüler von Zarskoje-Selo nicht ohne Nutzen; Salons
und Kabinete hatten schon lange keine Geheimnisse mehr
für ihn, er kannte jetzt diejenigen des Forums und der
Gasse. Die Nähe Frankfurts, wo das famose Parlament
tagte, gestattete ihm, die deutsche Bewegung jener denkwürdigen Epoche in nächster Nähe und in ihrem ganzen Umfang zu studiren; er wusste deren naive, komische und
widerwärtige Phasen nach einander vorherzusagen und früh
das unvermeidliche Scheitern einer Revolution zu pro-
phezeien, deren hochgehende Wogen eines Tages sogar

bis in die sonst so friedlichen Gassen Stuttgarts sich verirrten.

Es war im Monat April 1849. Um zwanzig Jahre
der gewaltigen Arbeit des Jahres 1870 vorauseilend, hatte
eben das Frankfurter Parlament ein deutsches Reich mit
Ausschluss Oesterreichs constituirt und die Krone desselben
dem König von Preussen Friedrich Wilhelm IV. angeboten.
Der König von Preussen zauderte und zog sich endlich zurück; den anderen deutschen Fürsten lag noch viel weniger
daran, ein Dekret zu unterzeichnen, das ihre Abdankung
implicirte. So aber hatte die deutsche Demokratie nicht
gerechnet, sie war mit einem Male voller Begeisterung für
eine Verfassung, die sie Tags zuvor noch als reactionär,
als einen Angriff auf die Freiheiten des Volkes verschrieen
hatte, und gedachte den verschiedenen Souveränen Deutschlands das in Frankfurt dekretirte Vasallenthum mit Gewalt aufzudrängen. In Württemberg votirte die Kammer
der Abgeordneten eine drängende, gebieterische Adresse,
um beim König die Anerkennung Friedrich Wilhelm IV.
als Kaiser zu erzwingen. Der Monarch gab eine abschlägige
Antwort, der Aufruhr tobte auf dem öffentlichen Platze
und der Hof. musste aus der aufgeregten Hauptstadt sich
nach Ludwigsburg flüchten. „Ich unterwerfe mich nicht
dem Hause Hohenzollern“, hatte der alte König von Württemberg zu der Deputation der Kammer gesagt, „ich bin es
meinem Lande, meinem Volke und mir selbst schuldig, mich
ihm nicht zu unterwerfen. Nicht für mich spreche ich so,
ich habe nur noch wenige Jahre zu leben; die Haltung,
die ich annehme — mein Land, mein Haus, meine Familie machen sie mir zur Pflicht . . .“ Ein durchaus
nicht kalter Zeuge jener bewegten Auftritte, jenes patheti-
schen Protestes des Schwiegervaters Olga's „für das Haus,

für die Familie Württemberg", dachte Alexander Michailowitsch damals sicher nicht daran, dass er eines Tages als
Kanzler des russischen Reiches der nützlichste Beistand, der
getreueste Vertheidiger einer unternehmenden, kühnen Politik sein werde, die das Programm der Stuttgarter Em-
pörer in jedem Punkte verwirklichen und die Königin Olga
zur Vasallin des Hohenzollern machen sollte.

Und dies war doch nur das lärmende Vorspiel eines
noch weit entfernten Dramas. Das Jahr 1850 durfte sich
sogar schmeicheln, in Deutschland die letzten Spuren einer
Bewegung verschwinden zu sehen, die Europa nur verblüfft,
doch nicht aufgeklärt oder gewarnt hatte. Gegen Ende
dieses Jahres 1850 war der Deutsche Bund nach dem Wort-
laut des alten Wiener Vertrags wieder hergestellt, der Bundestag nahm seine früheren friedlichen Berathungen wieder
auf, und Fürst Gortschakow war wie selbstverständlich dazu
berufen, die russische Regierung beim Frankfurter Bundestag zu vertreten. Alexander Michailowitsch nahm von nun
an seinen festen Platz in einem grossen politischen Centrum
ein, wo das persönliche Verdienst des Gesandten noch besonders
gehoben wurde durch den hellen Glanz, in welchem der Stern
seines erhabenen Herrn während der letzten Ereignisse ge-
leuchtet hatte. Der russische Einfluss, der jederzeit bei
den regierenden Häusern Deutschlands sehr bedeutend gewesen, war, wie man sich erinnert, wunderbar gewachsen
und hatte in Folge der Erschütterungen der Februarrevolution seinen Höhepunkt erreicht. Allein vor dem allgemeinen Sturm geschützt, der fast sämmtliche Staaten des
Continents heimgesucht hatte, erschien damals das Czarenreich als das festeste Bollwerk der Prinzipien der Ordnung
und des Conservatismus. „Demüthigt euch, Nationen, Gott
ist mit uns!" hatte Kaiser Nicolaus in einer berühmten

Proclamation ausgerufen, und ohne sich allzusehr an einer
Sprache zu stossen, die gewissermaassen Gott zum Mitschuldigen eines maasslosen menschlichen Hochmuths machte,
hatte das monarchische Europa nur Loberhebungen für
einen Fürsten, der genau genommen mit merkwürdiger Uneigennützigkeit an der Wiederherstellung der legitimen Ge-
walten und an der Aufrechterhaltung des Gleichgewichtes
der Welt arbeitete.

Es ist in der That nur billig, anzuerkennen, dass der
Autocrat des Nordens in jenen bewegten Jahren von 1848—50
seinen Einfluss wie seinen Degen nur zur Aufrichtung der
wankenden Throne und zum Gebot der Achtung bestehen-
der Verträge gebrauchte. Er beschützte wirksam Dänemark,
nach welchem Deutschland von jener Zeit an seine Hand
ausstreckte, und war am eifrigsten bestrebt, eine Uebereinstimmung unter den Mächten herbeizuführen, um den Deutschen die so sehr ersehnte Beute wieder zu entreissen. In
Ungarn intervenirte er direct und half mit seinen militärischen Kräften eine gewaltige Insurrection niederwerfen, die
das alte Reich der Habsburger bis in seine Grundvesten erschüttert hatte, das zu gleicher Zeit durch innere Wirren
und einen Angriffskrieg untergraben wurde, den ihm zu
zweien Malen Piemont aufgedrängt. Aus Grundsatz wie
aus Interesse schon wenig zur Begünstigung des einheit-
lichen Deutschlands geneigt, „dessen erster Gedanke ein Gedanke nach ungerechter Ausdehnung, dessen erster Schrei ein
Schrei nach Krieg gewesen,"*) drückte er später mit seinem
ganzen Gewicht auf die einfache Wiederherstellung des deutschen Bundes nach vormärzlichen Grundsätzen. Die Ver-

---

*) Aus dem russischen Circular vom 6. Juli 1848, vom Gräfen
von Nesselrode an seine Agenten in Deutschland gesandt.

wandtschafts- und Freundschaftsbande, die ihn an den Berliner Hof knüpften, waren niemals stark genug gewesen, um ihn einen Augenblick zum Aufgeben der Sache der Fürsten-Souveränetät und der Unabhängigkeit der Staaten zu veranlassen, und trotz seiner aufrichtigen Zuneigung zu seinem „Schwager, dem Poeten", ersparte er dem König von Preussen Friedrich Wilhelm IV. weder die Räumung der Herzogthümer, noch die schmählichen Bedingungen von Olmütz. Als Vertheidiger des europäischen Rechtes an der Eider und am Main, des monarchischen Rechtes an der Theiss und der Donau, als Wiederhersteller des Friedens in Deutschland und so zu sagen als Walter des Rechts in Europa, besass Nicolaus in jenem Moment der Geschichte eine wahrhafte Grösse, ein ungeheures im Grunde wohlverdientes Ansehen, das nothwendig auch auf seine Agenten überging, deren Aufgabe es war, im Auslande eine Politik zu vertreten, der Niemand unerschütterliche Festigkeit und vollkommene Ehrlichkeit absprechen konnte.

In seinem eigenhändigen Beglaubigungsschreiben für den Fürsten Gortschakow beim deutschen Bund vom 11. November 1850 begrüsste Kaiser Nicolaus in der Frankfurter Bundesversammlung „ein Pfand für die Aufrechterhaltung des allgemeinen Friedens" und charakterisirte so mit einem einzigen richtigen Zug die ehrenvolle und wohlthätige Mission, die dem Bundestag durch die Verträge von 1815 zugefallen. Wie berechtigt auch die Beschwerden der Liberalen über die innere Politik des Bundes und seine der Entwicklung des Constitutionalismus wenig günstigen Tendenzen sein mochten, so kann man doch nicht leugnen, dass vom europäischen Gesichtspunkte aus und mit Rücksicht auf das Gleichgewicht und den Frieden der Welt der deutsche Bund eine wunderbare Schöpfung war, wohl geeignet zur

Bewahrung der Unabhängigkeit der Staaten und zur Ver-
hütung jeder tieferen Störung im Schoosse der christlichen
Familie. Chimärischen und merkantilen Geistern jener
Zeit, den Coryphäen von Manchester und der Sorte von
Publicisten, die mindestens „eine Idee täglich" in die Welt
setzen, war es damals eingefallen, „dem Kriege den Krieg
zu erklären", auf allgemeine Entwaffnung, auf Unterdrückung
der militärischen Sclaverei zu dringen. Zu diesem Zwecke
beriefen sie sehr geräuschvolle Friedenscongresse auf allen
Punkten der Welt. Sie waren sogar eines Tages naiv genug,
einen solchen Congress nach Frankfurt zu berufen, ohne zu
ahnen, dass dicht neben ihnen, gerade in dem so bescheiden
sich darstellenden Bundestag seit langer Zeit ein wahrhafter,
permanenter Friedenscongress existirte, der das Gute in
den Grenzen des Möglichen zu Stande brachte und überdies
noch das voraus hatte, nicht lächerlich zu sein.

Mit seinem gewaltigen und schwer beweglichen Leibe
die grossen Militärmächte auseinander haltend, die so zu
sagen unsern Continent umfassten, war der deutsche
Bund nothgedrungen eine neutrale und beinahe schieds-
richterliche Macht auf den weiten Ebenen, auf denen
ehemals die Geschicke der Reiche entschieden wurden,
ein Staaten-Gebilde, das fest und geschlossen genug war,
um jeden Stoss von aussen zurückweisen, nicht aber um
selber agressiv werden und die Ruhe seiner Nachbarn
stören zu können. Viele Jahre später und schon als lei-
tender Minister des Reichs sollte Fürst Gortschakow in
einem berühmten Circular jener heilsamen Combination des
deutschen Bundes seine Achtung zollen, „jener blos und
ausschliesslich defensiven Combination", die es gestattete,
einen nöthig gewordenen Krieg zu localisiren, „anstatt
ihn zu generalisiren und dem Kampfe einen Charakter

und Verhältnisse zu geben, die jeder menschlichen Voraussicht entgehen und in jedem Falle zur Anhäufung von Schutt und Trümmern, zu endlosem Blutvergiessen führen würden."*)

In der That, wenn in dem langen halben Jahrhundert, das den Wiener Congress von der Schlacht bei Sadowa trennt, die Grenzen der Staaten trotz so grosser Wandlungen in ihrer inneren Politik sich wenig verändert haben; wenn die Juli-Revolution, der belgische Feldzug und selbst der Krimkrieg und der italienische Krieg stattfinden konnten, ohne das Gleichgewicht zwischen den Nationen merklich zu stören, noch sie in ihrer Unabhängigkeit zu verletzen, so schuldet man dies vorzugsweise jenem so sehr verkannten Bundestag, der schon durch seine Existenz, seine Stellung und das Räderwerk seines complicirten Mechanismus es hinderte, dass aus irgend einem Conflict sogleich ein allgemeiner Brand entstünde. Es ist zu bezweifeln, ob die Sache der Menschheit und der Civilisation, ja·nur die Sache, die der russische Reichskanzler speciell mit so viel Gewandtheit und Glanz repräsentirt, wesentlich etwas dabei gewonnen, dass jene alte „Combination" in unseren Tagen durch eine andere, freilich viel einfachere, aber vielleicht auch viel weniger beruhigende ersetzt worden ist.

Neben seiner eifrigen Amtsführung als Vertreter Russlands beim deutschen Bunde versah Alexander Michailowitsch nach wie vor seinen Posten als bevollmächtigter Minister in Stuttgart. Es war ihm Ehrensache, seine Vertrauensmission bei der Grossfürstin Olga zu Ende zu führen

---

*) Russisches Circular vom 27. Mai 1859, den italienischen Krieg betreffend.

und er theilte seine Zeit zwischen der freien Stadt am Main,
dem Sitze des Bundes, und der kleinen Hauptstadt an den
Ufern des Neckars, wo er stets eines warm gemeinten und
liebenswürdigen Schutzes sicher war. In Frankfurt gefiel er sich besonders in der Gesellschaft seines preussischen Collegen, eines jungen Landwehr-
Lieutenants, eines vollständigen Neulings in der diplomatischen Laufbahn, dem eine nahe Zukunft wunderbare Geschicke vorbehalten sollte. Dort hatte sich auch seit vielen
Jahren eine grosse russische Berühmtheit, ein Dichter nie-
dergelassen, der zugleich ein einflussreicher Hofmann war
und dessen Umgang von einem Diplomaten gesucht werden
musste, der den geistigen Dingen huldigte, der ein Mitschüler Puschkin's gewesen. Der gute und sanfte Wasilji
Jukowski besass sicher nichts von dem Genius eines Puschkin, noch etwas von dessen unabhängigem und ungestümem
Charakter. Mehr ein gewandter Verskünstler und geschick-
ter Uebersetzer als ein schöpferischer und origineller Geist,
eine etwas schlaffe und beschauliche Natur, hatte der ehemals so gerühmte Sänger der „Undine" früh seinen Frieden mit der officiellen Welt geschlossen, wie sie der des-
potische Wille eines Nicolaus gestaltet, und sich an den
Strahlen der kaiserlichen Gunst gewärmt. An Würden und
Ehren hat es ihm, dem wohldenkenden und bei Hofe wohl-
gefälligen Dichter, während seiner langen Laufbahn nicht
gefehlt; es ward ihm zugleich noch eine ehrenvolle und wichtige Mission: er wurde mit der Erziehung des präsumtiven Thronerben Alexander, des jetzigen Kaisers, und mit
der seines Bruders, des Grossfürsten Constantin betraut.
Jukowski widmete sich dieser Aufgabe mit Herz und Geist
und verstand es, sich die Zuneigung seiner beiden hohen
Zöglinge bis an sein Lebensende zu bewahren, wie dies

2

unter Anderm aus einer fortgesetzten Correspondenz her-
vorgeht, die er mit den Prinzen noch von Frankfurt aus
unterhielt und die ganz kürzlich veröffentlicht worden.
Nachdem er die Erziehung der Grossfürsten vollendet, machte
er eine Vergnügungsreise nach Deutschland, fand in Düs-
seldorf eine Lebensgefährtin, die wohl viel jünger war als
er, aber alle seine Neigungen und sogar seine reizenden
Schwächen mit ihm theilte. Schliesslich wählte er seinen
Wohnsitz an den Ufern des Mains, in Frankfurt.

Jukowski, wie dies bei manchem seiner Landsleute
vorkommt, obgleich er im Auslande wohnte und sehr un-
verholen von einer Rückkehr in sein Heimathsland nichts
wissen wollte, war doch durch und durch von der fixen
Idee beherrscht, dass der Occident elendiglich verfallen und
sittlich verkommen sei. Seine einzige Hoffnung auf Erneuerung und Rettung einer vom Dämon der Revolution
besessenen Welt war auf das „heilige Russland" gestellt.
Die Februarereignisse mussten ihn in seinen düstern Visio-
nen nur bestärken und ihn mehr und mehr in einen ruhe-
losen Mysticismus versenken, der bisweilen herb, am häu-
figsten aber harmlos und nicht ohne eine gewisse krankhaft
angeblasste Grazie auftrat. Der ungarische Feldzug zog
ihn eine Weile von seinen trüben Gedanken ab und erfüllte
sein Herz mit Freude. Es war nicht sowohl der Ruhm, mit
dem die russische Armee sich bedeckte und der seinem
Geiste lächelte; es war nicht einmal der Triumph des russischen Schwertes, des Schwertes des heiligen Michael, siegreich „über das unreine Thier": seine Wünsche, seine Hoffnungen gingen weiter. Er hoffte — so schrieb er an seinen
kaiserlichen Zögling — dass der grosse Czar die ihm von
Gott verliehene Macht benutzen und „eine Aufgabe lösen
werde, an welcher die Kreuzzüge gescheitert sind," dass er

nämlich den Ungläubigen aus Byzanz vertreiben und das
Heilige Land befreien werde . . . Madame Jukowska, obgleich eine geborne Protestantin, dachte genau wie ihr me-
lancholischer Gemahl; ihre Seele bedurfte eines Autoritäts-
Princips, das ihr in der reformirten Confession mangelte
und das sie eines Tages zur grossen Freude des Dichters
in der orthodoxen Kirche suchte, ohne jedoch in derselben
die vollständige Ruhe des Gemüthes zu finden.

Bisweilen herrschten im Jukowskischen Salon gar sonderbar durch einander gewürfelte und überhirnige Unterhaltungen über Literatur und Politik, über die ruhmreiche
Sendung des heiligen Russlands, über die Eitelkeit der modernen Civilisation, die Nothwendigkeit „einer neuen
Eruption des Christenthums" und über manche unsichtbare
und „unaussprechliche" Dinge. Von Zeit zu Zeit erschien
dann unversehens in diesem Salon wie eine phantastische
Erscheinung, wie ein Gespenst aus der Schattenwelt, ein
freilich noch weit originelleres und bedeutenderes Genie, das
aber nicht weniger aus allen Fugen und in sich zerrissen
war als der brave Hofpoet und ehemalige Lehrer der beiden Grossfürsten. Nachdem er die scheusslichen Eiterbeulen
der russischen Gesellschaft mit kräftiger, schonungsloser
Hand enthüllt; nachdem er seiner Nation in den „Todten
Seelen" und im „Revisor" ein durch Wahrheit und Lebens-
fülle erschreckendes Bild ihrer Laster gegeben, verzweifelte
Nicolaus Gogol plötzlich an der Civilisation, dem Fortschritt,
der Freiheit, betete an was er einst verbrannt, schätzte nur
noch das barbarische Alt-Russland, sah nur das einzige
Heil im Despotismus, vermeinte sich in einem Zustande
„unergründlicher" Sünde und war immer auf der Spur der
göttlichen Barmherzigkeit, ohne sie jedoch jemals zu erreichen. Er ging von Petersburg bald nach Rom, bald

nach Jerusalem, bald nach Paris, überall nach Beruhigung
seiner zerrissenen Seele trachtend; von Zeit zu Zeit kam
er dann wieder zu den Jukowski's zurück, blieb wochenlang
in ihrem Hause, seine Freunde zum Gebet, zur Zerknir-
schung, zur Betrachtung der göttlichen Mysterien dringend
auffordernd. Da gab es endlose Discussionen über „die
Heiden des Abendlandes", über einen bevorstehenden „Kreuzzug", über den Loskauf der schuldbeladenen Menschheit
durch eine noch unverdorbene und glaubenstreue Rasse. Mehrmals mussten Aerzte interveniren, um einen krankhaften
Zustand zu heben, der nicht gefahrlos war. Eines Tages
fand man Gogol fast todt vor Entkräftung und auf den
Knieen liegend vor den Heiligenbildern, in deren Anbetung
er sich vergessen hatte! . . .

Man möge uns diese kurze Abschweifung verzeihen,
sie lehrt die Stimmung der Geister in gewissen russischen
Kreisen gegen Ende der Herrschaft des Kaisers Nicolaus
kennen und bereichert das Bild von dem Ursprunge des
orientalischen Kriegs durch einen eigenthümlichen Zug. . .
Es hat auch einen besondern Reiz, sich Alexander Michailowitsch in jenem Salon Jukowski an gewissen Abenden, etwa
während eines geistreichen Sturmangriffs des armen Gogol
vorzustellen. Der Diplomat, ebenso literarisch gebildet wie
skeptisch in seinen Ueberzeugungen, hatte sicher seine Freude
an den hell leuchtenden Blitzen, die aus dem dunkeln Ge-
wölk eines so mächtigen, wenn auch wirren Geistes her-
vorbrachen, wie an der Herausschälung manches grossen
und packenden Gedankens aus den wunderlichen Schwärme-
reien über einen bevorstehenden Kreuzzug und die nahe Befreiung der Veste Zion . . .

Und wer hätte das geglaubt? Jene Mystiker, jene
Schwärmgeister grade waren von der richtigen Ahnung er-

füllt und erkannten die Zeichen der Zeit! Während Jukowski seinen „Commentar über das heilige Russland" ver-
fasste, während Gogol sich vor den Gnadenbildern abtödtete,
erwog Kaiser Nicolaus in seiner Seele den grossen Gedanken an einen Kreuzzug und bereitete in tiefstem Geheimniss die Sendung des Fürsten Menschikow vor . . .
Dass der Monarch, der so viel für den Frieden Europa's
und die Erhaltung des Gleichgewichts gethan, sich plötzlich dazu entschlossen, eine solche Kriegsfackel mitten in
den kaum wieder befestigten Continent zu schleudern, dass
andrerseits der Autokrat gerade jene Epoche relativer Stille
und der Wiederherstellung der allgemeinen Ordnung abgewartet, um seine Absichten anzukünden, anstatt sie kühn einige
Jahre vorher während des revolutionären Sturmes auszuführen, der fast alle Mächte lahm gelegt, damals, als seine
Heere schon tief in Ungarn standen und die Ufer der Donau beherrschten — dies wird für den unparteiischen Geschichtsschreiber der deutlichste Beweis vom guten Glauben
sein, in dem der Czar seinen verhängnissvollen Feldzug begann, von der mystischen Verblendung, die sich zu jener Zeit
seines Geistes bemächtigt hatte und der tiefen Ueberzeugung
von der Gerechtigkeit seiner Sache, in der er lebte. Theilte
Fürst Gortschakow in gleichem Grade die Illusionen seines
Fürsten? Es ist erlaubt, daran zu zweifeln; es ist sogar
die Annahme gestattet, dass er gleich einem Kisselew,
Meyendorf, Brunnow und allen hervorragenden Diplomaten
des damaligen Russlands, ohne den Reichskanzler, den alten
Grafen Nesselrode auszunehmen, das Bewusstsein von dem
ungeheuren Irrthum hatte, in den ein stolzer Fürst verfiel,
der keinen Widerspruch zuliess und beharrlich „sein eigener
Minister des Auswärtigen" sein wollte. Dies hinderte natürlich den russischen Bevollmächtigten am deutschen Bundes-

tage nicht, mit allem Eifer, den die kritische Lage erforderte, seine Pflicht zu thun und seinem Lande mit den reichen Hülfsquellen seines Geistes in dem ihm angewiesenen Wirkungskreise zu dienen.

Und dieser Wirkungskreis war nicht von untergeordneter Bedeutung. Im Bundestag trafen nicht nur alle Anstrengungen der secundären Staaten zusammen, sondern dahin gelangten schliesslich oder da spiegelten sich die Pläne, Vorbereitungen, ja die Neigungen der beiden deutschen Hauptmächte ab, deren Mitwirkung Russland einerseits und Frankreich und England andrerseits für sich zu gewinnen strebten. Fürst Gortschakow hatte über die Wendung der Dinge in Deutschland sich nicht allzu sehr zu beklagen. Friedrich Wilhelm IV. war von zuverlässiger Treue, der Czar konnte unter allen Umständen auf „seinen Schwager, den Poeten" zählen, und Alexander Michailowitsch fand ebenfalls eine feste Stütze an seinem preussischen Collegen, dem jungen Landwehrofficier. Das Berliner Cabinet liess sich wohl herbei, sich von Zeit zu Zeit den Mahnungen anzuschliessen, welche die Alliirten nach Petersburg gelangen liessen, in Gemeinschaft mit ihnen diese oder jene identische, analoge oder concordirende Note zu unterzeichnen; doch wurde man bald gewahr, dass es dies nur that, um ihr Vorgehen aufzuhalten und sie von jedem energischen Entschluss abzuwenden. Im entscheidenden Augenblick machte es plötzlich Halt, blieb bei Seite und erklärte, sich freie Hand bewahren zu wollen. Noch viel sympathischer und der russischen Politik offen zugethan zeigten sich die andern Bundesglieder, sie fanden die Forderungen des Czaren an die Türkei durchaus nicht übertrieben und machten sich wenig Kummer um die Rettung „des kranken Mannes." Auch sie wollten sich freie Hand bewahren, schlossen sich in den berühmten Bamberger Conferenzen fest an einander und waren manchmal sogar geneigt, den Degen zu ziehen. Alexander Michailowitsch hat wirklich später, in dem verhängnissvollen Jahre 1866, wenig Gedächtniss des Herzens, gar wenig distributive Gerechtigkeit für die armen, während der orientalischen Krisis so ergebenen, so dienstfertigen, so unerschütterlich anhänglichen Kleinstaaten bewiesen.

Während man in London und Paris die berühmten Depeschen Sir Hamilton Seymour's mit Heftigkeit commentirte und auf die ehrgeizigen Pläne Russlands aufmerksam machte, hörte man im Gegentheil in Hannover, Dresden, München, Stuttgart, Cassel, nur Worte des Tadels über das Verfahren der Alliirten und ihre „Usurpationen"; in Berlin seufzte man darüber, dass christliche Monarchieen so leidenschaftlich die Vertheidigung des Halbmonds in die Hand nähmen. Eine einzige deutsche Macht indessen, damals die grösste, nahm eine andere Haltung an; eine einzige gab den Alliirten Recht, schien sogar zeitweilig gemeinsame Sache mit ihnen zu machen, und diese Macht war Oesterreich — Oesterreich, dem kürzlich erst die russischen Armeen zu Hülfe geeilt, das von der kräftigen und grossmüthigen Hand des Czaren dem Abgrund entrissen, von ihm vor einem plötzlichen Untergang „gerettet" worden. Die Verwunderung, die Bestürzung, die Erbitterung des Kaisers Nicolaus war grenzenlos; die ganze russische Nation theilte diese Empfindungen mit ihrem Herrscher, Alexander Michailowitsch nicht minder als jeder moskowitische Patriot. „Die ungeheure Undankbarkeit Oesterreichs" war von nun an der einstimmige Ruf, das Schiboleth jedes politischen Glaubensbekenntnisses im weiten nordischen Reich und ist es bis auf unsere Tage geblieben...

Es ist nothwendig, diese in Folge des orientalischen Krieges in Russland entstandene Stimmung hervorzuheben, ihre Berechtigung näher zu besprechen, denn diese Stimmung war von unberechenbaren Folgen. Sie hat Vieles zu den neuesten Katastrophen beigetragen, sie hat dem Petersburger Cabinet manchen weittragenden Entschluss eingegeben; sie hat dessen Bruch mit Jahrhunderte alten Traditionen herbeigeführt, mit Grundsätzen, die durch die Erfahrung ganzer Generationen geheiligt waren, die unwandelbar geschienen, die gewissermaassen die *arcania imperii* der Nachkommen Peter's des Grossen geworden waren; diese Stimmung hat, um Alles zu sagen, die allgemeine Politik des Nachfolgers Nesselrode's während der letzten zwanzig Jahre beherrscht . . .

Gewiss hatte Russland nach dem wichtigen und unbestreitbaren Dienst, den es Oesterreich 1849 geleistet, ein Recht, auf dessen Dankbarkeit zu zählen. Die Armeen, die der Czar damals dem schwankenden Habsburgischen Reiche zu Hülfe sandte, haben mächtig dazu beigetragen, eine gefährliche, verderbliche Insurrection zu ersticken, und wenn es wahr ist, dass es zur Erlangung dieser Hülfe nur der Erinnerung an ein in einem Augenblick vertraulicher Herzensergiessung gegebenes Wort des Czaren Nicolaus bedurft hatte, so ist die geleistete Hülfe eine mehr als verdienstliche, sie macht dem Herzen des Autokraten nur um so mehr Ehre.*) Es wäre schwierig zu leugnen, dass die Interven-

---

*) Ein Schriftsteller, der in der Lage war, gut unterrichtet zu sein, ein ehemaliger Unter-Staatssecretär im Ministerium des Fürsten Schwarzenberg, erzählt wie folgt den Ursprung der russischen Intervention in Ungarn, indem er ihn auf das bekannte Zusammentreffen in Münchengrätz im Jahre 1833 zwischen dem Kaiser Franz I. von Oesterreich und dem Czaren Nicolaus zurückführt: In vertraulicher

tion in Ungarn ein Act hochherziger und ritterlicher Gesinnung war, der wohl die Zeitgenossen in Erstaunen setzen
und die Verstandesmenschen beschämen mochte. Die Verstandesmenschen, die Staatsmänner, die in jener für Europa
so aufgeregten Zeit sich die Unbefangenheit des Geistes bewahrt hatten, um einen Blick nach der Donau hin zu werfen,
Lord Palmerston u. A., verhielten sich lange ungläubig und
strengten ihre Köpfe an, um den für die Hülfeleistung fest-
gesetzten Preis zu errathen. Sollte der Czar nicht etwa Galizien als Lohn für seinen Beistand behalten? Hatte er sich
nicht einige positive Zusicherungen betreffs der Donaufürstenthümer geben lassen? So fragte man sich damals in den
Bureaux von Downing Street . . . Und doch war an alle
dem nichts: die Russen zogen aus Oesterreich ohne Lohn,
wie sie ohne Hintergedanken dort eingezogen waren, und

Unterhaltung mit seinem Gaste sprach Franz voller Betrübniss und
Befürchtungen über den kränklichen und nervösen Zustand seines
Sohnes und designirten Nachfolgers und bat den Czaren, auf diesen
Sohn die Freundschaft zu übertragen, die er stets für seinen Vater
gehegt. „Nicolaus fiel auf die Kniee und seine Rechte gen Himmel
erhebend schwor er, dem Nachfolger des Kaisers Franz jeden Beistand zu leisten, dessen er jemals bedürfen könnte. Der alte Kaiser
von Oesterreich war tief gerührt und legte seine Hände wie segnend
auf das Haupt des knieenden Czaren." Diese sonderbare Scene hatte
keine Zeugen, die beiden Souveräne aber erzählten sie einige Augenblicke nachher, Jeder seinerseits, einem höheren Officier, der damals
die in Münchengrätz stehende Armeeabtheilung kommandirte. Dieser
höhere Officier war kein Anderer als Fürst Windischgrätz, der später,
im Jahre 1848, zum Generalissimus der österreichischen Armeen ernannt, im kritischen Augenblick der ungarischen Insurrection es auf
sich nahm, den Kaiser Nicolaus brieflich an sein einst in Münchengrätz gegebenes Wort zu erinnern. Der Czar antwortete, indem er
seine ganze Armee Seiner Kaiserlichen und Apostolischen Majestät
zur Verfügung stellte. Hefter, Geschichte Oesterreichs, Prag 1869.
Bd. I. S. 68 u. 69.

Paskewitsch's Truppen verliessen die Karpathenländer ohne jegliche Beute. Ein junger und feuriger Redner in den preussischen Kammern, mit dem damals noch wenig bekannten Namen Bismarck — derselbe, welcher fünfzehn Jahre später die Legionen Klapka's zu einem „Stich in's Herz" bewaffnen sollte — bewunderte in jenem Moment die glänzende That des Czaren und sprach nur sein patriotisches Bedauern darüber aus, dass diese hochherzige Rolle nicht seinem eigenen Lande, Preussen, zugefallen war: Preussen's Aufgabe war es, seinem ältern Bruder in Deutschland, „seinem alten Waffenbruder" Hülfe zu leisten.*) — Trotz alledem ist die Annahme gestattet, dass selbst bei einem so loyalen und poetischen König wie Friedrich Wilhelm IV. die Dinge minder ritterlich ausgefallen wären wie bei dem Barbaren des Nordens, und dass eine solche Hülfeleistung Preussen's dem Habsburgischen Reiche ein Stück Schlesien oder ein Stück Einfluss am Main gekostet hätte . . .

Soll damit gesagt sein, dass der Kaiser von Russland mit seiner Intervention in Ungarn nur ein Werk reiner Ritterlichkeit und platonischer Freundschaft gethan, dass er von keinem Interesse für sich und das Wohl seines Reiches dabei geleitet wurde? Gewiss nicht, und der Czar war viel zu redlich, um es nicht offen einzugestehen. Er intervenirte in Ungarn nicht nur als Freund der Habsburger, nicht nur als Vertheidiger der Sache der Ordnung gegen die cosmopolitische Revolution; der stärkste Beweggrund für seine Handlungsweise war die Anwesenheit polnischer

---

*) Sitzung der preussischen Kammer vom 6. September 1849. Diese Rede ist in der in Berlin erschienenen officiellen Sammlung der Reden des Herrn v. Bismarck nicht mit abgedruckt.

Generäle und Officiere in der ungarischen Armee, die den Krieg in die der russischen Herrschaft unterworfenen Länder hinüberzuspielen trachteten. In seinem Manifest vom 8. Mai 1849 drückte Nicolaus sich wie folgt aus: „Die unter dem Einfluss unserer polnischen Verräther vom Jahre 1831 stehende Insurrection hat dem magyarischen Aufruhr eine mehr und mehr bedrohliche Ausdehnung gegeben . . . Seine Majestät der Kaiser von Oesterreich hat uns eingeladen, ihm gegen den gemeinsamen Feind beizustehen . . . Wir haben unserer Armee befohlen, sich in Bewegung zu setzen, um den Aufruhr zu ersticken und die frechen Anarchisten zu vertilgen, die ebenso sehr die Ruhe unserer Provinzen bedrohen." Diese Sprache war klar und offen, wie es einem Souverän geziemte, der das Gefühl seiner Würde besitzt. Dieser Souverän gedachte ebenso sehr sich selber wie seinem Alliirten zu dienen; er machte sich auf, um bei seinem Nachbar einen Brand zu löschen, der seine eigenen Besitzungen zu verheeren drohte, und indem er zu dem Act der Intervention schritt, erfüllte er zugleich einen Act wohlverstandener Selbsterhaltung.

Nun scheint es vollkommen gerecht, dass die Dankbarkeit nach dem geleisteten Dienste abgemessen werde und dass das Gesetz der Selbsterhaltung, das oberste Naturgesetz, eben so schwer für den Verpflichteten wie für den Wohlthäter in's Gewicht falle. Es giebt in der Welt keine Politik, und würde sie selbst „der heiligen Schrift entlehnt", die eine freiwillige Knechtschaft geböte; es giebt keine Moral, dieselbe sei so erhaben als nur immer denkbar, die unter den Pflichten der Dankbarkeit den Selbstmord aufführte. Nun war es aber nichts Geringeres als die absolute Knechtschaft, die Vernichtung seiner Persönlichkeit als europäischer Grossstaat, was die Russen mit dem Antrag auf Unterzeichnung ihrer Ansprüche auf den Orient von Oesterreich forderten. In Anbetracht seiner geographischen Lage, des Rassengeistes, der Religion, wäre Oesterreich tödtlich getroffen worden, wenn es den Triumph der russischen Unternehmungen zugelassen hätte. Als Donaumacht musste Oesterreich darauf bestehen, dass die untere Donau neutralisirt blieb und nicht in die Gewalt eines furchtbaren Nachbars gerieth, der in Folge dessen Herr des grossen Stromes geworden wäre. Als slavische Macht in seinen östlichen Provinzen musste es darauf halten, nicht in unmittelbare Berührung mit einem durch Tradition und historische Nothwendigkeit panslavistischen Reiche gebracht zu werden, konnte es nicht wünschen, dass dasselbe in den Fürstenthümern, in Bosnien und in der Herzegowina sich festsetze. Als katholische Macht war es ihm nicht gestattet, den Einfluss und das Protectorat anzuerkennen, welche der Czar über die Christen des griechischen Ritus für sich in Anspruch nahm, von denen Oesterreich selber mehrere Millionen unter seinen Unterthanen zählte. „Meine Haltung in der orientalischen Frage! Sie ist mir auf der Karte vorgezeichnet,“ sagte der österreichische Minister Graf Buol zu seinem Schwager Herrn von Meyendorf, dem russischen Gesandten; er fügte hinzu, dass sie ihm auch in der Geschichte vorgezeichnet sei. „Ich habe keine Neuerungen vorgenommen; ich habe nur die von Herrn v. Metternich hinterlassene Politik geerbt.“ Schon in einer früheren Krise, zur Zeit der hellenischen Insurrection und des Krieges von 1828, hatte in der That der Hof- und Reichskanzler das Princip der Integrität des ottomanischen Reiches mit unerschütterlicher Festigkeit vertheidigt; acht Jahre lang hatte er dem Sturm getrotzt und sich dabei weder durch die der türkischen Sache anhaftende Unpopularität, noch durch das Abstehen Frankreichs entmuthigen

lassen. Wie konnten die Russen hoffen, dass Oesterreich
jetzt ein Princip aufgeben würde, das ihm als ein Lebens-
princip galt; es aufgeben würde in dem Augenblick gerade,
wo es über die Gleichgültigkeit des Occidents zu triumphiren begann und Frankreich und England zu seinen wärm-
sten Kampfgenossen zählte?

Zwischen ein sehr lebhaftes, ganz zweifelloses Dankge-
fühl, was man darüber auch gesagt haben möge, und eine
politische Nothwendigkeit gestellt, hat die österreichische
Regierung sicherlich der Dankbarkeit ihren Tribut gezollt;
sie hat es dem Kaiser Nicolaus gegenüber an Warnungen,
Bitten, guten Diensten, Vermittlungsversuchen nicht fehlen
lassen. Oesterreich verzieh Russland mehr als eine Rück-
sichtslosigkeit, mehr als einen Ausbruch übler Laune; es
verzieh ihm den mehr als leichtfertigen Ton, in welchem
dieses in den Herzensergiessungen gegen Sir Hamilton Seymour über die Macht der Habsburger gesprochen und ver-
fügt, die Art und Weise, in welcher in St. Petersburg ein
gewisses autographisches Schreiben des Kaisers Franz Joseph
aufgenommen wurde, die hochmüthige, fast herausfordernde Haltung des Grafen Orlow bei seiner Mission in
Wien. Es ist nicht müde geworden, die gereizte Stimmung
der Alliirten zu mildern, ihr Programm zu modifiziren und
abzuschwächen, die versöhnlichen Absichten des Czaren zu
betonen, zu hoffen gegen jede Hoffnung. Es plädirte nur
für die Rückkehr zum statu quo, wies jeden Gedanken an
eine Demüthigung oder Verkleinerung Russlands zurück:
es forderte für sich nur die Freiheit der Donau von ihm,
die Verzichtleistung auf das Protectorat, und weigerte sich,
die Alliirten in ihren Forderungen betreffs des schwarzen
Meeres zu unterstützen. Wie es aber nur zu oft dem ergeht, der recht und billig gegen alle Parteien sein will, so

hatte schliesslich die österreichische Regierung, während sie
die Russen erbitterte, auch noch Frankreich und England
gegen sich gestimmt. Im Sommer 1854, gerade zu der
Zeit, als Fürst Gortschakow seinen Frankfurter Posten mit
dem in Wien vertauschte, verzweifelte ein hervorragender
Publicist,*) der damals so zu sagen das Sprachrohr der Westmächte war, beinahe an Oesterreich, und rief mit Bitterkeit aus: „Dort, in der Burg, gilt die russische Allianz als
etwas Heiliges wie eine Religion, etwas Feststehendes wie
eine gesellschaftliche Tradition, etwas Populäres wie eine
Mode!" Im Frühling des folgenden Jahres wiesen das Londoner und Pariser Cabinet einen neuen, vom Grafen Buol
vorgelegten Plan zur Beilegung des Conflictes zurück, und
die französische Regierung musste bei dieser Gelegenheit
Oesterreich im officiellen „Moniteur" vorwerfen, „es biete
viel mehr einen Ausweg als eine Lösung dar."

Der Ausweg! Kaiser Franz Joseph hatte ihn sicher
in der Hand und es kam vielleicht nur auf ihn an, ihn so
entscheidend, so durchschlagend zu machen als die eingefleischtesten Feinde Russlands es nur wünschen konnten.
Warum sollen wir es nicht eingestehen? Im Angesicht
der bittern Früchte, die Oesterreich für seine redlichen Bemühungen während der orientalischen Krise geerntet; im
Angesicht des unerbittlichen Hasses und der grausamen
Niederlagen, die seine damalige Haltung ihm später eingebracht, möchte man bisweilen bedauern, dass das Wiener
Cabinet so viele Scrupel in jener denkwürdigen Epoche gehabt, ihm vorwerfen, nicht einen Beweis von jener Unabhängigkeit des Herzens gegeben zu haben, die, wie es scheint,
leider mehr und mehr eine nothwendige, unumgängliche

---

*) Eugène Forcade.

Bedingung der Unabhängigkeit der Staaten werden soll.
Wenn Oesterreich während des orientalischen Krieges etwas
weniger dankbar und etwas politischer hätte sein wollen,
so hätte es entschlossen mit Frankreich und England gemeinsame Sache gemacht, am Kampfe theilgenommen und
anstatt die Alliirten jahrelang sich in den äussersten Win-
keln Russlands, im schwarzen Meere und in der Ostsee
herumtreiben zu lassen, hätte es ihnen die Ebenen Polens
aufgethan, hätte es dieselben mit ihnen gemeinsam betreten.
Anstatt „den Coloss auf der Fusssohle zu kitzeln oder
ihm einen Nagel abzufeilen" — wie später nicht ohne
Grund russische Publicisten sagen durften — hätte man
ihm dann „einen Stich in's Herz" beigebracht, einen jener
Stiche, wie der grosse Einsiedler von Varzin sie auszusinnen
und zu versetzen versteht. Das Cabinet der Tuilerien hätte
sich dessen sicher nicht geweigert: in seiner Depesche
vom 26. März 1855 warf Drouyn de Lhuys ganz deutlich
die polnische Frage auf; das Cabinet von St. James hätte
ebensowenig ernste Bedenken dagegen gehabt. Was den
wahrscheinlichen Erfolg eines solchen Unternehmens betrifft,
so darf man nicht vergessen, dass Russland alle seine Kräfte
erschöpft und Preussen seine Militär-Organisation noch nicht
reformirt hatte, noch nicht im Besitze seines „Instrumentes" war, endlich, dass anstatt Wilhelms des Eroberers
Friedrich Wilhelm der Romantiker auf dem Throne der
Hohenzollern sass . . . Man verliert jeden Maassstab bei
Betrachtung der Folgen, die ein solcher Entschluss des
Kaisers Franz Joseph hätte herbeiführen können! Die
Welt hätte ein anderes Aussehen bekommen, Oesterreich
hätte 1866 kein Sadowa gekannt, Europa hätte weder die
Zerreissung Dänemarks, noch die Aufhebung des deutschen
Bundes, noch die Eroberung von Elsass-Lothringen erlebt . . .

Es war wie gesagt im Sommer 1854, als Fürst Gortschakow nach Wien gesandt wurde. Er ersetzte daselbst,
erst provisorisch, und im folgenden Frühjahr definitiv, den
Baron von Meyendorf, dessen Stellung schon in Folge seiner
nahen Verwandtschaft mit dem österreichischen Minister des
Auswärtigen eine schwierige geworden war. Alexander
Michailowitsch war endlich im Besitz jenes Wiener Postens,
nach dem er so lange gestrebt, des Postens, der mit dem
in London unter der Herrschaft des Kaisers Nicolaus als
der höchste in der russischen Diplomatie, als der Marschalls-
stab in der Laufbahn galt. Doch mit wie viel Bitterkeit
war diese Ehre jetzt gemischt, wie viel patriotische Beängstigungen waren die Beigabe zu einer sonst so ehr-
geizig erstrebten Auszeichnung, die jetzt aus Ergebenheit
für den Kaiser und das Vaterland angenommen wurde!
Auf diesem einst so blühenden und rosigen Boden konnte
der Gesandte des Czaren nur Disteln und Dornen erblicken;
in dieser wegen ihrer lärmenden und nur zu oft frivolen
Heiterkeit weltbekannten Hauptstadt, empfing er nichts als
Unglücksbotschaften; endlich hatte er jener „österreichischen
Undankbarkeit", die er nur aus der Ferne erkannt und bekämpft hatte, nun in's Antlitz zu schauen — und ihr zuzulächeln! . . . Es giebt einen grösseren Schmerz als das
ricordarsi tempi felici nella miseria, es ist der, einen Traum
des Glücks sich in die Wirklichkeit des Elends verwandeln
zu sehen und es begreift sich leicht, welch' eine Summe
von Galle sich während jenes Wiener Aufenthaltes in dem
blutenden Herzen des russischen Patrioten ansammeln
musste.*)

---

*) Es sei uns gestattet, bei dieser Gelegenheit eine pikante
Antichambre-Scene anzuführen, die auch ihre belehrende Seite hat.
Es gab damals in Wien im Ministerium des Auswärtigen eine

Es ist überflüssig, die rastlose Thätigkeit hervorzuheben, die der neue Gesandte des Czaren in jener schmerzlichen Mission entfaltete, auf die unendliche Mannigfaltig-
keit der Mittel einzugehen, die er im Dienste seiner Sache
aufzubieten wusste, besonders während jener Wiener Conferenzen, · die bald nach dem Tode des Kaisers Nicolaus und
der Thronbesteigung Alexander's II. eröffnet wurden. In
der That war es ein ergreifendes Schauspiel, dem es gewiss auch an Grösse nicht fehlte, das zwei Gortschakow jetzt
in Scene setzten, der Eine hinter den Wällen Sebastopol's,
der Andere vor dem grünen Tisch in Wien, Beide ihr
Vaterland mit gleicher Zähigkeit vertheidigend und keinen
Zoll breit ihres Gebiets anders als nach erbittertem Kampfe
aufgebend, Beide bis in ihre letzten Verschanzungen zurück-
gedrängt, doch bis an's Ende von loyalen und ritterlichen
Gegnern geehrt. Heute, wo eine Epoche von „Blut und
Eisen" uns an die summarischen Proceduren — fast hätten

---

höchst originelle Gestalt, einen Büreaudiener, dessen Andenken am
Ballplatz nicht vollständig erloschen ist. Er hatte den wunderlichen
Namen Kadernoschka. Sein Platz war im grossen Wartesaal vor dem
Kabinet des Ministers und er hatte die Aufgabe, die verschiedenen Be-
sucher bei seinem Herrn einzuführen. Kadernoschka war ein Büreaudiener in grossem Styl, er war vom alten Fürsten Metternich selber erzogen worden und erinnerte gern daran, dass er schon zur Zeit des
berühmten Congresses von 1815 „sein Amt versehen" . . . Eines
Tages sieht Graf Buol nach einer langen Unterredung, die er mit
dem Fürsten Gortschakow gehabt, Kadernoschka mit feierlicherer
Miene als gewöhnlich eintreten; er hatte Sr. Excellenz „im Interesse
des Dienstes" eine Mittheilung zu machen! Und Graf Buol erfährt,
dass der russische Gesandte, nachdem er Se. Excellenz verlassen, ganz
verstört aussah und vor Zorn schier erstickte, dass er ein Glas Wasser
verlangt habe und eine halbe Stunde lang im Wartesaale auf und ab
gegangen sei, dass er heftig gestikulirt, dabei mit sich selber gesprochen und von Zeit zu Zeit französisch ausgerufen habe: „O, sie
sollen mir es einmal zahlen! sie sollen mir es zahlen!"

wir gesagt Hinrichtungen — von Nikolsburg, Ferrières,
Versailles und Frankfurt gewöhnt, wo ein Martialgesetz zum
Gebrauche behelmter Diplomaten das ersetzt hat, was ein
zurückgebliebenes und vorurtheilsvolles Europa das Völker-
recht zu nennen beliebte, heute wird es einem schwer, ein
Gefühl des Erstaunens, fast des Unglaubens zu unterdrücken,
wenn man die Protocolle jener Wiener Conferenzen durchliest, wo Alles nur Anstand, Höflichkeit, Urbanität und ge-
genseitige Achtung athmet; man glaubt sich in ein
idyllisches, fern abliegendes Zeitalter versetzt. Herr Drouyn
de Lhuys, Minister der auswärtigen Angelegenheiten Frankreich's, und Lord John Russel, vor Kurzem noch Conseil-
präsident in England, hielten es nicht unter ihrer Würde,
persönlich nach Wien zu gehen, um dort mit dem Fürsten
Gortschakow die möglichen Friedensbedingungen zu discu-
tiren. Russland hatte mehrere grosse Schlachten verloren,
die verbündeten Flotten hatten ihm alle Meere gesperrt und
bedrohten sogar seine Hauptstadt. Dies hinderte die französischen und englischen Bevollmächtigten nicht, den Gegner mit aller Zuvorkommenheit, mit allen Rücksichten zu
behandeln, über welche die Diplomatie der guten alten Zeit
zu verfügen hatte. Sie entwickelten eine wahrhafte Kunst
im Ersinnen von Euphemismen; sie wandten ihre ganze Geschicklichkeit auf die mildesten, die annehmbarsten Ausdrücke für den Repräsentanten einer besiegten Macht auf-
zufinden. Der vortreffliche Lord John Russel trieb sogar
eines Tages die Gutmüthigkeit so weit, und das in Gegenwart des Herrn Drouyn de Lhuys, daran zu erinnern, dass
England Ludwig XIV. bei weitem härtere und demüthigen-
dere Bedingungen auferlegt habe.*) Dies ist vielleicht der

---

*) Protocoll der Conferenz vom 17. April 1855.

einzige Mangel an Takt, der in den Wiener Conferenzen zu
notiren wäre, und bei alle dem war es immer noch eine
Artigkeit, die unter Alliirten hingehen konnte. Oesterreich
aber wurde nicht müde, nach Mitteln zu suchen, um alle
Empfindlichkeiten Russland's zu schonen und legte endlich
ein Friedensproject vor, das von dem Pariser und Londoner
Cabinet als unannehmbar abgewiesen wurde und ihm den
oben schon erwähnten Vorwurf im „Moniteur officiel" zuzog.

Die Unterhandlungen wurden abgebrochen und es musste
der Ausgang des vor den Mauern von Sebastopol begonne-
nen, heftigen Kampfes abgewartet werden. Der russische Bevollmächtigte erwartete denselben auf seinem Posten in
Wien mit der zwiefachen Beängstigung eines Patrioten und
Verwandten. Das Bollwerk der Krimm fiel und Russland
war in der kritischsten Lage. Es war erschöpft, viel er-
schöpfter sogar als Europa es vermuthete, und die Verlän-
gerung des Krieges hätte die Feindseligkéiten unfehlbar auf
die Ebenen Polen's hinübergeführt. In diesem Augenblick
intervenirte Oesterreich von Neuem. Es machte die von
den Alliirten auf den Wiener Conferenzen aufgestellten
Forderungen zu den seinigen — jene Clausel sogar von der
Neutralisation des schwarzen Meeres, die es bis dahin als
für Russland zu beleidigend zurückgewiesen; es war kaum
mehr möglich, diese Genugthuung nach der Einnahme von
Sebastopol den Alliirten zu verweigern. Im Grunde waren
dies die mildesten Bedingungen, die jemals einer Macht
nach einem so langen, so blutigen Kriege, nach so unleugbaren Siegen gestellt worden. Oesterreich that noch mehr,
es sandte diese Bedingungen in Form eines Ultimatums
mit der Erklärung, dass es gemeinsame Sache mit den
Alliirten machen würde, wenn sie nicht zur Annahme gelangten — und Russland nahm sie an. Genau betrachtet,

war mit diesem Schritt einem jungen Souverän ein Dienst geleistet, der als Erbe eines verderblichen Krieges damit einen Ausweg fand, um sowohl das Andenken an seinen Vorgänger wie den Stolz seines Volkes zu schonen. Jetzt war es ihm gestattet, zu erklären, dass er den Frieden nur wegen eines neuen Gegners annehme, der neben den alten aufgetreten und den sein Vater nicht sich gegenüber gesehen. So sprach man in der That in Russland, man glaubte es sogar, man war so sehr dabei interessirt, das zu glauben! Das russische Volk versöhnte sich schnell mit den Siegern von der Alma und dem Malakof; eine einzige Macht blieb in seinen Augen verantwortlich für all dies Missgeschick, die Macht, die während des ganzen Krieges Gewehr im Arm dagestanden! Noch heutigen Tages erzittert jedes russische Herz vor Unwillen bei dem Gedanken an Oesterreich, an seine ungeheure Undankbarkeit, seinen grossen Verrath.

Alexander Michailowitsch theilte diese Erbitterung, diesen dumpfen Groll, ja er wurde der energische, offen eingestandene Vertreter jenes Volksgefühls und sprach sich in dieser Hinsicht mit einer Offenheit aus, die an Prahlerei streifte. Man citirt ein Wort von ihm, das er in Wien während der Verhandlungen des Pariser Congresses hatte fallen lassen: „Oesterreich, sagte er, ist kein Staat; es ist nur eine Regierung." Dieses Wort ging ihm nach Petersburg voraus und machte dort sein Glück. Die öffentliche Stimme bezeichnete ihn als den künftigen Rächer, als den Mann, der berufen sei, für seine Nation eine glänzende Wiedervergeltung vorzubereiten, und der gewandte Diplomat hütete sich wohl, gegen diese Ansicht etwas einzuwenden. Uebrigens offenbarten sich schon auf jenem Pariser Congress gewisse Stimmungen, gewisse Tendenzen, die zu Hoffnungen berechtigten, die so-

gar ganz neue Aussichten eröffneten. Auf jenem merkwürdigen Congress, der definitiv die Friedensbedingungen fest-
stellte, welche Frankreich, England und Oesterreich Russland auferlegt hatten, erschien Oesterreich düster und
misslaunig, England gereizt und nervös. Frankreich und
Russland allein tauschten auserlesene Höflichkeiten, über-
raschende Freundlichkeiten mit einander aus; das Schwert
Napoleon's III. ähnelte einigermaassen der Lanze des Achilles,
welche die geschlagenen Wunden heilte, und verwundete
wo sie eben Heilung gebracht. „Es war Balsam in Gi-
lead," es war etwas auszurichten bei dem Souverän, der in
den Tuilerien residirte . . . Am Tage nach Schluss des
Congresses bat Graf Nesselrode wegen vorgerückten Alters
um seinen Abschied und Fürst Gortschakow wurde Minister
der auswärtigen Angelegenheiten.

Zweites Kapitel.

Herrn von Bismarck's erstes Auftreten.

Die Bismarck in der Geschichte. — Der Ahn Rulo, ein Gewandschneider. — Sein Grossvater der Dichter, und sein Grossonkel
der Abenteurer. — Otto Eduard Leopold von Bismarck-Schönhausen. — Das graue Kloster und die Georgia Augusta. — Streitfrage über das Staatsexamen. — Academische Bildung und Geistesrichtung des Herrn von Bismarck, verglichen mit derjenigen des
Fürsten Gortschakow. — Der Redner. — Ein oratorischer Effect
aus dem Textbuch des „Freischütz." — Der Schriftsteller. — Briefe
an Malwine. — Der Styl des Herrn von Bismarck. — Erfolglose
Versuche in der militärischen und administrativen Carrière. —
Sturm- und Drangperiode. — Leben des Landedelmanns auf Kniephof und Schönhausen. — Der „tolle" Bismarck. — Candidat der
Deichhauptmannsstelle. — Erstes parlamentarisches Auftreten des
Herrn von Bismarck. — Seine Rolle in der Kreuzzeitungs-Partei.
— Entschlossener Gegner der modernen Ideen und der constitutio-
nellen Theorieen. — Der „christliche Staat." — Ansicht über
Schleswig-Holstein und die deutsche Einheit. — Versuch des Ge-
nerals Radowitz. — Fürst Schwarzenberg und die Demüthigung
von Olmütz. — Herr von Bismarck ein Vertheidiger Oesterreich's.
— Bevollmächtigter in Frankfurt. — Se. Excellenz der Lieutenant.
— Freundschaft mit dem Fürsten Gortschakow. — Briefe an Malwine
über den Bundestag und die Bundes-Diplomaten. — Müdigkeit und
Ekel. — Die orientalische Krise. — Zunehmender Hass gegen
Oesterreich. — Gemeinsamkeit der Antipathieen mit dem Fürsten
Gortschakow. — Ferro et igne. — Kampf mit Herrn von Rechberg. — Aufregungen und Reisen. — Bevollmächtigter Gesandter
in St. Petersburg.

Während der vier Jahre, die er als Vertreter seiner
Regierung beim deutschen Bunde zugebracht, war Fürst
Gortschakow, wie wir gesehen, in die vertrautesten Be-

ziehungen zu einem Collegen getreten, an dessen Person er
die seltenen Eigenschaften des Geistes und wahrscheinlich
auch des Herzens schätzte. Die beiden Freunde hatten sich
im Sommer 1854 getrennt, als der russische Bevollmächtigte
nach Wien ging, um dort eine peinvolle Mission zu erfüllen; doch sollten sie bald wieder zusammentreffen und
sich in jener Ideen- und Gesinnungsgemeinschaft wieder-
finden, die seit der ersten Bekanntschaft in Frankfurt sich
nicht mehr verleugnet und fünfundzwanzig Jahre gedauert
hat: *grande mortalis aevi spatium.* Der an den lachenden
Mainufern vom Fürsten Gortschakow erworbene Freund war
kein anderer als Herr von Bismarck, der zukünftige deutsche
Kanzler.

Otto Eduard Leopold von Bismarck-Schönhausen, geboren den 1. April 1815 zu Schönhausen, dem Erbsitze
seiner Familie, in der brandenburgischen Altmark, kann
sich wie sein Freund Alexander Michailowitsch nicht rühmen, dass das Blut von Heiligen in seinen Adern rollt;
seine Biographen heben selbst mit einer gewissen Genugthuung den Umstand hervor, dass mindestens zwei seiner
Ahnen von der Kirche excommunicirt worden und unbussfertig gestorben sind. Schwerer fällt in die Wagschale,
dass die berufensten Geschichtsschreiber der Mark Brandenburg, Herr von Riedel unter Anderen, sogar die adel-
ige Herkunft der Familie bestreiten und beweisen, dass
der erste in der Reihe, von dem authentische Documente
aus dem vierzehnten Jahrhundert reden, Rulo Bismarck,
ein Mitglied und wiederholt sogar Vorsteher der „Gewand-
schneider-Gilde" von Stendal, einem Städtchen in der Altmark war. Die Thatsache scheint keinem Zweifel zu unterliegen; doch haben die Bürger von Stendal nicht etwa, wie
diejenigen gewisser Städte in Toscana, jedem Landedelmann,

der die Stadt bewohnen wollte, die Verpflichtung auferlegen können, sich in eine der Gilden einschreiben zu lassen? Das ist die Meinung der Tories in der kuriosen genealogischen Streitfrage. Ihrer Ansicht nach hätten die guten Bürger von Stendal im vierzehnten Jahrhundert gerade so gehandelt wie die grossen Bürger von Florenz und Pisa, und Rulo Bismarck wäre Gewandschneider gewesen etwa wie Dante, sein Zeitgenosse, Apotheker. Die Whigs im Gegentheil, die Biographen von national-liberaler Färbung, ergeben sich leicht darein; einer von ihnen ist sogar der Ansicht, dass der Ahn Rulo, genau genommen „von seinem Himmel herab mit Wohlbehagen und Stolz auf den prächtigen Kaisermantel hinabschauen muss, den sein Nachkomme für den Kaiser Wilhelm aus dem Tuche Europa's zugeschnitten."

In relativ moderneren Zeiten weist das Haus Bismarck wie manche Familie des brandenburgischen Landadels eine ununterbrochene Reihe bescheidener und treuer Staatsdiener, bald Krieger, bald Civilbeamte auf. Im achtzehnten Jahrhundert begegnen wir zwei etwas kurioseren Gestalten auf der Stammtafel der Bismarck, dem Grossvater und dem Grossoheim des Kanzlers: von denen der eine mit dem Beinamen „der Dichter", der andere mit dem Epithet „der Abenteurer" belegt wurde. Der Dichter, wir müssen schon das peinliche Geständniss machen, schrieb seine Verse in französischer Sprache; man besitzt namentlich von ihm ein „Éloge ou Monument érigé à la mémoire de Christine de Bismarck, née de Schoenfeld, par Charles-Alexandre de Bismarck; Berlin 1774." Seiner verstorbenen Gemahlin glaubte der Rittmeister ausser Diensten dieses Mausoleum in wälschen Worten und Reimen setzen zu müssen, die ganz im Charakter der faden Empfindsamkeit jener Zeit

gehalten sind. Der „Abenteurer" (Ludolf August) rechtfertigte seinen Namen besser : er erschlug seinen Bedienten
im Jähzorn oder in der Trunkenheit, wurde begnadigt, trat
in russische Dienste, mischte sich in Kurland in politische
Intriguen und wurde nach Sibirien verbannt. Beiläufig sei erwähnt, dass jener Ludolf nicht der einzige seiner Familie war,
der unter russischer Fahne diente, und dass der Name Bismarck
demnach seit lange in Petersburg gut angeschrieben war.

Die Whigs unter den Biographen legen grossen Nachdruck darauf, dass die Mutter des jungen Otto, „eine verständige, ehrgeizige und etwas kalte Frau," bürgerlichen
Standes gewesen, ein Fräulein Menken, das einer in Leipzig
wohlbekannten Familie angehörte. Es wird deshalb mit
Vorliebe von ihnen betont, dass der Wiederhersteller des
Reichs mütterlicherseits aus dem Bürgerstande abstamme,
jenem gebildeten und den Studien ergebenen Bürgerstande,
der Deutschland's Stärke ausmacht, — während er durch
seinen Vater, der wie sein Grossvater der Poet, Rittmeister
gewesen, dem Adel angehört. Die gründlichen Germanen
haben bekanntlich eine grosse Schwäche für die Symbolik,
ja sie schmücken mit diesem Namen sehr oft einen blossen
Witz des Zufalls, ein Wortspiel, und so schreiben sie dem
geringfügigen Umstande eine gewisse Bedeutung zu, dass
der junge Otto in Berlin von Schleiermacher confirmirt
worden, dem berühmten Doctor der Gottesgelahrtheit, dessen Wissenschaft viel achtungswerther war als sein Leben :
„so dass, freilich nur für einen flüchtigen, aber doch feierlichen Augenblick, der einst im Leben zu thatkräftigem
Handeln berufene Jüngling so mit unserer gelehrten Theo-
logie und unserer romantischen Philosophie in Berührung
kam." Man hat auch nicht verfehlt, auf das „graue Kloster", den Namen des Gymnasiums anzuspielen, wo damals

der künftige Zerstörer der Klöster seine klassischen Studien begann, so wie den französischen Ursprung eines seiner hervorragendsten Professoren, des Doctors Bonnell, zu notiren, des Nachkommen einer in Folge der Aufhebung des Edicts von Nantes nach Brandenburg geflüchteten Hugenottenfamilie.

Nach Beendigung seiner Studien auf dem Gymnasium zum grauen Kloster begab sich Otto von Bismarck auf die Universität Göttingen, der berühmten Georgia Augusta, um hier die Rechte zu studiren. In Wirklichkeit führte er hier das Leben der Musensöhne, die das Glück oder Unglück haben, Junker zu sein; er interessirte sich nur für Jagen, Reiten, Schwimmen, Turnen und Fechten. Er bestand mehr als zwanzig Duelle und erwarb sich den Namen eines flotten Burschen, der ihm noch lange anhaften sollte, selbst zur Zeit, da er schon Gesandter und Minister war. Man begreift leicht, dass die Institutionen und Pandecten bei so zahlreichen körperlichen Uebungen nicht gar gründlich studirt werden konnten und auch der Versuch, die lärmende Georgia Augusta mit der ernsteren und stilleren Berliner Universität zu vertauschen, war mehr ein heroisches als durchschlagendes Mittel. Hat Herr von Bismarck jemals in vorgeschriebener Weise das Staatsexamen gemacht, das in Preussen eine unumgängliche Vorbedingung zum Eintritt in den Staatsdienst ist? Eine gewichtige Frage, über die in Deutschland hin und her gestritten worden und die zwanzig Jahre lang als Waffe gegen den Parteiführer, den Gesandten, den Ministerpräsidenten benutzt wurde. Bemerkenswerth ist die Thatsache immerhin, weil sie den formalistischen und in Reglementen eingeschnürten Geist der Nation charakterisirt: Herr von Bismarck hatte schon ganz Europa zum Kampf herausgefordert und Dänemark zer-

stückelt, als in den Oppositionsblättern Deutschland's noch
immer von Zeit zu Zeit wie verspätete Raketen boshafte
Anspielungen auf das problematisch gebliebene Staatsexamen
umherschwärmten. Erst seit der Schlacht bei Sadowa hörten
endlich diese kleinen Bosheiten auf. Mit Sadowa ging man
auch über manche andere, sicherlich viel anstössigere Un-
gehörigkeiten hinweg.

Hier wäre es vielleicht am Platze, sich zu fragen,
welche Früchte Herr von Bismarck aus seiner Schulzeit
heimgebracht und, wenn auch nur im Grossen und Ganzen,
seine allgemeine Bildung und Geistesrichtung zu betrachten.
So viel scheint sicher, dass Herr von Bismarck kein Mann
der Wissenschaft und der ernsten Studien ist und dass seine
academische Bildung manche Lücke aufweist. Wunderlich
genug, von den beiden Kanzlern, dem russischen und dem
deutschen, von denen der Eine nur ein Lyceum von zweifelhaftem Werthe gekannt, während der Andere ein vorzüg-
liches Gymnasium und die berühmtesten Hochschulen des
gelehrten Deutschland's besucht hat, ist es der Schüler von
Zarskoje-Selo, der, was klassische Bildung und die wahren
humaniora betrifft, dem glücklichen Zögling der Georgia
Augusta Manches vorgeben könnte. Herr von Bismarck,
und das sollte genügen, hat jedenfalls das von dem geistvollen Saint-Marc Girardin für wohlerzogene Weltmänner
aufgestellte Programm in vollstem Maasse erfüllt. „Ich
verlange nicht, dass sie Latein können", sagte er, „ich verlange nur, dass sie es vergessen haben." Aus seiner Schulzeit ist dem deutschen Kanzler ein immer noch hinreichen-
der Schatz allgemeiner Bildung geblieben, den er gelegentlich
auch zu verwenden versteht; er hat in genügendem Maasse
seine Bibel, seinen Shakespeare, seinen Goethe und Schiller
inne, die vier Elemente jeder in Deutschland sogar alltäg-

lichen Bildung, ein kostbares und beneidenswerthes qua-
drivium der Söhne Hermann's! Fürst Gortschakow besitzt die Kunstgriffe und zugleich die Schwächen eines eigentlichen Schriftstellers; er legt alle Sorgfalt auf die
Wahl des Worts, er feilt und glättet seine Phrase, er be-
spiegelt und bewundert sich in seinen Schriftstücken: Es
ist bekannt, dass er einmal „der Narciss des Dintenfasses"
genannt worden. Was Geschmack, feines Urtheil, künst-
lerischen Instinct betrifft, so besitzt er eine unverkennbare
Ueberlegenheit über seinen ehemaligen Frankfurter Collegen;
dieser jedoch macht wiederum seine hohen Vorzüge geltend,
so wie man das originelle, persönliche Gepräge näher betrachtet, das er seinem Gedanken und seinem Worte zu
geben versteht; so wie man die Individualität, den schöpfe-
rischen Hauch, den *mens agitans molem*, ein gewisses my-
steriöses, packendes Etwas aufsucht, das die antike Bild-
hauerkunst so sinnreich darstellte, indem sie die Stirn einiger Statuen durch eine Flamme auszeichnete.

Der deutsche Reichskanzler ist kein Gelehrter in der
stricten und alltäglichen Bedeutung des Worts; er ist genau genommen weder ein Redner noch ein Schriftsteller.
Er versteht es nicht gut, ein Thema zu entwickeln, die
Beweisgründe zu steigern, die Uebergänge vorzubereiten;
er baut seine Periode nicht auf, kümmert sich auch nicht
darum. Auf der Tribüne wie mit der Feder geht ihm die
Leichtigkeit des Vortrags ab; sein Styl ist holperig, zuweilen auch uncorrect, so wenig academisch wie möglich; er
ist verworren, eingeschachtelt, manchmal sogar trivial. Es ist
etwas von Cromwell in seiner Ausdrucksweise, ohne sonst
auf Vergleichungen eingehen zu wollen; doch wird man noch
ganz anders als bei Cromwell zur Bewunderung jener Ge-
dankenblitze, jener kräftigen und unvorhergesehenen Bilder,

jener durchschlagenden Worte hingerissen, die sich fest
einprägen und bleiben. Als er kürzlich mitten in einer
ziemlich unzusammenhängenden und schwerfälligen Argu-
mentation über seinen Conflict mit Rom plötzlich in die
Worte ausbrach: „Eines dürfen Sie versichert sein, meine
Herren, wir gehen nicht nach Canossa!" so muss man
zugeben, dass er hier in die Form eines drohenden *caete-
rum censeo* eine ganze Welt von Erinnerungen und Leidenschaften zusammenzufassen verstanden. In einem ganz verschiedenen Geiste, in Zeiten, die uns freilich jetzt fern genug liegen, als er eines Tages — es sind jetzt zwanzig
Jahre her — über die Principien der Revolution und der
Contre-Revolution redete, hatte er den Gedanken auszudrücken, dass keine parlamentarische Debatte jemals zwischen diesen beiden Principien zu entscheiden haben werde:
„Ueber kurz oder lang muss der Gott, der die Schlachten
lenkt, die eisernen Würfel der Entscheidung darüber werfen!" In dem letzten Theil des Satzes glaubt man Herrn de
Maistre zu hören; wie dieser, hatte auch der deutsche Kanzler
seine Redefigur, die an den berüchtigten „Henker" de Maistre's erinnert, wir meinen jene Berufung auf „Eisen und
Blut," die man auf ihren Ursprung zurückführen, mit dem
betreffenden Datum in Zusammenhang bringen muss, um
ihre volle Bedeutung neben ihrer unleugbaren Härte würdigen zu können. Jenes so oft citirte Wort fiel zu einer
Zeit, als die National-Liberalen, jetzt seine allergehorsam-
sten Verehrer, ihm die Heeresreform verweigerten, während
sie andrerseits nach der Einheit Deutschland's verlangten.
Der Mann, der vorahnend schon den fernen Donner von
Sadowa und Sedan rollen hörte, warf in jenem Augenblick den Schönrednern eine Herausforderung entgegen, die
seitdem nur zu sehr an Berechtigung gewonnen. Nicht mit

hochtönenden Worten, sagte er, wird Deutschland's Einheit
geschaffen. „Um diese Einheit zu schaffen, braucht es Blut
und Eisen! . . ." Man möchte sagen, der Redner Bismarck
fühle sich nicht behaglich in der Uniform, von der er nie
sich trennt; er spricht gewissermaassen stossweise, in
witzigen, geistvollen Einfällen; nur mühsam sammelt er
die Wolken seiner Rhetorik, schliesslich aber zuckt es von
Blitzen darin, die eine ganze Situation beleuchten. Um sich
verständlich zu machen, braucht er die erhabensten wie die
alltäglichsten Bilder, ohne Wahl, wie Zufall und Stimmung
sie ihm eingeben; er citirt Shakespeare und Göthe, aber
eben so gern die „Wespen" von Alphons Karr oder ein Cou-
plet aus einem Vaudeville. Eine der glücklichsten, denk-
würdigsten Inspirationen verdankte er eines Tages dem Textbuch zum „Freischütz."

Es sei uns gestattet, an die letztere Episode hier zu
erinnern, selbst auf die Gefahr hin, uns zu lange bei den
Präliminarien aufzuhalten. In jener Weber'schen Oper erhält bekanntlich der brave, aber unglückliche Max von seinem bösen Genius Caspar eine Kugel und schiesst mit
derselben sofort einen Adler. Er erbittet sich noch einige
Kugeln, doch Caspar belehrt ihn, es sei eine „Freikugel"
gewesen, die er ihm gegeben, und um in ihren Besitz zu
gelangen, müsse man seine Seele den höllischen Mächten
verschreiben. Max fährt entsetzt zurück, Caspar aber ruft
ihm höhnisch zu, er möge sich sperren so viel er wolle, der
Pact sei schon geschlossen durch die Kugel, deren er sich
bedient: „Glaubst du, dieser Adler sei dir geschenkt? . . ."
— Als im Jahre 1849 der brandenburgische Junker die
preussische Kammer beschwören wollte, die vom Frankfurter Parlament angebotene Kaiserkrone für den König von
Preussen nicht anzunehmen, schloss er seine Rede mit den

Worten: „Der Radikalismus ist es, der dem König dies Geschenk anbietet. Früh oder spät wird derselbe Radikalismus vor den König treten und seine Belohnung fordern, und auf das Emblem in der neuen kaiserlichen Fahne hinweisend, wird er ihm zurufen: Meinst du, dieser Adler sei dir geschenkt?..." Ein tief gedachtes, packendes Bild! Ja, man bedient sich nicht ungestraft der Freikugeln der Revolution; man schliesst kein Bündniss mit dem Dämon des Aufruhrs, ohne einen Theil seiner Seele dafür aufzugeben.

Der Schriftsteller Bismarck unterscheidet sich nicht wesentlich von dem Redner, und wenn wir vom Schriftsteller sprechen, so denken wir besonders an die vertrauten und vertraulichen Briefe, die in dem bekannten Buche von Georg Hesekiel abgedruckt sind und in Deutschland einen verdienten Erfolg gefunden haben. Stets dieselbe Unklarheit, dieselbe Schwerfälligkeit im Ausdruck, derselbe Wirrwarr, der von Zeit zu Zeit von lebendigen, originellen Gedanken, von erstaunlichen Bildern, von herbem, beissendem Humor durchleuchtet wird, der Einen mit grausamem Behagen zwickt und kneift. Diese Briefe sind grösstentheils an seine Schwester, an die „liebe Malwine" (eine Frau von Arnim) gerichtet und wir werden ihnen im Verlauf unserer Studie noch manchen Auszug entlehnen müssen. Man hat in diesen Briefen gewisse Naturschilderungen, mondbeglänzte Nächte, die Nordsee, einen Blick auf die Donau von den Höhen um Buda-Pesth hervorgehoben, denen es in der That nicht an Colorit fehlt, die sich gewissermaassen zu Gemälden gestalten; est ist etwas von Heinrich Heine in diesen ganz privaten Reisebildern, wie wohl auch etwas von Hamlet (und was für ein Hamlet!) in folgender Stelle liegt, der einzigen melancholischen Stelle, die uns unter so vielen san-

guinischen und derben Witzen aufgestossen: „Wie Gott
will! es ist hier Alles doch nur eine Zeitfrage, Völker und
Menschen, Thorheit und Weisheit, Krieg und Frieden, sie
kommen und gehen wie Wasserwogen, und das Meer bleibt.
Es ist ja nichts auf dieser Erde als Heuchelei und Gaukel-
spiel, und ob nun das Fieber oder die Kartätsche diese
Maske von Fleisch abreisst, fallen muss sie doch über kurz
oder lang und dann wird zwischen einem Preussen und
einem Oesterreicher, wenn sie gleich gross sind, doch eine
Aehnlichkeit eintreten; die das Unterscheiden schwierig
macht; auch die Dummen und die Klugen sehen, reinlich
skelettirt, ziemlich einer wie der andere aus; den specifi-
schen Patriotismus wird man allerdings mit dieser Betrachtung los, aber es wäre auch jetzt zum Verzweifeln, wenn
wir auf den mit unserer Seligkeit angewiesen wären."

Aus diesen Briefen sieht man wohl, dass Herr von
Bismarck sich schon frühzeitig und mit Vorliebe in der
Ironie geübt, in welcher er es zu so vollendeter Meisterschaft
gebracht: einer kalten, schneidigen Ironie, die nur zu oft
mit einem Hohnlächeln gepaart ist. Später wendet er sie
in seinen Reden, in seinen Unterhaltungen mit Ministern
und Gesandten, sogar in diplomatischen Unterhandlungen,
in den entscheidendsten welthistorischen Momenten an. In
solchen Augenblicken kleidet sich diese Ironie bald in
grosse Offenherzigkeit, bald in grosse Höflichkeit, aber eine
Offenherzigkeit, bei der man knieend um die erste beste
schickliche Lüge, eine Höflichkeit, bei der man um eine
ungeschminkte Grobheit wie um eine wahre Wohlthat bitten möchte. Eines Tages, kurz vor Ausbruch des Krieges
von 1866, fordert der österreichische Gesandte Graf Karolyi
im Namen seiner Regierung Herrn von Bismarck auf, er
möge kategorisch erklären, ob er den Friedensvertrag, den

Vertrag von Gastein zu zerreissen gedenke: „Nein", ist
die Antwort, „ich habe den Gedanken nicht; doch wenn ich
ihn hätte, würde ich Ihnen anders antworten?" — Dies ist
ein Beispiel jener Offenherzigkeit, die verwirrt und Einem
mit jenem Teufel aus dem Inferno in's Ohr zu schreien
scheint:

Tu non pensavi ch'io loico fossi!

Was die mörderische Höflichkeit betrifft, in die der
Sarkasmus des Herrn von Bismarck sich bisweilen zu klei-
den versteht, so sei hier nur an das Wort erinnert, das
er später den Unterhändlern von Versailles entgegen wirft,
die wegen Uebergabe des ausgehungerten Paris zu unterhandeln wünschen und ihm zweihundert Millionen Contri-
bution anbieten: „O", sagt er. „Paris ist eine zu grosse
Persönlichkeit, als dass wir es so kleinlich behandeln sollten; erweisen wir ihm die Ehre einer Milliarde." — Dieser
Wendung, die dem Nebenbuhler Heine's als eine dem Unglück gebührende *maxima reverentia* in den Sinn kommt,
fehlt es sicher nicht an Originalität.

Wenn man in reiferem Alter dazu berufen ist, seinem
Humor auf Kosten von Fürsten und Völkern freien Lauf
zu lassen, wie sollte man es in der Jugend über sich gewinnen, nicht über einen armen pommerschen Bauer geist-
reich zu scherzen, der zu viel Wasser geschluckt? In
einem seiner Briefe an seine liebe Malwine schildert der
Landjunker mit hinreissender Heiterkeit eine Ueberschwemmung, die sein Gut heimgesucht, das von einem unschein-
baren Zufluss der mageren Hampel bewässert wird. Diese
Ueberschwemmung hat ihn von allem Verkehr mit seinen
Nachbarn abgeschnitten, ihm so und so viel Tonnen Brannt-
wein fortgespült, „hat von Schievelbein bis Damm ein anar-
chisches Interregnum herbeigeführt", und nun schliesst er

4

mit folgendem Zug: „Ich bin ganz stolz, sagen zu können, dass in meinem kleinen Zufluss zur Hampel ein Fuhrmann mit seinem Pferd und seiner ganzen Ladung Theer ertrunken ist! . . .“ Wie viel stolzer wird derselbe Landjunker sein, wenn Europa seine Domäne geworden und er dann in den Fluthen, Fluthen Blutes dies Mal, eine ganze Armee mit ihren Feldherren, ein ganzes Reich mit seinem Kaiser ertrinken sieht, — *currus Galliae et auriga ejus!* . . . Das hindert aber nicht, dass der Landjunker ein anderes Mal sich kühn in's Wasser stürzt, um seinen Stallknecht herauszuziehen und sich die Rettungsmedaille zu verdienen. Lange Jahre war diese Medaille der einzige Schmuck auf der breiten Brust des preussischen Gesandten in Frankfurt. Als er eines Tages von einem Collegen am Bundestag nach der Bedeutung dieser Medaille gefragt wurde, die im diplomatischen Corps nicht gerade heimisch war, antwortete er mit dem ihm eigenen Ton, dass es ihm manchmal passire, einem Menschen das Leben zu retten — in freien Augenblicken wohlverstanden. Wäre man weiter in ihn gedrungen, so hätte er möglicherweise hinzugefügt, er thue es nur, um sich Leibesbewegung zu verschaffen.

Um zu unserem Gegenstande zurückzukehren: Otto von Bismarck hat aus seinen Lehrjahren am grauen Kloster und an der Georgia Augusta ein wissenschaftliches Gepäck mit heimgebracht, das, wenn auch nicht allzu schwer und allzu vollständig, ihm gestattete, seine Reise um die politische Welt bequem und in Ehren zu machen. Schon von jener Epoche an offenbart sein Geist die kostbaren Eigenschaften, die ihn noch heute auszeichnen: eine lebhafte, mächtige Einbildungskraft, einen seltenen Treffer in bald grandiosen, bald vulgären, aber stets überraschenden Schlagwörtern, endlich einen Humor, der seines Gleichen sucht, und um mit

Jean Paul zu reden, ein wahrer Sirocco für die Seele ist.
Bei alledem keine Anmuth, kein Zauber, keine Vornehmheit,
kein Zartgefühl, — nichts von jenem *milk of human kind-
ness*, von der der Dichter spricht. Die Kunst oder vielmehr das Handwerk, die Arbeit, seine Sätze zu ordnen, zu
verknüpfen, zu gruppiren, Harmonie und Klarheit in die
verschiedenen Theile einer Rede zu bringen, Ecken und
Unebenheiten zu vermeiden, der Styl, um es kurz zu sagen,
ist Herrn von Bismarck stets fremd geblieben, oder auch,
er hat ihn nie sich aneignen wollen. Wenn wir diesen
Styl mit einem jener trivialen aber ausdrucksvollen Bilder
bezeichnen dürfen, von denen Herr von Bismarck selber
uns manches Beispiel gegeben, so möchten wir ihn mit
dem seltsamen, kaum glaublichen Getränk vergleichen, das
aber nach Versicherung seiner Biographen dem deutschen
Kanzler jederzeit gemundet hat : eine Mischung von Champagner und Porter! Seine Sprache entspricht diesem Ge-
bräu : sie hat das Anregende, Prickelnde, Erheiternde des
Ay und zugleich das Schwere, Schwarze und besonders das
Bittre des Stout.

Sonderbar, der Mann, der einst sämmtlichen deutschen
Staaten die stramme bureaukratische und militärische Zucht
Preussens auferlegen, der „Deutschland in den Sattel heben"
sollte, um eines seiner Schlagwörter zu brauchen, der ihm
die Zwangsjacke des obligatorischen Kriegsdienstes anlegen
— indirect sogar ganz Europa zu neuen Exercirübungen,
zur Vertauschung der Pflugschaar mit dem Säbel, der geistigen Beschäftigungen mit den Herbst- und Frühjahrs-
übungen zwingen sollte — derselbe Mann hat, was seine
eigene Person betrifft, sich nie zu den Schularbeiten, zu den
regelmässigen Büreauarbeiten, noch zu der strengen Disciplin
des Soldaten bequemen können. Er selber hat irgendwo be-

hauptet, nur zwei Stunden eines Collegs an der Georgia
Augusta gehört zu haben. Nach beendigter Universitäts-
zeit versuchte er es mehreremal in der administrativen und
richterlichen Laufbahn; er versuchte es in Aachen, in
Potsdam, in Greifswald, dann wieder in Potsdam und musste
jedesmal, von der eintönigen Bureauarbeit oder von Reibungen mit seinem Vorgesetzten angeekelt, darauf verzichten. Man erzählt hierbei die beissende Antwort des jungen
Referendarius an einen Gerichtsdirector, der ihn eine halbe
Stunde im Vorzimmer hatte warten lassen: „Ich war gekommen, um Sie um einen kurzen Urlaub zu bitten; während dieser langen Stunde jedoch habe ich Zeit gehabt, mir
die Sache zu überlegen; ich bitte um meinen Abschied.“
Zweimal versuchte er es auch mit dem Militärdienst, ohne
es weiter als bis zum Landwehr-Lieutenant zu bringen; er
wusste diesen Grad indessen zu schätzen und legte gern bei
feierlichen Gelegenheiten, zur Zeit sogar, wo er Gesandter
in Frankfurt war, die Uniform an. Man weiss, dass der
Tag von Sadowa ihm die Generals-Epauletten eintrug.

Die zehn oder zwölf Jahre, die für Herrn von Bismarck von seinem so sehr bestrittenen Staatsexamen an
bis zu seinem Eintritt in die preussische Kammer verflossen,
werden von den deutschen Biographen gern als seine „Sturm-
und Drangperiode“ bezeichnet. Stürmisch waren diese Jahre
in der That und voller Bedrängnisse finanzieller und anderer Art, vielleicht waren auch Herzensbedrängnisse dar-
unter. Dies ist wenigstens der Sinn, den man der folgenden Stelle eines an seine Schwester Malwine gerichteten
Briefes geben möchte: „Mir hilft kein Sträuben, ich muss
zuletzt doch noch * heirathen, die Leute wollen es alle so
und nichts scheint natürlicher, da wir beide zusammen
übrig geblieben sind. Sie lässt mich zwar kalt, aber das

thun sie alle; es ist hübsch, wenn man seine Neigungen nicht mit den Hemden wechseln kann, so selten Letzteres auch geschehen mag . . ."

Er scheint zu dieser Schwester eine innige Zuneigung gehabt zu haben, er belegt sie mit den zärtlichsten Namen, bald nennt er sie seine liebe Kleine, bald seine Malwine, sein Maldewinchen, seine gute kleine Arnim, seine Kreusa; einmal passirt es ihm sogar (o verzeiht ihm, ihr Götter der Walhalla!) sie ganz einfach auf französisch „*ma sœur*" zu nennen. In allen Briefen aus jener Zeit, die meistens vom Gute Kniephof oder von Schönhausen datirt sind (erst später erwarb Herr von Bismarck das vielgenannte Varzin)˙ macht sich neben einem herben Humor eine gewisse Unbehaglichkeit geltend; neben finanziellen Sorgen treten Zukunftspläne, freilich bescheidne Pläne auf, die selten mit der Politik etwas gemein haben. Im Jahre 1846 legt er einen gewissen Werth darauf, in seinem Landkreise zum Deichhauptmann erwählt worden zu sein. „Gehalt ist weiter nicht dabei, aber die Stelle ist von Wichtigkeit für Schönhausen und die andern Güter, indem von ihr es vorzugsweise abhängt, ob wir gelegentlich wieder unter Wasser kommen oder nicht . . . Bernhard (ein Freund) redet mir wider Erwarten sehr zu, nach Ostpreussen als Sr. Majestät Commissarius bei dortigen Meliorations-Arbeiten zu gehen; ich weiss nicht, was er sich dabei denkt. Er behauptet, ich sei nach Neigung und Anlage für den Staatsdienst gemacht und würde früher oder später doch hineingehen . . ." Dann plötzlich, kurz vor dem Zusammentritt der ersten preussischen Nationalversammlung, wird man von dem Plan einer Reise nach Indien überrascht — wahrscheinlich um sich dort niederzulassen und Vermögen zu erwerben —; unwillkürlich denkt man dabei an Cromwell, der kurz vor˙

Beginn des Langen Parlaments sich nach Amerika einschiffen
wollte. Man stelle sich indessen nicht vor, dass die Tage
auf Kniephof und Schönhausen traurig und langweilig ver-
liefen: da wird ein wahres Junkerleben geführt und die
Officiere der nächsten Garnisonsstadt sind gesunde Jungen,
in deren Gesellschaft gejagt und getanzt wird, „grosse
Humpen, halb mit Champagner, halb mit Porter gefüllt,
werden fröhlich geleert"; am Morgen weckt man die Herren
Gäste durch Pistolenschüsse, die an ihren Kopfkissen abge-
feuert werden; die Cousinen werden erschreckt, indem man
mit vier Füchsen in den Salon tritt. Dem Namen des
Gutsbesitzers, der weit und breit nur „der tolle Bismarck"
heisst, wird so alle Ehre erwiesen. Man ist ein Hitzkopf
und Raufbold, zieht leicht vom Leder oder greift zur Pistole,
ja man haut auch einmal mit der Faust darein. Eines Tages
zerschmettert der ehemalige Zögling der Georgia Augusta
in einer Berliner Bierstube sein Seidel auf dem Schädel
eines Unbekannten, der respektswidrig über ein Mitglied der
königlichen Familie gesprochen, nicht ohne den rohen Ge-
sellen vorher christlich verwarnt und nachträglich sehr gelassen, sehr höflich den Kellner nach dem Preise des zer-
brochenen Glases gefragt zu haben.*) Dies geschah 1850.
Herr von Bismarck war damals schon seit einigen Jahren
Abgeordneter und stand auf dem Punkte, bevollmächtigter
Minister am deutschen Bund zu werden.

„Der tolle Bismarck", so wurde der spätere Reichskanzler nicht nur auf Kniephof und Schönhausen genannt;
die Berliner hatten während der ganzen parlamentarischen
Periode des jungen märkischen Abgeordneten keinen anderen

---

*) In der Volksausgabe des Hesekiel'schen Buches wird diese
Scene durch einen Holzschnitt verherrlicht.

Namen zu seiner Bezeichnung, von seiner Jungfernrede und
seinem ersten Erscheinen auf der Tribüne an — als er
damals einen unbeschreiblichen Tumult durch einen heftigen
Ausfall gegen die Liberalen hervorgerufen und eine Zeitung
aus der Tasche zog, in der er ruhig fortlas, bis der Lärm
sich gelegt — bis zu seiner letzten Rede vom 3. December
1850, durch die er die Kammer auf's Aeusserste reizte,
die ihm aber einen diplomatischen Posten eintrug. Der
Erfolg verfährt einigermaasen wie das Adelsgesetz der Chi-
nesen: er begleitet den Ruhm in rückwärts aufsteigender
Linie und wirft noch helle Lichtstrahlen auf die obscuren
Antecedentien des Günstlings des Glücks. Es hiesse indessen die Daten vermengen und die historische Perspective
verschieben, wollte man auf Herrn von Bismarck als Abgeordneten etwas von der bedeutenden Rolle übertragen, die
er erst fünfzehn Jahre später spielen sollte. Wahr ist, dass
seine Rolle in jener ersten Periode weder so hervorragend
noch so angesehen war, wie eine abstracte inductive Methode dieselbe sich einzurichten geneigt ist. 1847 ein
thätiges und rühriges Mitglied der Junker- und dann der
Kreuzzeitungspartei, die nach der Märzrevolution entstand,
war der Landedelmann von Schönhausen weit davon entfernt, in dieser Partei die Autorität eines Gerlach oder
Stahl oder die angesehene Stellung eines schlesischen oder
pommerschen Feudalherrn zu besitzen. Trotz seiner Kühnheit, seines Ungestüms, wie seiner Kaltblütigkeit, trotz
mancher glücklichen Witze bei einer damals weit unge-
schulteren und unbeholfeneren Beredsamkeit als die heutige,
war Herr von Bismarck zu jener Zeit doch nur der Heisssporn und das *enfant terrible* jener geheiligten Phalanx, die
den Thron, den Altar und die conservativen Principien vertheidigte. Alles in Allem galt er damals nur für einen ge-

lungenen Thadden-Trieglaff, den braven Herrn von Thadden-
Trieglaff, der schon für die Pressfreiheit war, doch „mit
einem Galgen daneben für die Zeitungsschreiber." Die Aus-
sprüche des Herrn von Bismarck — eines Freundes und
Nachbars jenes sinnreichen Pressgesetzgebers — waren
manchmal nicht viel verständiger; sagte er ja doch einmal
Wort für Wort, „dass alle grossen Städte als ewige Herde
der Revolution zerstört und dem Erdboden gleich gemacht
werden müssten."

Die Athener an der Spree lachten über diese Scherze,
wiederholten die humoristischen Ausfälle mit Behagen beim
Seidel Bier, manchmal liessen sie es auch nicht an bissigen
Bemerkungen über die entgegenkommenden Worte fehlen,
die von dem Schönhauser Junker an die Unversöhnlichen,
an die reinen Demokraten gerichtet wurden. Es war ein
eigenthümliches Schicksal dieses ausserordentlichen Menschen, dass er erst an dem Tage respectirt wurde, als er an-
fing fürchterlich zu werden. Der tolle Bismarck, sagten die Deutschen von 1850; in Frankfurt hiess ihn der gute
Graf Rechberg verächtlich einen Burschen, und auch in
den Augen eines französischen Ministers, eines geistvollen
Mannes sogar, galt er 1864 *pour un personnage moquable.*
Ein Jahr später unterhielt er auf dem legendären Strande
von Biarritz den Kaiser Napoleon mit seinen Plänen, und
dieser, auf den Arm des Autors der „Colomba" gelehnt,
raunte von Zeit zu Zeit dem Senator und Akademiker in's
Ohr: „Er ist verrückt!" Fünf Jahre später überreichte
der Träumer von Ham seinen Degen dem „Verrückten" aus
der Mark Brandenburg.

„Ich gehöre — dies war die herausfordernde Erklärung des Herrn von Bismarck in einer seiner ersten Kam-
merreden — ich gehöre einer Richtung an, die der geehrte

Abgeordnete von Crefeld gestern als finster und mittelalter-
lich bezeichnete; ich gehöre jenem grossen Haufen an,
welcher dem intelligenteren Theile der Nation gegenüber-
steht." Er strebte nach einem „christlichen Staat." —
„Ohne religiöse Grundlage", sagte er, „ist der Staat nur ein
zufälliges Agregat von Rechten, eine Art Bollwerk gegen
den Krieg Aller gegen Alle; ohne diese religiöse Grundlage wird die Gesetzgebung sich nicht mehr aus dem Ur-
quell der ewigen Wahrheit regeneriren, sondern aus den
vagen und wandelbaren Begriffen der Humanität, wie sie
sich gerade in den Köpfen derjenigen, die an der Spitze
stehen, gestalten!" Aus diesem Grunde erklärte er sich
gegen die Emancipation der Juden und verwarf er besonders mit Entsetzen die Civilehe, eine erniedrigende Insti-
tution, „welche die Kirche zur Schleppträgerin einer sub-
alternen Bureaucratie herabwürdige."*) Er war ebenso un-
versöhnlich in den Fragen, welche die Krone, wie in denen,
welche die Kirche betrafen: er verhöhnte das Princip der
Volkssouveränität; das allgemeine Stimmrecht (das er später
für ganz Deutschland einführen sollte), erschien ihm als
eine sociale Gefahr und ein Angriff auf den gesunden Men-
schenverstand. Er leugnete die Rechte der Nation, die Krone
allein besass Rechte und der alte preussische Geist kannte
nur diese, — „dieser alte preussische Geist, der den
gewohnten Reiter und Herrn mit muthiger Freude trägt,
den unberufenen Sonntagsreiter aber auf den Sand wirft!"
Als entschlossener Gegner der modernen Ideen, der

---

*) Sitzung der Kammer vom 15. November 1849. — Es ist
bekannt, dass der deutsche Reichskanzler kürzlich ein Gesetz votiren
liess, das die Civilehe in Preussen einführt. — Keine der hier angeführten Reden ist übrigens in der officiellen Sammlung der Reden
des Herrn von Bismarck wieder abgedruckt.

constitutionellen Theorien und alles dessen, was damals das
Programm der liberalen Parthei in Preussen ausmachte, be-
kämpfte der märkische Abgeordnete mit derselben Energie
die beiden nationalen Leidenschaften jener Parthei: die
Befreiung von Schleswig-Holstein und die deutsche Einheit.
Er bedauerte, „dass die preussischen königlichen Truppen
zur Vertheidigung der Revolution in Schleswig gegen
den legitimen Herrscher dieses Landes, den König von
Dänemark, ausgerückt seien;" er betonte, dass man gegen
diesen König einen Streit vom Zaune gebrochen, dass man
sich „um des Kaisers Bart" zanke, ja er scheute sich nicht,
vor einer zornentflammten Kammer zu erklären, dass der
in den Elb-Herzogthümern provocirte Krieg „ein im höchsten Grade ungerechtes, frivoles, unheilvolles und revolutionäres Unternehmen sei*)..." — Was die deutsche Einheit
betrifft, so wies der junge Redner der Ultras sie im Namen
des Rechtes, der Souveränität und Unabhängigkeit der Fürsten
zurück. Er war ein Preusse, ein specifischer Preusse, ein
Stockpreusse, „das Volk", sagte er, „hat kein Bedürfniss,
sein preussisches Königthum verschwimmen zu sehen in der
fauligen Gährung süddeutscher Zuchtlosigkeit." Er berief sich
auf die Armee: verlangt etwa die Armee danach, die alten
nationalen Farben, schwarz und weiss, mit der deutschen
Tricolore zu vertauschen, die ihm nur als ein Sinnbild der
Revolution bekannt ist? Verlangt sie etwa danach, die
Töne des Preussenliedes, des Dessauer und Hohenfriedberger
Marsches mit dem „Was ist des Deutschen Vaterland?"
des Professors Arndt zu vertauschen?

---

*) Sitzung der Kammer vom 21. April 1849. Man sehe auch
die Interpellation des Abgeordneten Temme in der Sitzung vom
17. April 1863.

Es ist schon seiner Rede gegen die vom Frankfurter
Parlament angebotene Kaiserkrone und des überraschenden
Citats aus dem „Freischütz" gedacht worden. Friedrich
Wilhelm IV. aber, trotzdem er die Kaiserkrone ausgeschla-
gen, versuchte während der Jahre 1849 und 1850 deshalb
nicht weniger, einige Trümmer aus dem Schiffbruch der
Einheitsideen zu retten ; er bemühte sich mit Hülfe der
Liberalen, einen beträchtlichen Theil Deutschlands um sich
zu sammeln und einen norddeutschen Bund zu gründen.
„Die engere Einheit" war auf einige Zeit das Losungswort
eines Programms, das der General von Radowitz durch In-
scenirung des Erfurter Parlaments verwirklichen sollte. Herr
von Bismarck verurtheilte ohne Schwanken und ohne Gnade
alle diese eitlen Versuche. Mit dem grossen Theoretiker
seiner Partei, dem berühmten Professor Stahl, plädirte er
für die Rückkehr zum statu quo vor 1848, er forderte wie
dieser, „dass man die in Deutschland umgestürzte Säule
des Rechts wieder aufrichte", dass man den Bund auf seiner gesetzlichen Basis nach den Bestimmungen des Wiener
Vertrags wieder herstelle und die preussische Politik vor
jeder Luftfahrt in die Region der Wolken und Blitze be-
wahre.

Der Blitz sollte in der That bald einschlagen und die
Luftfahrt wurde durch die Hand jenes grossen österreichischen
Ministers unterbrochen, der selber nur wie ein leuchtendes
Meteor die höchsten Regionen der Macht durchlaufen, um
plötzlich zu verschwinden und nur eine tiefe Trauer um
seinen Verlust zurückzulassen. Fürst Felix von Schwarzenberg erinnert in vielen Beziehungen an jene Staatsmänner,
von denen uns in früheren Zeiten England manchmal glänzende Repräsentanten lieferte, an die Peterborough, Ben-
tinck, die fast urplötzlich ein in Vergnügungen und tollem

Leichtsinn vergeudetes Leben abzuschliessen vermochten,
um sich auf einmal als wirkliche politische Genies zu offenbaren, und die frühzeitig dahinstarben, nachdem sie den
leichten Rausch irdischen Glücks und den freilich etwas
schwerer zu erreichenden öffentlichen Ruhm genossen. Man
weiss, mit wie fester und kühner Hand der Fürst das Staats-
ruder in Oesterreich erfasste und in wie kurzer Zeit es ihm
gelang, eine an den Rand des Abgrundes gebrachte Monarchie wieder aufzurichten. War seine Geschäftsführung
vollständig vorwurfsfrei, war sie nur bis an's Ende auf die
Zukunft klug berechnet? Das ist hier nicht die Frage;
unfraglich aber bleibt es, dass selten ein Minister mehr
Glück in seiner kurzen Laufbahn gehabt, mehr Kühnheit im
Augenblick des Erfolgs bewiesen, und selbst unter schwierigen Verhältnissen in stolzerem, trotzigerem Tone gesprochen.
Dies Mal sprach Fürst Schwarzenberg mit der vollen Autorität, die das Recht ihm verlieh; vielleicht sprach er
sogar zu hart, und Preussen schien einen Augenblick den
ihm hingeschleuderten Handschuh aufheben zu wollen.
Friedrich Wilhelm IV. verlangte von den Kammern zur
Rüstung des Heeres einen Credit von vierzehn Millionen
Thalern und hielt eine kriegerische Rede. Europa wurde
aufmerksam, die französische Nationalversammlung stand
auf dem Punkte, eine neue Truppenaushebung zu decretiren
und — war dies nicht das Präludium einer Tragödie, die erst
fünfzehn Jahre später spielen sollte? — Louis Napoleon
glaubte 1850, wie er es 1866 gethan, das Berliner Cabinet
unter der Hand ermuthigen zu müssen und dies in direc-
tem Widerspruch zu der allgemeinen Stimmung seines Landes! Während sich die französische Nationalversammlung
entschieden für die Neutralität aussprach und der Minister
des Auswärtigen sich sogar entschieden Oesterreich zuneigte,

schickte der Präsident der Republik einen intimen Vertrauten, Herrn von Persigny, mit dem Auftrage nach Berlin, den König von Preussen so viel wie möglich zum Kriege zu treiben. Der Krieg schien auch unvermeidlich, schon waren die Truppen auf beiden Seiten echelonnirt, die Vorposten waren sogar schon auf einander gestossen. Da, in Folge eines von Wien eingelaufenen Ultimatums, das durch einen freundschaftlichen Wink aus St. Petersburg mehr Nachdruck erhielt, lässt Herr von Manteuffel, der preussische Ministerpräsident, dem Fürsten Schwarzenberg eine Unterredung in Oderberg, an der Grenze der beiden Staaten, vorschlagen. Einige Stunden nach Absendung seines Vorschlags, lässt er ihm sogar durch den Telegraphen (ein damals noch ungebräuchliches Verfahren) mittheilen, dass er auf ausdrücklichen Befehl seines Königs nach Olmütz kommen werde, ohne eine weitere Antwort abzuwarten. Er ging in der That nach Olmütz und unterzeichnete dort am 29. November 1850 die Friedenspräliminarien, die berühmten „Punktationen", mit welchen Preussen in allen Punkten den österreichischen Forderungen nachgab.

Es kann nicht auffallen, dass eine so tiefe Demüthigung, der ein bis dahin in den Annalen der Diplomatie unerhörter Schritt vorhergegangen war und bald darauf eine österreichische Depesche folgte, die unnützerweise auch noch erbittern musste,*) das liberale Preussen mit Schmerz und Unmuth erfüllte. Vergebens bemühte sich Herr von

---

*) Ein durch berechnete Indiscretion der Oeffentlichkeit übergebenes Circular des Fürsten Schwarzenberg, nachdem es den Zwischenfall mit dem Telegraphen und die kopflose Reise des Herrn von Manteuffel erzählt hat, fügte hinzu: „S. M. der Kaiser hielt es für seine Pflicht, dem in so bescheidener Form ausgedrückten Wunsche des Königs von Preussen zu willfahren."

Manteuffel, sein Verfahren vor der Nationalversammlung zu rechtfertigen ; vergebens behauptete er, lieber „Spitzkugeln als spitzen Reden" gegenüber stehen zu wollen, die preussische Kammer gab den Klagen des Landes einen leidenschaftlichen Ausdruck und Herr von Vincke schloss eine heftige Philippika mit dem Ausruf : „Nieder mit dem Ministerium !"

Ein einziger Redner wagte es, die Vertheidigung des Ministers und in solcher Lage die Apotheose Oesterreich's zu übernehmen. Schon ein Jahr vorher hatte Herr von Bismarck die Rolle des Kaisers Nicolaus für sein Land gewünscht, seitdem hatte er keine Gelegenheit versäumt, als Rächer des Hauses Habsburg den Beschuldigungen des deutschen Liberalismus gegenüber aufzutreten und dieser Politik blieb er sogar unter so ausserordentlichen Umständen trotz des unbeschreiblichen Tumultes der Kammer getreu. Er hielt daran fest, dass ein deutscher Bund mit Ausschluss Oesterreich's eine Unmöglichkeit sei. Einer der schwersten Vorwürfe der Teutonen gegen Oesterreich war immer der gewesen, dass es niemals einen rein deutschen Staat gebildet habe, dass es in seinem Schoosse verschiedene Völkerschaften, sogar von „niederer" Rasse beherberge. Dies war das stärkste Argument des Frankfurter Parlaments zu Gunsten einer Verfassung Deutschland's mit Ausschluss des habsburgischen Reiches gewesen und Herr von Bismarck hat sich nicht gescheut, dies Argument im Jahre 1866 in einer berühmten Circulardepesche wieder hervorzuholen. 1850 theilte der märkische Abgeordnete diese Ansicht nicht, er war vielmehr überzeugt, dass „Oesterreich in der vollen Bedeutung des Worts ein deutscher Staat sei, obgleich es das Glück habe, seine Herrschaft auch über fremde Nationalitäten auszudehnen", und

er schloss kühn, dass „Preussen sich Oesterreich un-
terordnen müsse, um im Einverständniss mit ihm die
drohende Demokratie zu bekämpfen . .“ Wenn man diese
Sitzung der preussischen Kammer vom 3. December 1850
sich wieder in's Gedächtniss ruft, kann man, um mit Mon-
tesquieu zu reden, sich ein Bild von den erstaunlichen
Wechselfällen und Umschlägen in der Geschichte verschaffen.
Die Ironie des Schicksals wächst aber zu wahrhaft phantastischen Verhältnissen an, wenn man bedenkt, dass es gerade
jene Rede vom 3. December 1850 war, die über die Lebens-
bestimmung des Herrn von Bismarck entschied und ihm
die Bahn zur dereinstigen Leitung der auswärtigen Angelegenheiten eröffnete. Genöthigt, der Wiederherstellung
des Bundestags zuzustimmen und sich dem Uebergewicht
des Reiches der Habsburger zu unterwerfen, glaubte die
preussische Regierung in der That kein besseres Pfand für
ihre Aufrichtigkeit geben zu können, als indem sie zu ihrem
Bevollmächtigten beim deutschen Bunde jenen stürmischen
Redner ernannte, dessen Ergebenheit für die Sache der
Habsburger sogar der Demüthigung von Olmütz hatte
widerstehen können, und so hielt der zukünftige Sieger von
Sadowa seinen Eintritt in die diplomatische Arena als der
entschiedenste Anhänger Oesterreich's! . .

Die Kammer wurde in Folge dieser stürmischen Debatte vertagt. Der Bruch mit der Nationalparthei war
vollzogen und Herr von Manteuffel, dessen kalte, bureaukratische Natur nur wenig mit den Ultras sympathisirte,
hielt es doch für gerathen, die Regierung durch ein Entgegenkommen gegen dieselben zu stärken. Mehrere bedeutende Posten im Civildienst wurden den Mitgliedern der
äussersten Rechten anvertraut: Herr von Kleist-Retzow
z. B. erhielt das Oberpräsidium in den Rheinprovinzen.

Man konnte nicht wohl daran denken, die Talente des ehemaligen Potsdamer und Greifswalder Referendarius, der so wenig Geschick und Neigung zur administrativen Laufbahn bewiesen, in ähnlicher Weise zu verwenden: aus den schon angegebenen Gründen kam man vielmehr auf den Gedanken, ihn als ersten Gesandtschafts-Secretär nach Frankfurt zu senden, zugleich mit der Zusicherung, dass er nach Verlauf einiger Zeit zum wirklichen Vertreter ernannt werden solle. Diese Wahl wurde nicht ohne eine gewisse Ueberraschung aufgenommen, das Verfahren war ganz neu (seitdem hat man sich freilich hier und anderwärts daran gewöhnt), einen Abgeordneten für seine Haltung oder sein Votum in der Kammer mit einer diplomatischen Mission zu belohnen. Man fragte sich auch, ob der excentrische und ungestüme märkische Junker unter so schwierigen Verhältnissen als *the right man in the right place* gelten könne. Der schüchterne, ängstliche Herr von Manteuffel war deshalb nicht frei von Befürchtungen und die Bereitwilligkeit des Herrn von Bismarck, diese Stelle anzunehmen, vermehrte nur die Unbehaglichkeit des Ministerpräsidenten. Der König Friedrich Wilhelm IV., der persönlich 'an dem Percy, dem Heisssporn der Kreuzzeitungspartei, sein Wohlgefallen fand, gab seine Zustimmung ebenfalls nicht ohne Zaudern. „Eure Majestät können es ja mit mir versuchen", sagte ihm der Aspirant auf die Diplomatie; „geht es nicht, so kann ich ja nach sechs Monaten, oder noch früher wieder abberufen werden."

Er sollte erst nach acht Jahren durch den Nachfolger Friedrich Wilhelm's IV. abberufen werden. Und doch drückt er sich schon in den ersten Tagen seiner Mission (im Juni 1851) in einem vertraulichen Brief über Menschen und Dinge in Frankfurt folgendermaassen aus:

„Der hiesige Verkehr ist im Grunde nichts als ein

gegenseitiges misstrauisches Ausspioniren, und wenn man noch etwas auszuspüren und zu verbergen hätte! Aber es sind lauter Lappalien, mit denen die Leute sich quälen, und diese Diplomaten sind mir schon jetzt mit ihrer wichtigthuenden Kleinigkeitskrämerei viel lächerlicher, als der Abgeordnete der zweiten Kammer im Gefühl seiner Würde. Wenn nicht äussere Ereignisse zutreten, und die können wir superklugen Bundestagsmenschen weder leiten noch vorherbestimmen, so weiss ich jetzt ganz genau, was wir in ein, zwei oder fünf Jahren zu Stande gebracht haben werden, und will es in vierundzwanzig Stunden zu Stande bringen, wenn die andern nur einen Tag lang wahrheitsliebend und vernünftig sein wollen. Ich habe nie daran gezweifelt, dass sie alle mit Wasser kochen; aber eine solche nüchterne, einfältige Wassersuppe, in der auch nicht ein einziges Fettauge zu spüren ist, überrascht mich . . . In der Kunst, mit vielen Worten gar nichts zu sagen, mache ich reissende Fortschritte, schreibe Berichte von vielen Bogen, die sich nett und rund wie Leitartikel lesen, und wenn Manteuffel, nachdem er sie gelesen hat, sagen kann, was darin steht, so kann er mehr wie ich. Jeder von uns stellt sich, als glaube er vom Andern, dass er voller Gedanken und Entwürfe stecke, wenn er's nur ausprechen wollte, und dabei wissen wir alle zusammen nicht um ein Haar besser, was aus Deutschland werden wird, als Dutken Sommer. Kein Mensch, selbst der böswilligste Zweifler von Demokrat, glaubt es, was für Charlatanerie und Wichtigthuerei in dieser Diplomatie hier steckt."

Einige Jahre später, während der orientalischen Wirren, schrieb er an seine Schwester Malwine:

„Während ich genöthigt bin, in der Sitzung einen ganz unglaublich langweiligen Vortrag eines hochgeschätzten

Collegen über die anarchischen Zustände in Ober-Lippe an-
zuhören, dachte ich darüber nach, wie ich diesen Moment
utilisiren könnte, und als hervorragendstes Bedürfniss meines Herzens stellte sich ein Erguss brüderlicher Gefühle
heraus. Es ist eine sehr achtungswerthe, aber wenig un-
terhaltende Tafelrunde, die mich hier an einem grünbehan-
genen, etwa 20 Fuss im Durchmesser haltenden, kreisrun-
den Tische, im Parterre des Taxis'schen Palais, mit Aussicht auf Garten, umgibt. Der durchschnittliche Schlag ist
etwa der von N. N. und Z. in Berlin, die haben ganz bun-
destäglichen Pli . . . Ich gewöhne mich daran, im Gefühle gähnender Unschuld alle Symptome von Kälte zu ertragen und die Stimmung gänzlicher Wurschtigkeit in mir
vorherrschend werden zu lassen, nachdem ich den Bund
allmählig mit Erfolg zum Bewusstsein des durchbohrenden
Gefühls seines Nichts zu bringen nicht unerheblich beigetragen zu haben mir schmeicheln darf. Das bekannte Lied
von Heine: „O Bund, du Hund, du bist nicht gesund"
u. s. w. wird bald durch einstimmigen Beschluss zum Na-
tionalliede der Deutschen erhoben werden."

Die „gänzliche Wurschtigkeit", der Ekel und die Verachtung gegen den Bund, sollen von Jahr zu Jahr zunehmen. 1858 denkt Herr von Bismarck entschieden an
ein Aufgeben der diplomatischen Laufbahn. Er ist „des
fortgesetzten Regimes von Trüffeln, Depeschen und Gross-
kreuzen" satt; er spricht davon, sich „unter die Kanonen
von Schönhausen zurückzuziehen" oder noch besser, sich
„um zehn Jahre zu verjüngen und den Offensivposten von
1848 und 1849 wieder zu übernehmen." Er möchte kämpfen,
ohne durch officielle Bande und Rücksichten beengt zu sein,
die Uniform ablegen und dafür „in politischen Schwimmhosen" agiren.

Was Wunder übrigens? Von allen erdenklichen politischen Persönlichkeiten ist Herr von Bismarck sicherlich
am wenigsten dazu angethan, einem wesentlich mässigenden,
berathenden Körper Geschmack abzugewinnen, wo Alles
hinter verschlossenen Thüren in ellenlangen, lang motivirten
und noch länger debattirten Berichterstattungen behandelt
wurde, wo jedes hitzige Gefecht unbedingt ausgeschlossen
war. Ein grosser Friedenscongress kann für Percy Heisssporn keinen Reiz haben, dem schon während der kleinen
Conferenz im Zimmer zu Bangor*) die Geduld ausgeht.
Der Bundestag, wir haben es oben gesagt, war ein permanenter Friedenscongress, der den status quo aufrecht zu erhalten und jede Veranlassung zu einem Conflict zu beseitigen hatte. An kleinen Zwischenfällen, kleinen Schlichen,
kleinen Eifersüchteleien fehlte es in diesem Corps freilich eben
so wenig, wie in jedem andern; sie dienten dazu, die Herren
Diplomaten bei guter Laune zu erhalten und wurden allgemein als nützliche Reizmittel zur besseren Geschäftsführung und leichteren Verdauung des Dîners betrachtet; wie
erbärmlich aber mussten sie einem Manne der That und
des Kampfes erscheinen; ihn mussten sie verbittern, manchmal ausser sich bringen. — Die Vorgänge in dieser Welt
auf jenem Posten am Main beobachten, die von allen Seiten hier herbeiströmenden Nachrichten sammeln, sie zu glänzenden Depeschen benutzen, um einen erhabenen Herrn damit
zu unterrichten und besonders unterhalten zu können, gelegentlich einen sehr geistreichen, sehr boshaften Einfall haben,
sich und Andere daran erfreuen, ihn brühwarm nach Stuttgart bringen und die weitere Beförderung einer anmuthigen

---

*) SHAKESPEARE, *König Heinrich IV.* Erster Theil. Akt III,
Scene 1.

Grossfürstin anvertrauen — eine solche Beschäftigung konnte
wohl einen Fürsten Gortschakow befriedigen, auch die Mussestunden eines in der Schule des Grafen Nesselrode erzoge-
nen und in ihr grau gewordenen Diplomaten ausfüllen. Wie
aber konnte eine solche Existenz einem zum bevollmächtigten Minister improvisirten märkischen Junker behagen?
Wie mochte man einen „Bräutigam der Bellona", der
noch von den Erinnerungen an die Schlachten durch-
schauert war, die er vier Jahre lang auf einer weithin
sichtbaren Bühne geliefert, in einen so engen Lebens-
kreis bannen? Um diesen Verlust in der neuen Stellung
aufzuwiegen, hätte es für ihn mindestens irgend einer
grossen europäischen Combination, weitgreifender Unterhandlungen bedurft, in denen seine Fähigkeiten zur Geltung gekommen wären — und man redete mit ihm über die „Lappalien in Ober-Lippe!" Ein so unbedeutendes Geschäft,
wie das mit dem armen Augustenburg, das er 1852 glücklich abgeschlossen, konnte sicher nicht zu den eines Bismarck *) würdigen Triumphen zählen und dies war dennoch

---

*) Indessen ist auch diese Sache nicht uninteressant und hat
sogar eine recht pikante Seite. Noch von der Ueberzeugung erfüllt,
dass man gegen Dänemark „einen im höchsten Grade ungerechten,
frivolen und revolutionären Krieg" geführt, arbeitete der preussische
Bundestagsgesandte im Jahre 1852 sehr eifrig an der Beseitigung
einer in späteren Zeiten etwa möglichen Störung des Friedens und
verhandelte mit dem Herzog Christian August von Augustenburg und
eventuellen Prätendenten auf die Herzogthümer über einen Esau-
Vertrag. Dank der Beihülfe des Herrn von Bismarck unterzeichnete
der alte Herzog gegen eine von der dänischen Regierung angebotene
Summe von anderthalb Millionen Rixdaler ein Aktenstück, kraft
dessen er „für sich und seine Familie auf sein fürstliches Ehrenwort
sich verpflichtete, nichts zu unternehmen, was die Ruhe der dänischen Monarchie zu stören geeignet wäre." Dies hinderte den Sohn
des Herzogs Christian nicht, seine vermeintlichen Rechte 1863 geltend
zu machen, noch Herrn von Bismarck selber, diese Rechte eine Zeit

das einzige, erbärmliche „Fettauge", das er noch in der
während der Frankfurter Jahre gebrauten Suppe zu entdecken vermochte! . . . .

Wohl trat die orientalische Frage bald in den Vordergrund und schien sogar anfangs ziemlich weite Perspectiven
zu eröffnen. Preussen neigte zu Russland hinüber, die deutschen Mittel- und Kleinstaaten noch entschiedener und
manchmal war es sogar, als wollten sie den Degen ziehen.
Um so schlimmer für Oesterreich, wenn es darauf bestand,
gemeinsame Sache mit den Westmächten zu machen. Dies
konnte zu wichtigen Gebiets-Veränderungen und zwar ausschliesslich zum Vortheile für das Haus Hohenzollern führen! . . . Der Vertreter Preussen's beim deutschen Bund,
„Se. Excellenz der Lieutenant", wie er wegen der von ihm
gern getragenen Landwehruniform genannt wurde, lieh deshalb seinem russischen Collegen, der sein intimster Freund
geworden war, den ausdauerndsten und redlichsten Beistand.
In nicht geraumer Zeit war er zu der Erkenntniss gelangt,
dass der deutsche Bund aus der Neutralität nicht heraustreten
werde, dass auf eine thätige Betheiligung der Mittelstaaten
im einen oder andern Sinne trotz aller Agitationen auf den
Bamberger Conferenzen nicht zu rechnen sei, und dass der
Krieg im schwarzen Meer und in der Ostsee sich localisiren werde. Er wurde von tiefer Verachtung gegen den Bund
„mit dem durchbohrenden Gefühle seines Nichts" eingenommen, und murmelte am grünen Tisch des Taxis'schen Palais das Heine'sche Lied über den Frankfurter Bundestag

---

lang zu unterstützen, bis die berühmten Kronsyndici kamen, in die
Seele des Ministerpräsidenten zu Berlin ihre Zweifel träufelten und
ihm bewiesen, dass, da die Herzogthümer von Rechtswegen Niemand angehörten, sie dem König von Preussen durch das Recht der
Eroberung zufielen.

vor sich hin. Noch mehr, er machte bei dieser Gelegenheit eine schmerzliche, unvergessliche Erfahrung, an die er noch viele Jahre später in einer berühmten, confidentiell gebliebenen Depesche erinnerte. „Während der orientalischen Wirren", schreibt er 1859 Herrn von Schleinitz, „trug Oesterreich den Sieg über uns davon, trotz der Herzens- und Ideengemeinschaft, die uns damals mit den Mittelstaaten verband. Nach jeder vorübergehenden Schwankung tritt diese Tendenz der mittelstaatlichen Politik mit der Stetigkeit der Magnetnadel wieder hervor . . ." Nichts natürlicher indessen, denn nicht von Habsburgischer Seite her hatten Hannover und Sachsen Annexionen zu befürchten; der Mann aber, der eines Tages die Zerstörung der grossen Städte als Herde des revolutionären Geistes wünschte, zauderte nicht, in seiner Seele die Mittelstaaten als flammende Herde „des österreichischen Geistes" zu verdammen.

Oesterreich in der That nahm jetzt nach und nach in der Seele des märkischen Diplomaten die Stelle der einst so hart bekämpften Revolution ein. Der in der Berliner Kammer für die Habsburger mit solchem Feuereifer aufgetreten, wurde nach und nach im Schoosse des Bundestags ihr unversöhnlichster, erbittertster Gegner. Uebrigens wohnten allen grossen Männern Preussen's, vom grossen Kurfürsten und Friedrich II. an, auch Wilhelm I. nicht ausgenommen, zu jeder Zeit Oesterreich gegenüber, wie Faust „zwei Seelen in ihrer Brust", oder wie Rebekka „zwei Kinder, die in ihrem Schoosse sich streiten": zwei Principien, deren eines sie mit einer fast religiösen Ehrfurcht für das alte erhabene Kaiserhaus erfüllte, während das andere sie zur Eroberung und zur Beraubung desselben Hauses antrieb. Im Monat Mai 1848 erklärte der redliche und poetische König Friedrich Wilhelm IV. vor einer Ministerdeputation der deutschen Staaten, an deren Spitze der Nassauische Minister Max von Gagern stand: „dass er den Tag als den glücklichsten seines Lebens betrachten wolle, an dem er bei der Krönung eines Habsburgers zum deutschen Kaiser das Waschbecken halten werde." Dies hinderte ihn später nicht, dem Werke des Frankfurter Parlaments zeitweise zuzulächeln und unter den Auspicien des Generals Radowitz an der „engeren Einheit" zu arbeiten. Ebenso war Bismarck sicherlich sehr aufrichtig, als er in der preussischen Nationalversammlung sein „österreichisches Glaubensbekenntniss" vortrug, als er im Namen der conservativen Principien die energische Vertheidigung der Habsburger gegen die Angriffe des deutschen Liberalismus übernahm. Jetzt aber war er Vertreter seiner Regierung im Palais Taxis, überall stand ihm Oesterreich im Wege im Kampfe um den grösseren Einfluss bei den Mittelstaaten, im Interessenkampfe in den orientalischen Angelegenheiten, und er betrat demnach eine Ideenrichtung, die ihn schliesslich zu offener politischer Feindschaft führen musste. So entstand während des orientalischen Krieges bei den beiden künftigen Kanzlern Russland's und Deutschland's in derselben Stadt Frankfurt jener Hass gegen Oesterreich, der zu so furchtbaren Consequenzen führen sollte; denn man täusche sich hierin nicht, das Zusammengehen jener beiden Politiker — das, nebenbei gesagt, von der verhängnissvollen Ideologie Napoleon's III. um ein gutes Theil gefördert wurde — hat die Katastrophen möglich gemacht, deren Zeugen wir gewesen: Die Calamität von Sadowa, die Aufhebung des Bundes, die Zerstückelung Dänemark's eben so wohl, wie diejenige Frankreich's! Beim Prinzen Gortschakow entbrannte jene Feindseligkeit plötzlich in Folge irrthümlicher Auffassung der Ereignisse, welche von seiner gesammten Na-

tion getheilt wurde. Bei Herrn von Bismarck entsprang
der Hass gegen Oesterreich nicht so unmittelbar, z. B.
nicht aus der Niederlage in Olmütz, die für den märkischen
Deputirten ja eine Gelegenheit des Triumphes wurde; jener
Hass keimte, entwickelte sich langsam, befestigte sich in
Folge eines langen, täglichen Kampfes im Schoosse des
Bundestages, in Folge einer nach mehrjährigen eitlen Versuchen gemachten Erfahrung und schliesslichen Ueberzeugung, dass Habsburg freiwillig niemals die sekundären
Staaten aufgeben und sie vielmehr gegen jedes auf Einverleibung derselben ausgehende Unternehmen vertheidigen
werde. Als Endergebniss dessen, was er während eines
achtjährigen Aufenthaltes in Frankfurt erfahren, schreibt
dann der preussische Bundestagsgesandte im Jahre 1859 in
seiner oft citirten Depesche an Herrn von Schleinitz die
merkwürdigen Worte: „Ich sehe in unserm Bundesver-
hältniss ein Gebrechen Preussen's, welches wir früher oder
später *ferro et igne* werden heilen müssen . . ." *Ferro
et igne!* das ist die erste Lesart des bekannten Textes
„Eisen und Blut", den später in officieller Weise der Ministerpräsident in einer Rede an die Volksvertretung feststellen sollte.

Zur Zeit als die alten österreichischen Glaubensartikel
bei ihrem ehemaligen Bekenner eine so gründliche Umwandlung erfuhren, ging in seinem Geiste eine nicht minder
auffallende Veränderung bezüglich mehrerer anderer Artikel
seines Partheicredos vor sich. Seitdem er an den parlamentarischen Kämpfen sich nicht mehr betheiligte, begann
er manche vormals brennende Frage kühleren Blutes zu
betrachten, mancher Antipathie vergangener Tage einen
Dämpfer aufzusetzen. Schon im Jahre 1852 schreibt er
nach einem kurzen Aufenthalt in Berlin: „Es liegt etwas

recht demoralisirendes in der Kammerluft, die besten Leute
werden eitel, ohne dass sie es merken, und gewöhnen sich
an die Tribüne, wie an ein Toilettenstück, mit dem sie
vor dem Publicum sich produciren. Die Kammerintriguen
finde ich über die Maassen schaal und unwürdig; wenn
man immer darin lebt, so täuscht man sich darüber und
hält sie für Wunder was. Wenn ich von Frankfurt unbefangen herkomme, so ist mir wie einem Nüchternen, der
unter Betrunkene geräth." Viele ehemals verhöhnte und
verabscheute Dinge erscheinen jetzt in den Augen des
Staatsmannes, der sich mit Zukunftsplänen trägt, in minder
abschreckendem Licht. „Die Kammer und die Presse könnten zu mächtigen Werkzeugen für unsere äussere Politik
werden", schreibt der ehemalige Verächter des Parlamentarismus, der Freund des Herrn von Thadden-Trieglaff, und
so begegnen wir in den Briefen aus jener Zeit der vagen
Idee eines Zollvereins-Parlaments, sogar einer ausgesprochenen Hinneigung zum allgemeinen Stimmrecht, vorausgesetzt
dass diese Mittel *instrumenta regni* werden können. Das
Beispiel des zweiten Kaiserreichs übte damals einen nicht
zu unterschätzenden Einfluss. Dieses System eines in Volksleidenschaften gefärbten, „roth getigerten" Absolutismus,
um einen bezeichnenden Ausdruck des Herrn von Bismarck
zu brauchen, reizte die Phantasie mehr als eines Aspiranten
auf Staatsstreiche und blendende Actionen, und der *ci-devant*
College des Doctor d'Ester musste manchmal daran denken,
dass Hannover und Sachsen wohl „ein kurzes Sturzbad in
den schlammigen Wassern der Demokratie" werth sei.

Doch wie weit schien das Ziel noch entfernt, wie viel
Schleier verhüllten noch die kaum geahnte Zukunft! Nicht
unter dem König Friedrich Wilhelm IV., dessen Intelligenz
sich mehr und mehr verdunkelte, war an ein energisches

Handeln zu denken; sogar der Regierungsantritt des Regenten, des jetzigen Königs Wilhelm, schien Anfangs an der äusseren Lage nichts zu ändern. Die neuen Minister des Regenten, die Minister der „neuen Aera", wie man sie damals nannte, waren ehrliche Doctrinäre, die von der Entwicklung der gewährten Freiheiten und der Befestigung der Repräsentativ-Regierung sprachen; die guten und naiven Herren liessen sogar Wilhelm I. eines Tages feierlich erklären, „Preussen habe in Deutschland nur moralische Eroberungen zu machen." Augenscheinlich war die neue Aera noch nicht die Aera des Herrn von Bismarck. Während der Jahre, die seit dem orientalischen Kriege bis zu seiner Gesandtschaft in Russland verflossen, sieht man den preussischen Bundestagsgesandten in fortwährender Aufregung, stets auf Reisen durch Deutschland, Frankreich, Dänemark, Schweden, Kurland und Oberitalien, auf Zerstreuung oder vielleicht auch auf Beobachtung ausgehend, und jedes Mal, wenn er in Frankfurt wieder angekommen ist, versteht er es, irgend eine Chicane aufzustöbern, ein Paar „Lappalien" zu zertrümmern, und den nervösen und gallsüchtigen Grafen von Rechberg, den österreichischen Gesandten und Präsidenten des Bundestags, auf's Aeusserste zu reizen. Durch seine zahlreichen Excursionen nach Paris gewann er die Ahnung von den Ereignissen, die in Italien sich vorbereiteten; er wurde dann nur um so aggressiver und der Augenblick nahte heran, wo seine Abberufung von Frankfurt als unvermeidlich für die Erhaltung des Friedens betrachtet wurde. Damals dachte er daran, ganz und gar die diplomatische Laufbahn aufzugeben, die Uniform abzulegen und Politik „in Schwimmhosen" zu machen. Er willigte indessen ein, sie noch eine Weile „im Bärenpelz und bei Caviar" zu treiben, wie er sich in einem seiner

Briefe ausdrückt, mit andern Worten, seinen Frankfurter Posten gegen den in Petersburg zu vertauschen. Man hoffte, ihn so von dem brennenden Boden zu entfernen, ihn „kalt zu stellen"; auch ein Ausdruck des Herrn von Bismarck. Er knüpfte vielleicht noch andere Hoffnungen an diese Ortsveränderung und fand jedenfalls einen Trost in der Aussicht, seinen ehemaligen Frankfurter Collegen, welcher der erste Minister eines grossen Reiches geworden, und mit dem er sich stets gut verständigt hatte, wiederzusehen. Am 1. April 1859, seinem Geburtstag, überreichte Herr von Bismarck seine Beglaubigungsschreiben in der russischen Hauptstadt.

Drittes Kapitel.

Ein nationaler Minister in Russland.

Die Amtsvorgänger des Fürsten Gortschakow: Panin, Bestushew, Nesselrode. — Hundertjährige Traditionen und Grundprincipien der auswärtigen russischen Politik bis zum Rücktritt des Grafen Nesselrode. — Des Fürsten Gortschakow neue Politik. — Hohe persönliche Stellung. — Sucht nach Popularität. — Sein Deutschenhass und seine französischen Sympathieen. — Napoleon III. trifft Vorbereitungen zum italienischen Krieg. — Uebereinstimmung des Pariser und des Petersburger Cabinets in der montenegrinischen, der serbischen und der rumänischen Frage (1856—59). — Italienische Verwicklungen: Dienste, welche Russland während des italienischen Krieges Frankreich geleistet (1859). — Annexion Savoyen's und Bruch des englisch-französischen Einverständnisses (1860). — Nutzen, welchen Russland aus dieser neuen Lage zieht: Circulardepesche vom 20. Mai 1860 in Sachen der Christen des Orients. — Isolirung Frankreich's. — Zusammenkunft der nordischen Herrscher in Warschau und Verlegenheit der französischen Diplomatie (1860). — Russland wird freundlicher gesinnt, aber auch anspruchsvoller. — Hervorragende Geschicklichkeit des Fürsten Gortschakow während dieser ersten Periode seines Ministeriums. — Er benützt die französische Allianz, ohne die conservativen Grundsätze seiner Regierung zu sehr zu compromittiren. ·

Seit der wunderbaren Entwicklung, die für das Czarenreich mit dem Genius Peter's des Grossen begonnen, hat dasselbe mehrere Minister der auswärtigen Angelegenheiten besessen, deren Namen von historischer Bedeutung gewesen. Jener Graf Panin, der den Gedanken der bewaffneten Neutralität zur See aufwerfen und bei verschiedenen Staaten zur Annahme bringen konnte, als Russland sich kaum zu

den Seemächten zweiter oder dritter Ordnung zählen durfte,
war jedenfalls kein alltäglicher Kopf. Wenn es gestattet
wäre, in diesem kühnen Gedanken oder in den noch in-
teressanteren Versuchen Panin's, die absolute Gewalt der
Czaren durch aristokratische Institutionen zu beschränken,
den entfernten Einfluss seines italienischen Ursprungs anzunehmen — die Panin stammen von den Pagnini in Lucca
ab — so kann man jedenfalls nicht den ganz heimathlichen,
durch und durch autochthonen Charakter eines andern berühmten Ministers aus demselben Jahrhundert verkennen,
jenes Kanzlers Bestushew, dessen originelle Züge Rulhière
so meisterhaft dargestellt. Bestushew, der vortrefflich reden
konnte, spielte den Stotterer und brachte es über sich,
siebenzehn Jahre lang einen organischen Fehler zu heucheln,
den er durchaus nicht besass. Bei seinen Unterredungen
mit den fremden Gesandten stotterte er so sehr, dass er
fast nicht verstanden wurde; auch klagte er, schwerhörig
zu sein, nicht alle Feinheiten der französischen Sprache zu
fassen und liess sich deshalb tausendmal dasselbe wiederholen. Die diplomatischen Noten pflegte er eigenhändig
und zwar ganz unleserlich zu schreiben; man schickte sie
ihm zurück und es kam dann vor, dass er an dem Inhalt
nachträglich etwas fälschte. Als er in Ungnade gesunken
war, erlangte Bestushew Sprache, Gehör und seine sämmtlichen Sinne wieder.

Einen ganz anderen Typus stellte derjenige dar, der
während der ersten Hälfte dieses Jahrhunderts der unmittelbare Amtsvorgänger des Fürsten Gortschakow gewesen war, der Kanzler Alexander's I. und des strengen
Nicolaus. Ein deutscher seiner Abstammung und seinen
Familieninteressen nach, sogar der Sprache des Landes un-
kundig, dessen Beziehungen zu den auswärtigen Mächten

in seine Hand gelegt waren, hat der Graf Karl Robert von
Nesselrode während seiner langjährigen angestrengten Amtsführung sich darum nicht minder die Zufriedenheit seiner hohen
Souveräne erworben und auf den Congressen und Conferenzen mit Ehren neben einem Talleyrand und Metternich seinen Platz eingenommen. Ohne zu den asiatischen Praktiken
eines Bestushew zu greifen, kannte und brauchte Graf
Nesselrode alle erlaubten Kniffe seines Fachs und nur wenige Menschen erreichten ihn in der Kunst, unter den
schwierigsten Verhältnissen ein unbefangenes, würdevolles
Antlitz zu zeigen. Er konnte eine Schwenkung ausführen,
ohne an seiner Sprache etwas zu ändern, und verstand es
unter Anderem, den Uebergang von der den Griechen wenig günstigen Politik des Kaisers Alexander zu den offen
ausgesprochenen philhellenischen Sympathien des Thron-
folgers sehr fein zu vermitteln. Während der letzten orientalischen Krise stellte er alle Hülfsmittel seines gewandten
und scharfsinnigen Geistes in den Dienst einer Sache, deren
schwere Gefahren er wohl vorhersah, deren nationale und
religiöse Seite aber ihm vollständig entging. Im Gegen-
satze zu Bestushew verlor Herr von Nesselrode nach seinem
Rücktritt oder vielmehr seiner Ungnade den grössten Theil
seiner Talente und glänzenden Eigenschaften und rief eine
ungeheure Enttäuschung durch die nachgelassenen Memoiren
hervor, die er am Abend seines Lebens abgefasst und die
von auffallender Bedeutungslosigkeit sind. Doch vielleicht
war es auch nur ein letzter Zug diplomatischer Malice, bis
zu solchem Grade die Neugier der Profanen zu täuschen
und von einem so thatenreichen Leben eine so inhaltsarme
und möglichst wenig Aufklärung bietende Erzählung zu
hinterlassen.

Keiner der von uns genannten russischen Staatsmänner

war indessen ein grosser Minister in der Bedeutung, die
der Occident diesem Worte beilegt; keiner von ihnen, um
unsern Vergleich nur in absoluten Monarchien zu wählen,
nahm die Stellung eines Herzogs von Choiseul im Frankreich des vorigen Jahrhunderts oder eines Fürsten Clemens
von Metternich im Oesterreich unseres Jahrhunderts ein,
oder war auch nur so allgemein bekannt und populär, wie
es der Fürst Gortschakow jetzt in Russland ist. Von den
Bestushew, Panin, Nesselrode wusste man bei Weitem mehr
im Auslande als in ihrem eigenen Lande und ihre Zeitgenossen dachten nicht daran, ihnen die Bedeutung beizulegen,
die ihnen die Nachwelt, Dank den späteren Enthüllungen
der Archive, zuerkannte. Keiner von ihnen wurde durch
eine Strömung der öffentlichen Meinung auf seinen Posten
erhoben, noch durch diese auf demselben gehalten; keiner
von ihnen strebte nur danach, seine Individualität zur Geltung zu bringen, den ihm anvertrauten Geschäften den
Stempel seiner leitenden Persönlichkeit aufzudrücken. Von
Peter dem Grossen an bis zur gegenwärtigen Regierung
drängte in Russland der Glanz des kaiserlichen Namens
freilich jeden andern Namen in den Schatten und, anerkannte Günstlinge oder grosse Feldherren ausgenommen,
galt jeder Staatsdiener nur für den untergeordneten Voll-
strecker eines einzigen und absoluten Willens. Die äussere
Politik besonders wurde als das ausschliessliche Gebiet des
Souveräns betrachtet und die Unwandelbarkeit des Systems
machte die Personenfrage, wo es sich um Ausführung der
bekannten Grundsätze handelte, eigentlich zu einer untergeordneten, fast gleichgültigen. Seit Peter dem Grossen
folgte in der That die russische Regierung in ihren Beziehungen zu Europa gewissen durch die Erfahrung bewährten Traditionen, gewissen geheiligten Principien, von

denen sie sich kaum einmal entfernte. Der Minister der auswärtigen Angelegenheiten in St. Petersburg, wie er auch heissen mochte, hatte stets sein Augenmerk auf Vermehrung des russischen Ansehens bei den christlichen Völkerschaften des Orients, auf Erhaltung des Gleichgewichts der Kräfte zwischen Oesterreich und Deutschland und auf Erweiterung des Einflusses seiner Regierung bei den deutschen Mittelstaaten zu richten. Zu diesen eigentlich elementaren und unwandelbaren Regeln der russischen Politik trat von 1815 ab ein internationales conservatives Princip, eine höhere Solidarität unter den Regierungen zur Vertheidigung der bestehenden Ordnung, ein Gefühl der gemeinsamen Interessen und Pflichten, welche gegenüber den aus der Revolution hervorgegangenen, die Grundlagen des Staates bedrohenden Ideen, für die Vertreter des monarchischen Princips erwachsen waren, und diese Ansichten und Ueberzeugungen der beiden Kaiser Alexander I. und Nicolaus hatte Graf Nesselrode während eines halben Jahrhunderts in sämmtlichen aus der Petersburger Kanzlei hervorgehenden Aktenstücken und Urkunden zur Geltung zu bringen.

Der Nachfolger des Grafen Nesselrode hingegen war vom Schicksal dazu auserlesen, nach und nach mit all' diesen Traditionen und Principien zu brechen und in den auswärtigen Beziehungen eine neue Politik für das Czarenreich zu beginnen. Ueber das Verdienst dieser Politik lässt sich streiten, um so mehr als sie noch weit entfernt ist, ihre Früchte getragen zu haben; was jedoch unbestreitbar ist und von vornherein zugegeben werden muss, ist die Thatsache, dass sich an den Namen des Fürsten Gortschakow ein Systemwechsel knüpft, der in den diplomatischen Annalen seines Landes verzeichnet werden wird, dass er sich als Minister der auswärtigen Angelegenheiten eine persönliche,

bedeutende Stellung geschaffen, wie sie keiner seiner Vorgänger inne gehabt. Alexander Michailowitsch ist nicht
nur der treue Diener seines Herrn, er ist der wirkliche Chef
seines Departements, der leitende Minister; er besitzt vollauf seinen Antheil an Verantwortlichkeit und besonders an
hohem Ansehen im europäischen diplomatischen Geschäfts-
verkehr. Auch das ist eine für Russland neue Erscheinung,
dass dieser Minister nicht blos auf die Gunst seines Souveräns, sondern auch auf die der Nation bedacht ist; er
schont die öffentliche Meinung des Landes, er behält sie
im Auge, schmeichelt ihr auch manchmal und wird von
ihr darum auch belohnt. Sie war zu Zeiten für Alexander
Michailowitsch sehr eingenommen, ja enthusiastisch begeistert — nach den Dingen in Polen; noch mehr, sie hat
diesen Minister gewissermaassen vorgeahnt und geschaffen,
und war nicht wenig bei der Erhebung des Wiener Gesandten zu dem durch den Rücktritt Nesselrode's im April
1856 erledigten Posten betheiligt.

Im Jahre 1815, als Alexander I. vom Wiener Congress als Tiumphator zurückkehrte, konnte er unter so vielen
gefeierten Männern, die damals den Stab der russischen
Diplomatie bildeten, den mindest bekannten und mindest
berühmten nach seinem Belieben an's Licht ziehen. Mit
Umgehung eines Capo d'Istria, Pozzo di Borgo, Ribeau-
pierre, Rasumowskij, Stakelberg, Anstett, war es ihm gestattet, die Leitung der äussern Politik einem deutschen
Edelmann anzuvertrauen, der aus Westphalen stammte, in
Lissabon geboren war und nur durch Naturalisation Russland angehörte. Nach dem Pariser Congress 1856 war
die Erhebung des Fürsten Gortschakow auf denselben Posten
wenn nicht gerade geboten, doch dem Kaiser Alexander II.
durch die Volksstimme, oder wenn man will durch die

Stimme der Salons indicirt, die in jenem Augenblicke einen mehr und mehr populären Ton anschlugen. Seit seinem Einzug in das Ministerhôtel auf dem Palaisplatze zeichnete sich deshalb auch der ehemalige Zögling von Zarskoje-Selo durch liberale Anwandlungen und auffallende Rücksichtnahme auf die öffentliche Meinung aus, was seinen noch lebenden Amtsvorgänger, der zugleich den Ehrentitel des Kanzlers führte, zu Zeiten nicht wenig überraschen mochte. Zum Erstenmale fielen von den Lippen eines russischen Ministers „geflügelte Worte", nicht nur für die Salons, sondern für die Lesecabinette und die Zeitungsredactionen, jene Worte, die eben so sehr das Herz der vornehmen Dame, wie das des Landedelmannes, des schlichten Studenten oder des hochmüthigen Gardeofficiers gewannen. Sein Schlagwort über Oesterreich*) durchwanderte ganz Russland, ein anderes, einem Circular entliehenes, versetzte die ganze Nation in Jubel: jene berühmte Phrase über „Russland, das nicht schmollt, sondern sich sammelt", schien dem Volke aus der Seele gesprochen und war von zündender Wirkung. Es war, wie man sich wohl erinnert, nach langer Unterdrückung der Augenblick geistigen Erwachens für Russland; die Zeitungen, die periodischen Journale, versuchten zum Erstenmale ihre Stimmen; Schriftsteller begannen nun eine bisher unbekannte Bedeutung zu erlangen: Alexander Michailowitsch, der Diplomat, der jederzeit für die russische Literatur Wohlwollen gezeigt, der ehemalige Mitschüler Puschkin's, galt in den Augen eines Pogodin, Axakow, Katkow, für einen patriotischen Staatsmann. Man kannte seinen tiefen Hass gegen Oesterreich, seine ausgesprochene Hinneigung zur französischen Allianz, und die

---

*) „Oesterreich ist kein Staat, es ist nur eine Regierung."

Nation, welche diese beiden Tendenzen ebenfalls und sogar
bis zur Uebertreibung verfolgte, begrüsste in ihm den nationalen Minister *par excellence*. Eine sonderbare Wendung
ist es freilich, und sie vermag uns über die Eitelkeit aller
Worte und die Unbeständigkeit aller Dinge belehren: Herr
von Bismarck, der spätere Sieger von Sadowa, hielt seinen
Einzug in den Kreis der Diplomaten als der erklärteste Anhänger des habsburgischen Reiches; ebenso galt dem unversöhnlichen Feinde der Deutschen, dem warmen Freunde
der Franzosen, der Jubel, mit dem 1856 die Russen ihren
Vicekanzler begrüssten, den Staatsmann, der später durch
eine Politik des Gewährenlassens und Sichabfindens wie
kein Anderer die Zerstückelung Frankreich's und die Herstellung des einigen Deutschland's begünstigen sollte, das
grösser, mächtiger und furchtbarer wurde, als die Geschichte
vergangener Jahrhunderte es je gekannt! . . . Wahr ist,
dass die Russen von 1856 unter „Deutschen" wesentlich
Oesterreicher verstanden *) und in dem damaligen Frankreich besonders einen mit demokratischen Instinkten aus-

---

*) Ebenso die in Russland gebornen oder naturalisirten Deut-
schen, welche die verschiedenen Zweige des Staatsdienstes und im
Allgemeinen einen grossen und wichtigen Platz in der Verwaltung
des Reiches einnehmen. Bei seinem Eintritt in's Ministerium sprach
Alexander Michailowitsch laut genug von seiner Absicht, sein Departement „von all' diesen Eindringlingen zu reinigen." Die Routine
indessen und vor Allem die slavische Trägheit, die den Fremden und
„Eindringlingen" gern jede Ausdauer und Fleiss erfordernde Arbeit
überlässt, siegten sehr bald über das nationale Princip; die vom
Minister so pomphaft angekündigte Wiedergeburt lief auf unbedeutende Aenderungen im Personal der unteren Stellen hinaus, und der
Kanzler musste gerade unter den Deutschen seine ergebensten und
fähigsten Gehülfen entdecken: Herrn von Westmann, der im Mai
1875 in Wiesbaden gestorben ist, und Herrn von Hamburger, der
kürzlich zum Staatssecretär ernannt worden.

gestatteten Absolutismus bewunderten, dem das Unglück
Italien's zu Herzen ging, der offen mit Rumänien, Serbien,
Montenegro sympathisirte und den unseligen Namen Polen's
noch nicht ausgesprochen hatte.

„Beruhigen Sie sich, hatte der Kaiser der Franzosen
im April 1856 zu Herrn von Cavour gesagt, beruhigen Sie
sich, ich habe die Ahnung, dass der gegenwärtige Frieden
nicht lange dauern wird."*) Herr von Gortschakow ahnte
ohne Zweifel etwas Aehnliches, ja er besass vielleicht noch
bestimmtere Anhaltspunkte dafür. Der Gedanke, „für eine
Idee Krieg zu führen", Italien zu befreien, hatte damals
im Geiste Napoleon's III. Wurzel gefasst; im Augenblick,
wo er den Pariser Vertrag „mit einer Adlerfeder" unterzeichnete, liess er schon seinen matten und träumerischen
Blick über die klassischen Ebenen der Lombardei schweifen.
Zu einem Unternehmen jedoch, welches Frankreich gegen
Oesterreich im Schilde führte, und wobei kaum auf eine arg-
wöhnische Neutralität England's zu zählen war, schien es
nützlich, sich früh die Freundschaft Russland's und Preussen's zu sichern. Preussen war mit seiner Politik der freien
Hand an Ansehen vermindert aus der orientalischen Krisis
hervorgegangen; England, Oesterreich und die Türkei hatten
sogar wenig Geneigtheit gezeigt, es zu den Ehren des Congresses zuzulassen. Der Berliner Ministerpräsident, Herr
von Manteuffel, hatte lange antichambriren müssen, während die europäischen Bevollmächtigten schon in voller Be-
rathung waren, und nur auf anhaltendes Dringen des französischen Kaisers wurde der preussische Gesandte zugelassen.
Napoleon III. hielt 1856 entschieden darauf, dass jenes

---

*) Brief des Herrn von Cavour an Herrn Castelli. — BIANCHI,
Storia documentata, VII, 622.

Preussen, das ihn vierzehn Jahre später entthronen sollte, seinen Rang in Europa wieder einnehme! Was Russland betrifft, so haben wir schon von der ausgesuchten Höflichkeit und Herzlichkeit gesprochen, mit welcher Graf Orlow französischerseits während der ganzen Dauer des Congresses behandelt wurde. Von nun ab sah man, wenn es sich um eine Hebung der mannigfachen Schwierigkeiten handelte, welche die Ausführung des Pariser Vertrags hervorrief (Belgrad, die Schlangeninsel, die Schifffahrt auf der Donau u. s. w.), die Argumente und Auslegungen des russischen Bevollmächtigten fast immer von dem französischen Bevollmächtigten unterstützt.*) In den verschiedenen und zahlreichen Conferenzen und Commissionen, die sich in den Jahren 1856—59 zur Regelung der schwebenden Fragen folgten, waren die Stimmen fast unwandelbar folgendermaassen vertheilt: England und Oesterreich auf der einen, Frankreich, Russland und Preussen auf der andern Seite.

Fürst Gortschakow nahm alle Gefälligkeiten des Cabinets der Tuilerien sehr artig entgegen. Er war wohl nicht nachgiebig genug, um sich ihm zu einem mit England gemeinsam unternommenen Notenfeldzug anzuschliessen, der in Folge der berühmten Briefe des Herrn Gladstone an Lord Aberdeen über die Regierungsweise des Königs Ferdinand II. ausgebrochen war. Eine solche Einmischung in die inneren Angelegenheiten eines fremden Staates schien dem Nachfolger des Grafen Nesselrode nicht correct; hingegen beeilte er sich um so mehr, Kaiser Napoleon jedes-

---

*) S. hierüber und über Alles, was weiter unten über die Beziehungen Frankreich's zu Russland von 1856—63 gesagt wird, unsere „Études de diplomatie contemporaine“ (Paris 1866) Th. I, Kap. 1—3.

mal in seinen hochherzigen Absichten zu unterstützen, wenn es sich um Verbesserung des Schicksals der christlichen Völkerschaften im ottomanischen Reiche, um Vermehrung ihrer Autonomie, oder wie man damals zu sagen pflegte, wenn es sich darum handelte, den Türken zu reformiren. „Um den Türken zu reformiren", meinte boshaft Herr Thouvenel, der französische Gesandte in Constantinopel, „dazu müsste man ihn vorerst auf einen Pfahl spiessen"; man begann immerhin, die Frage des Hatt-Humajum an ihn zu stellen, ihn wegen seiner Pläne zu Gunsten der Rajahs in Bosnien, Bulgarien, der Herzegowina zu interpelliren und damit das Wiener und Londoner Cabinet empfindlich zu reizen. Noch grösser war natürlich die Sorge um die Vasallenstaaten des Padischah, um die Moldau, die Walachei, Serbien und Montenegro; diese Staaten hatten schon eine halbe Unabhängigkeit erlangt, man that sein Mögliches, ihnen zu einer ganzen zu verhelfen.

Der kleine Fürst von Montenegro, ehemals in Schutz und Sold des Kaisers Nicolaus, hatte Napoleon III. nach dem Pariser Frieden einen Besuch abgestattet und nach seiner Rückkehr Händel mit dem Sultan angefangen, in Folge deren der *Algesiras* und die *Impétueuse* vor Ragusa erschienen. Französische Schiffe in den Gewässern des Orients zur Bedrohung der Türkei, zur tiefen Kränkung England's und Oesterreich's, zur grossen Freude Russland's, und dies Alles kaum zwei Jahre nach dem Krimmkriege! . . . Diesem Schauspiel fehlte es in der That nicht an Originalität und es sollte die Welt auf eine Reihe von Ueberraschungen vorbereiten. — Um dieselbe Zeit verjagte Serbien den Fürsten Alexander Karagjorgjewitsch und berief den alten Milosch Obrenowitsch auf den Thron. Die Pforte protestirte, England und Oesterreich schlossen sich ihrem Protest an,

doch Dank den gemeinsamen Bemühungen Russland's und
Frankreich's gab man schliesslich der serbischen Nationalversammlung Recht, deren Hauptvorwurf gegen den ent-
thronten Fürsten dahin ging, dass er im Kriege von 1853
zu viel Sympathien für die Alliirten bewiesen! — In der
Angelegenheit der Donaufürstenthümer entwickelte sich ein
noch ernsterer, interessanterer Zwischenfall. Frankreich und
Russland waren auf dem Pariser Congress für die vollständige Einheit der Moldau und Walachei aufgetreten; die anderen Mächte hatten sich dem widersetzt und des langen
Haders müde hatte man sich endlich über eine Lösung der
Frage verständigt, wonach die Verwaltung in den beiden
Ländern eine gemeinsame sein sollte, während sie sonst getrennt blieben. Wie später in Italien wurde also auch hier
der Plan einer Confederation dem Einheitsplan entgegenge-
halten; aber nun wurde auch an der unteren Donau das
erste Beispiel jener nationalen Strategie gegeben, welche
bald darauf in grösserem Maassstabe in Toscana und der
Emilia zum Siege gelangen sollte. Die zweifache Wahl
des Fürsten Cusa war in der That der erste Versuch jener
Volksdiplomatie, die später in den italienischen Angelegenheiten so gern das Gewebe der hohen Bevollmächtigten
und erhabenen Contrahenten zerriss und im Angesichte der
Welt eine durch die Abstimmung der Nation vollendete
Thatsache proclamirte. — Die Volksvoten, welche die Abmachungen der Diplomatie vernichten, die Uebereinstimmung Russland's und Frankreich's in der Achtung vor diesen
Voten, dies sind die hervortretenden Züge der Politik in
den Jahren 1856—59, einer Politik, die von der liberalen
Partei Europa's günstig aufgenommen wurde, ohne dass eine
solche Gesinnungsverwandtschaft zwischen den Cabinetten
von Paris und St. Petersburg auf dem noch kriegsdampfen-

den orientalischen Boden grosse Verwunderung erregte, auf dem Boden, von dem Russland nach dem Programm der Alliirten des Jahres 1853 vollständig hätte ausgeschlossen sein müssen und wo es jetzt wieder Einfluss gewann, wieder Wurzel fasste, freilich noch bescheiden, jedoch unter dem Schatten der französischen Fahne.

Jetzt kamen die italienischen Wirren und die Regierung des Czaren vervielfältigte ihre Beweise guten Einvernehmens mit dem Cabinet der Tuilerien. „Unsere Beziehungen zu Frankreich sind herzlich" sagte Fürst Gortschakow zu Lord Napier, der von seiner Regierung beauftragt war, die Stimmung Russland's unter obwaltenden Umständen zu sondiren. England liess es damals an Anstrengungen nicht fehlen, um den Ausbruch des italienischen Krieges zu verhindern. Lord Cowley wurde in Aufsehen erregender Weise mit einer Mission nach Wien gesandt, und bot dort alle seine Kräfte auf, die mögliche Grundlage zu einer Verständigung zu entdecken. Schon schmeichelte sich das Cabinet von St. James mit der Hoffnung, den Sturm beschworen zu haben, als plötzlich Fürst Gortschakow mit dem Vorschlage zu einem Congress hervortrat, und dies verhängnissvolle Wort war, wie seither nicht selten, das Signal zum Bruch. Ein Congress! ein Friedensvertrag vor jeder Feindseligkeit, der Ruhm des Triumphes ohne die Gefahr des Sieges, — dies war ja das ewige *hysteron-proteron* der napoleonischen Ideologie, dies war die Grille des Träumers von Ham in der päpstlichen, der polnischen und der dänischen Frage, ja bis zur Catastrophe von 1870, nach geschehener Kriegserklärung, und es ist merkwürdig genug, wie Fürst Gortschakow hier zuerst mit einem Mittel auftrat, das vom kaiserlichen Frankreich so oft noch gegen alle chronischen Leiden Europa's angerathen werden

sollte.*) Das Haupt der englischen Regierung, der alte
Graf Derby, beklagte sich bitterlich über den schändlichen
Streich, den ihm der aus Petersburg gekommene Vorschlag
gespielt, und in England ist nie daran gezweifelt worden,
dass er von Paris aus telegraphisch verschrieben worden.
Nicht weniger Frankreich zu Diensten zeigte sich der russische Vicekanzler in seinem Circular vom 27. Mai 1859,
worin er sich bestrebte, das kriegerische Feuer der deutschen Mittelstaaten zu dämpfen. In dieser berühmten Depesche entwickelte er seinen sinnreichen Gedanken von „der
ausschliesslich defensiven Einrichtung" des deutschen Bundes, einer heilsamen Einrichtung, die es gestatte, einen unvermeidlich gewordenen Krieg zu localisiren, „anstatt
ihn zu generalisiren und dem Kampfe einen Charakter und
Umfang zu geben, der jeder menschlichen Voraussicht
spotte."

Napoleon III. stieg in die lombardische Ebene hinab,

---

*) Freilich hat der russische Vicekanzler in einer Circularde-
pesche vom 27. Mai 1859 zu seinem Antrag einen Commentar gegeben, um den Beweis zu leisten, dass der von ihm projectirte Congress durchaus nicht auf eine Chimäre abziele. „Dieser Congress",
sagte er, „stellte keine der Mächte etwas Unbekanntem gegenüber,
denn das Programm desselben war im voraus festgestellt worden. Die
Grundidee, von welcher diese Combination ausgegangen, gefährdete
kein wesentliches Interesse. Einerseits werde der Stand des Territo-
rialbesitzes beibehalten und andrerseits könne der Congress zu einem
Resultate führen, das in den internationalen Beziehungen weder als
etwas Ungeheuerliches noch Ungebräuchliches gelten könne." Man
thut wohl daran, dieses merkwürdige Circular wieder zu lesen und
jedes Wort desselben abzuwägen; es findet sich in demselben eine
anticipirte, merkwürdige und inhaltschwere Kritik der verschiedenen
Congressprojecte, wie sie später Napoleon III. den europäischen
Mächten vorgeschlagen, namentlich des excentrischen Projects, das
die Welt in der kaiserlichen Rede vom 8. November 1863 über-
raschte.

Oesterreich wurde bei Magenta und bei Solferino besiegt und Russland konnte der ersten Rache an dem undankbaren Habsburger sich freuen, der es vor Sebastopol „verrathen" hatte. Ein Jahr darauf gab Lord Russel in Folge der Annexion Savoyens die feierliche Erklärung im Parlament ab, dass sein Land „sich nicht von den übrigen Nationen Europa's trennen dürfe, dass es stets bereit sein müsse, in Gemeinschaft mit den verschiedenen Staaten zu handeln, wenn es nicht heute diese Annexion befürchten und morgen von irgend einer anderen reden hören wolle." Dies war die Grabrede der englisch-französischen Allianz: vier Jahre nach dem Kriege hatte Frankreich seine beiden grossen Alliirten in der orientalischen Krisis verloren und Russland dachte gewiss nicht daran, sich darüber zu beklagen. Es protestirte nicht gegen die Annexion Savoyens, es erklärte sogar, darin nur „ein regelmässiges Uebereinkommen" zu sehen: doch benutzte es die Gelegenheit, um wiederum in der europäischen Politik Stellung zu nehmen und die orientalische Frage auf's Tapet zu bringen! Am 4. Mai 1860 berief Fürst Gortschakow die Gesandten der Grossmächte zu sich, um mit ihnen die „schmerzliche und unsichere" Lage der Christen in Bosnien, der Herzegowina und der Bulgarei zu besprechen, und bald darauf drang eine Circulardepesche des Vicekanzlers (20. Mai) auf Abhaltung einer Conferenz, zu dem Zwecke, die im Pariser Vertrage aufgestellten Stipulationen abzuändern. „Die Zeit der Illusionen ist vorüber", rief Alexander Michailowitsch in jener Circulardepesche; „jedes Zaudern, jedes Vertagen würde nur zu schweren Uebelständen führen", und sogar der kürzlich vollzogenen Befreiung Italien's bedient er sich als eines Arguments für die künftige Unabhängigkeit der Völkerschaften, die seine ganze Fürsorge in Anspruch nehmen: „Die im

Westen Europa's vollzogenen Ereignisse sind im Orient als eine Ermuthigung, eine Hoffnung aufgenommen worden!..." Also kaum vier Jahre nach dem Pariser Vertrag sprach Russland wiederum vor der gesammten Welt von dem „kranken Mann", und diesmal versteckte es sich nicht mehr, wie bei den Conferenzen und Commissionen von 1856—59, hinter Frankreich, sondern trat ganz selbstständig auf, ergriff von sich aus die Initiative!

Es ging noch weiter: in dem einzigen Jahre 1860 sollte das St. Petersburger Cabinet fast das ganze, seit dem Krimmkriege verlorene Terrain wieder gewinnen; es war ein besonderes Gnadenjahr für Russland, denn es war ein Jahr allgemeinen Misstrauens gegen Frankreich. Die Erwerbung Savoyen's, das sonderbare und durch und durch unmoralische Schauspiel, welches die Friedensverhandlungen in Zürich darboten, wo ein Vertrag noch vor der Unterzeichnung zerrissen wurde, die piemontesischen Annexionen in Italien, die Expedition Garibaldi's nach Sicilien, das „neue Recht", von dem in Frankreich die officiösen Zeitungen redeten und die berühmte Broschüre „der Papst und der Congress", Alles dies hatte Aufsehen erregt und Europa in höchstem Grade beunruhigt. Lord Palmerston erklärte, „dass er seinem früheren Verbündeten nicht mehr eine Hand reichen wolle, ohne die andere zur Vertheidigung bereit zu halten," und er begann mit der Ausrüstung seiner Freiwilligen. In der Schweiz war man voller Aufregung, in Deutschland schwor der National-Verein, für den Besitz des Rheines zu sterben, und sogar die wackern friedlichen Belgier hielten es für ihre Pflicht, dem Könige in einer Adresse zu versichern, „dass sie die härtesten Prüfungen sich auferlegen wollten, wenn etwa ihre Unabhängigkeit bedroht würde." Doch nicht nur in den unteren Regionen, auch auf den Höhen erzitterten die Ge-

müther; die deutschen Fürsten versammelten sich in Baden,
und der Kaiser der Franzosen hielt es für bequem, sie gewissermaassen mitten in ihren Berathungen zu überraschen;
er machte deshalb jene „schnelle Reise“, von welcher der
Moniteur sich glückliche Resultate versprach. — „Der
plötzliche Entschluss zu einem so bedeutungsvollen Schritte“,
fügte das officielle Blatt hinzu, „wird genügen, um das einstimmige Concert böswilliger Gerüchte und falscher Auf-
fassungen zum Schweigen zu bringen. Indem der Kaiser
sich auf den Weg begibt, um den in Baden versammelten
Souveränen zu erklären, wie seine Politik sich niemals von
Recht und Gerechtigkeit entferne, muss er so vorurtheils-
freien und weitsehenden Geistern die Ueberzeugung beibringen, die eine wahrhafte, redlich ausgesprochene Gesinnung
nie einzuflössen verfehlt.“ Es scheint jedoch, dass jene Ueberzeugung nicht allgemein getheilt war und deshalb alle Vorurtheile nicht vollständig beseitigt wurden, denn nach der
Zusammenkunft in Baden gab es eine zweite in Teplitz zwischen dem Kaiser von Oesterreich und dem Prinz-Regenten
von Preussen, wo man sich noch über eine dritte mit dem
Kaiser von Russland in Warschau abzuhaltende Conferenz
verständigte — und der Czar nahm dieselbe an.

„Nicht zur Bildung einer Coalition, sondern zu einer
Versöhnung gehe ich nach Warschau“, erklärte Alexander II. dem französischen Gesandten, Herzog von Montebello, und in den Tuilerien war man natürlich über die neue
Wendung der Dinge nicht wenig betroffen. Es fehlte in
der That nicht an versöhnlichen Formen in der Depesche,
durch welche Fürst Gortschakow „die französische Regierung einlud, ihm mitzutheilen, bis zu welchem Grade dieselbe die Bemühungen Russland's zur Abwendung einer
Krise zu unterstützen vermöchte, von welcher Europa be-

droht sei;" doch so höflich diese Formen auch waren, so
verbarg sich hinter ihnen doch immer die zarte Aufforde-
rung sich zu erklären. Das Cabinet der Tuilerien antwortete mit einem Memorandum, in dem es „vor Allem die
categorische Verpflichtung übernahm, Piemont, im Falle
Oesterreich in Venetien angegriffen würde, keine Unterstützung zu leisten." Das Wiener und Berliner Cabinet
machten ihre Bemerkungen über mehrere Punkte des französischen Memorandums und richteten sie . . . an den russischen Vicekanzler, der sie mit der Bitte um neue, bestimmtere und beruhigendere Erklärungen nach Paris sandte.
Genau genommen ging aus jener Zusammenkunft der drei
nordischen Fürsten, die einen Augenblick lebhafte Befürchtungen in Frankreich erregt hatte, kein positives Resultat
hervor. Der Kaiser Alexander war im Grunde nämlich
nur in einem ganz besonderen Interesse nach Warschau gegangen; er hatte daselbst weder eine Coalition noch eine
Versöhnung herbeiführen, sondern nur von seinem Einfluss,
von seiner Macht einen Beweis ablegen wollen. Es schmeichelte ihm, die deutschen Fürsten nach der ehemaligen
Hauptstadt Polen's kommen zu sehen, um daselbst über die
allgemeine Weltlage zu berathen und die Parole in Empfang
zu nehmen. Das erinnerte an die schönen Tage des Kaisers Nicolaus. Andrerseits war es Russland auch lieb,
Frankreich den ganzen Werth seiner Freundschaft fühlen
zu lassen, ihm begreiflich zu machen, dass es für seine
Dienste jetzt einen viel höheren Preis, vielleicht sogar einen
Tarif aufstellen könnte . . . Die vielsagenden Aktenstücke,
welche nach und nach in jenen Jahren 1856—60 aus der
russischen Staatskanzlei hervorgingen, bezeichnen auf sehr
plastische Weise das unaufhaltsame Vorwärtsschreiten Russland's seit dem Pariser Frieden. In der ersten jener be-

rühmten Circulardepeschen erklärte es, „nicht zu schmollen, sondern sich zu sammeln"; in der zweiten, bei Gelegenheit der italienischen Verwicklungen, verliess es schon „die Reserve, die es sich seit dem Krimmkrieg auferlegt hatte." Nach der Annexion Savoyen's „verbot ihm sein Gewissen, länger über den unglücklichen Zustand der Christen im Orient zu schweigen", u. s. w. Endlich in jenem Monat October 1860 ist es der Stimmführer der allgemeinen europäischen Interessen, der Vermittler, der das Tuileriencabinet um Aufklärungen ersucht. Ein bescheidener Schützling Frankreich's und voller „Reserve" bis zum italienischen Kriege, erhebt es sich 1859 zu der Stellung „eines kostbaren Freundes", um nach der Zusammenkunft in Warschau der wichtige, fast nothwendige Alliirte — ein Alliirter zu werden, der fest entschlossen ist, keine Nebenrolle anzunehmen, seinen Platz als einflussreiche Macht zu wahren, bei den in Aussicht stehenden Combinationen ein gutes Theil für sich selbst in Anspruch zu nehmen.

Die planlose, unentschiedene, ewig widerspruchsvolle Politik Napoleon III. gewährte Russland freilich leichtes Spiel; doch muss billigerweise anerkannt werden, dass Fürst Gortschakow keine Aussicht auf Erfolg ungenutzt vorübergehen liess, und dass er die Ereignisse vortrefflich auszubeuten verstand, wenn er sie auch nicht selber schuf. Die Ueberlegenheit des russischen Staatsmannes offenbart sich besonders durch das Maass, das er in seiner „Herzlichkeit" sogar in seinem Hasse innezuhalten verstand, durch jenen Blick in die Ferne, den er selbst im Rausche des Erfolges nicht verliert. Es ist z. B. unzweifelhaft, dass die Ermahnungen Russland's nach der Schlacht bei Solferino, seine plötzlich ausgesprochene Befürchtung, es könne Deutschland in seinem Drange, Oesterreich Hülfe zu bringen, nicht länger zurück-

halten, Vieles zu dem eiligen Frieden von Villafranca beigetragen, und so unheilvoll dies Ereigniss vom Gesichtspunkte der französischen und selbst der österreichischen Interessen aus war, so kann man doch nicht leugnen, dass
Russland vollauf seine Rechnung dabei gefunden. In der
That hätte die unverkürzte Ausführung des Programms
„von den Alpen bis zur Adria" wahrscheinlich den italienischen Angelegenheiten eine ganz andere Wendung gegeben,
sicherlich in der Zukunft eine aufrichtige Versöhnung zwischen Frankreich und Oesterreich möglich gemacht, während die halbe, durch den Frieden von Villafranca kaum
begonnene Lösung, weil sie alle Fragen in der Schwebe erhielt, die Beziehungen zwischen den beiden kriegführenden
Mächten nur erschweren und die russische Freundschaft für
Frankreich nur um so werthvoller machen musste. Der
Feldzug in der Lombardei, welcher der aus dem orientalischen Kriege entsprungenen moskowitischen Rachsucht Befriedigung gewährte, war dabei weit entfernt, eines der
Grundelemente der traditionellen deutschen Politik des
Czarenreichs zu verletzen; denn trotz des Verlustes des
Herzogthums Mailand blieb Oesterreich's Stellung im Centrum von Europa unangetastet, behielt es sein Gegengewicht gegen Preussen, und die Zusammenkunft in Warschau
hatte eben wieder bewiesen, dass der russische Einfluss bei
den deutschen Staaten gewiss nicht gesunken war.

Nicht minder umsichtig und gewandt zeigte sich der
russische Vicekanzler darin, dass er bei seinem Einverständniss mit Napoleon III. während der Jahre 1856—60
gewisse allgemeine conservative Principien, welche die Grösse
und Stärke der Regierung des Kaisers Nicolaus ausgemacht,
nicht allzusehr compromittirte. In Serbien, in den Donau-
Fürstenthümern, war freilich Alexander Michailowitsch nicht

streng orthodox und duldete, dass Volksvoten die durch
Verträge besiegelten Anordnungen umwarfen; in Beziehung
auf diese Länder des Orients hat sich aber Russland zu allen
Zeiten gewisse politische Licenzen gestattet. In den Angelegenheiten des Westens jedoch hat Fürst Gortschakow
wohl darauf geachtet, soviel wie möglich an den Traditionen festzuhalten und nicht zu sehr in's „neue Recht" hin-
überzugerathen. Er liess die Moskauer und Petersburger
Journale nach Belieben sich etwas darauf einbilden, dass
Russland zur Befreiung der Völker und zum Triumphe der
unterdrückten Nationalitäten beitrage; er selber hütete sich
in den Schriftstücken, die aus seiner Kanzlei hervorgingen,
sehr wohl vor allen diesen Neologismen und hielt auf die
althergebrachte Terminologie des diplomatischen Styls. In
diesen Documenten war nicht die Rede von nationalen Bestrebungen, noch von Volksabstimmungen, als Mailand und
Savoyen ihren Herrn wechselten; in den Augen des russischen Vicekanzlers waren dies einfach Kriegsfacta, „regel-
mässige Vereinbarungen". Noch weniger fiel es ihm ein,
revolutionäre Propaganda im Auslande zu machen und an
dem Exporthandel sich zu betheiligen, den, nach einer damals landläufigen, boshaften Bemerkung, Napoleon III. mit
den liberalen Ideen machte. Er lehnte unumwunden jede
Betheiligung an den Vorstellungen ab, die an den König
von Neapel gerichtet wurden, und erklärte in seiner Circulardepesche vom 22. September 1856, dass „der Versuch,
von einem Souverän auf comminatorischem Wege oder durch
drohende Aeusserungen Zugeständnisse hinsichtlich der innern
Leitung seiner Staaten zu erlangen, nichts anderes sei, als
sich gewaltsam seiner Autorität anzumaassen, an seiner Stelle
zu regieren und ohne Scheu das Recht des Stärkeren über
den Schwachen zu proclamiren." — In seiner berühmten

Note endlich an den Fürsten Gagarin, vom 10. October 1860,
scheute er sich nicht, die Regierung Sardinien's wegen ihrer
Handlungsweise in der Emilia, in Toscana, den Herzogthümern
Parma und Modena durchzuhecheln, und seine Entrüstung
gegen die Beraubung von Fürsten und die Einverleibung von
Provinzen auszudrücken, und sechs Jahre später sollte er dasselbe in Deutschland dulden, ja begünstigen. „Es handelt sich
hier nicht", sagte er in der Depesche an den Fürsten Gagarin, „um italienische, sondern um allgemeine, alle Regierungen berührende Interessen; es handelt sich hier direct um
jene ewigen Gesetze, ohne die es weder Ordnung, noch Frieden, noch Sicherheit in Europa geben kann." Er verspottete in
feiner Weise die Jenner in der Politik, die das Impfen der
Anarchie empfahlen, um ihr den verderblichen Charakter
zu nehmen, und die sich einbildeten, die Demagogie zu
entwaffnen, wenn sie ihr Gepäck sich aneigneten: „Die
Nothwendigkeit, in der die sardinische Regierung sich
zu befinden vorgiebt, die Anarchie zu bekämpfen, rechtfertigt das Turiner Cabinet nicht, da es nur mit der Revolution geht, um sie zu beerben." In einem Wort,
der russische Vicekanzler benutzte mit wunderbarer Geschicklichkeit die Gewogenheit Frankreich's und noch mehr
dessen Fehler, ohne ihm je den Willen, den Vortheil und
die Grundsätze seiner eigenen Regierung zu opfern; er be-
diente sich des Kaisers Napoleon, ohne ihm viel zu dienen
und besonders ohne je sich in eine Ideenrichtung zu fügen,
aus der Russland irgend eine Gefährde entstehen konnte.
Zum Wohle Russland's, zum Heile Europa's wäre es zu
wünschen gewesen, dass Fürst Gortschakow später in seiner
Intimität mit Preussen etwas von jenem Maasse, jenem ein-
sichtsvollen Egoismus beibehalten hätte, von dem er so bedeutende Proben in seiner Intimität mit Frankreich abge-

legt. „Um sich zu lieben, muss man zwei bleiben," sagte
der grosse Theologe des Mittelalters in Beziehung auf das,
was jene Jahrhunderte naiven Glaubens die Gottesliebe
nannten, d. h. die Beziehungen der menschlichen Seele
zu ihrem Schöpfer. Diese Vorschrift ist sicherlich noch
empfehlenswerther in den weit weniger mystischen Beziehungen zwischen den Erdenmächten, und der russische
Vicekanzler hat dies auch während jener ersten Periode
seines Ministeriums, den Jahren „herzlichen Einverständnisses" mit dem Tuileriencabinet, nicht vergessen. Erst in
der zweiten Periode gewann das Herz bei Alexander Michailowitsch den Sieg über die Staatsraison, wurde die Liebe zu
Herrn von Bismarck stärker als die zur Welt, stärker sogar als zu Russland und seine wohlverstandenen Interessen...

Viertes Kapitel.

—

Ein missvergnügter Diplomat.

Herr von Bismarck am Hofe von St. Petersburg. — Italienische Ver-
wicklungen. — Fromme Wünsche und patriotischer Groll des deut-
schen Gesandten. — Vertrauliche Briefe während der Jahre 1859—60.
— Der kurländische Adel. — Leidenschaft für Localfarben. —
Grosse Bevorzugung Herrn von Bismarck's in der russischen
Gesellschaft. — Langsame Erhebung des Berliner Hofes zu einer
Politik der That. — Wirkungen der Mobilisation des Heeres (1859).
— Die militärische Reform. — Der Prinz-Regent. — Seine reactionären Antecedentien. — Seine lange Unpopularität. — Die
Prinzessin Augusta. — Versöhnung mit den modernen Ideen und
Ursache des Fortschritts. — Die Regentschaft und die „neue Aera."
— Die „moralischen Eroberungen" in Deutschland. — Widerstand
des Landes und der Kammern gegen die Militärreform. — Schwerer
constitutioneller Conflict. — Das „neue Recht" und die „piemontesische Mission" des Hauses Hohenzollern. — Der Prinz-Regent
wird König von Preussen unter dem Namen Wilhelm I. (Januar
1861). — Sein Besuch in Compiègne (October 1861). — Gerüchte
über eine Allianz zwischen den Höfen von St. Petersburg, Berlin
und den Tuilerien. — Herr von Bismarck der Mann der Situation.
— Seine Einwirkung auf König Wilhelm. — Eine Revue in
Berlin und „der preussische Polignac" (Mai 1862). — Mission
in Frankreich (Juni bis September 1862). — Die Diplomatie der
Offenheit. — Sprache des Herrn von Bismarck gegenüber den
französischen Staatsmännern. — Berufung auf den Posten des Ministers der auswärtigen Angelegenheiten (Sept. 1862). — Ein
Olivenzweig vom Grabe der Laura und ein Abschiedswort an die
Bureaux auf dem Quai d'Orsay.

Während Fürst Gortschakow also die Früchte seiner
„französischen" Politik einheimste, unter denen die an Oesterreich genommene Rache sicherlich nicht am wenigsten süss

war, wurde sein ehemaliger Frankfurter College, der nun preussischer Gesandter am russischen Hofe geworden, von dem verzehrenden Fieber eines Mannes der That heimgesucht, dem überall ehrliche Dummheit den Weg versperrt. Er war im Frühling 1859, drei Monate nach dem weltbekannten Neujahrsempfang des Herrn von Hübner, in Petersburg angekommen; für die italienischen Verwicklungen nahte der entscheidende Moment und der russische Vicekanzler setzte seine ganze diplomatische Geschicklichkeit daran, um nach dem Wunsche des Tuileriencabinets den Kaiser Franz Joseph zur Kriegserklärung zu treiben. Der neue Bevollmächtigte Preussen's am Petersburger Hofe war keinen Augenblick über die Haltung in Zweifel, die seine Regierung unter so erwünschten Umständen anzunehmen hätte. Aus dieser Zeit (12. Mai 1859) datirt seine vertrauliche Depesche an Herrn von Schleinitz, in welcher er den Bruch mit dem deutschen Bund, die Radikalkur mit Eisen und Feuer, *ferro et igne,* anempfiehlt. Er hatte ein Jahr vorher eine Reise nach Paris gemacht, er hatte Gelegenheit gehabt, sich mit dem Kaiser der Franzosen zu unterhalten, dessen freundliche Gesinnung für Preussen kennen zu lernen, zu erfahren, wie sonderbar man in den Tuilerien für die Grösse und das Gedeihen des Vaterlandes Friedrich's II. und Blücher's schwärmte. Im November desselben Jahres 1858 hatte Napoleon III. dem Marquis Pepoli, der damals nach Berlin ging, den Auftrag gegeben, dem König Wilhelm alle Vortheile klar zu machen, die er aus einem Bruche mit Oesterreich ziehen könnte: „In Deutschland", hatte der Kaiser der Franzosen gesagt, „repräsentirt Oesterreich die Vergangenheit, Preussen die Zukunft; wenn es sich an Oesterreich fesselt, so verurtheilt Preussen sich zum Stillstand; es kann mit dieser Rolle sich nicht begnügen, es ist zu höherer Bestimmung berufen, es muss in Deutschland die grossen Geschicke erfüllen, die des Hauses Hohenzollern warten, und die Deutschland von ihm erwartet.“*) So dachte der zukünftige Gefangene von Wilhelmshöhe kurz vor den Schlachten bei Magenta und Solferino, und „Se. Excellenz der Lieutenant“ hatte gewiss gegen ein so herrliches Programm nichts einzuwenden; die guten Minister der neuen Aera hatten unglücklicherweise aber keinen Begriff von dem „neuen Recht“ und der Prinz-Regent selber sprach immer noch von rein moralischen Eroberungen. Man fragte sich sogar in Potsdam, ob man Oesterreich nicht beistehen müsse, ob man nicht Bundesverpflichtungen gegen den Kaiser Franz Joseph zu erfüllen habe! . . . Der märkische Simson sträubte sich vergebens gegen die Bande, in welche die Spreephilister ihn geworfen, und der italienische Krieg wurde seine Delila: in jener Zeit verlor in der That der gegenwärtige deutsche Kanzler seinen Hauptschmuck bis auf die bekannten drei Haare.

Es ist interessant, in den vertrauten Briefen an Malwine den Gemüthszustand des Herrn von Bismarck während jener Jahre 1859—60 zu studiren. Bei Beginn der Feindseligkeiten verlässt er, augenscheinlich daran verzweifelnd, bei seiner Regierung die von ihm unaufhörlich empfohlene Politik zur Annahme zu bringen, seinen Posten, geht nach Moskau, um den Kremlin zu sehen, verbringt einen herrlichen Tag in einer Villa, einen um so herrlichern, „als man dort das angenehme Gefühl hat, für den Telegraphen unerreichbar zu sein.“ Gerüchte von einer grossen Schlacht in Italien (Magenta), „die vielleicht Diplomatenarbeit nach sich ziehen kann,“ treiben ihn nichts desto weniger nach

---

*) MASSARI, *Il Conte Cavour,* pag. 268.

Petersburg zurück. Hier erfährt er von den sonderbaren Gelüsten, die man jetzt in Berlin hat, zu Gunsten Oesterreich's einzuschreiten, die Bundestruppen zu mobilisiren, und er ist von den schwersten Befürchtungen für sein Land erfüllt. Er wird krank davon, eine heftige Leberentzündung nimmt eine lebensgefährliche Wendung. „Das Uebel wurde mit massenhaften Schröpfköpfen wie Untertassen und spanischen Fliegen und Senf über den ganzen Leib bekämpft, bis es mir gelang, nachdem ich schon halb für eine bessere Welt gewonnen war, die Aerzte zu überzeugen, dass meine Nerven durch achtjährigen ununterbrochenen Aerger und stete Aufregung geschwächt wären, und weiteres Blutabzapfen mich muthmaasslich typhös oder blödsinnig machen würde. Meine gute Natur aber hat sich rasch geholfen, seitdem man mir Sect in mässigen Quantitäten verordnet hat.“

Die gute Natur blieb deshalb nicht minder verdriesslich und mürrisch, zwei Monate später gesteht er sogar, dass es ihm nicht schwer gefallen wäre, damals mit dem Leben zu enden. Oesterreich freilich war besiegt, es hatte zwei grosse Schlachten und eine der reichsten Provinzen verloren; Preussen aber hatte von dieser Niederlage Habsburg's keinen materiellen, greifbaren Gewinn und der märkische Junker war nicht der Mann, um wie sein Freund Alexander Michailowitsch einen blos platonischen Hass zu hegen. Er tröstete sich indessen mit dem Gedanken, dass der Frieden von Villafranca nur einen Waffenstillstand bedeute: „In diesem Augenblicke Oesterreich mit Frankreich versöhnen wollen, hiesse an der Quadratur des Cirkels arbeiten.“ — „Ich werde mich“, schreibt er im October 1859, „in den Bärenpelz wickeln und einschneien lassen, und sehen, was nächsten Mai beim Thauwetter von mir und den Meinigen übrig geblieben ist. Ist es zu wenig, so gehe ich zu Bau und schliesse mit der Politik ab, wie Gischperl auf dem vierten Bilde." Der nächste Monat Mai bringt ernste Ereignisse, die Annexion Savoyen's ruft in Europa, wie oben schon erwähnt, grosses Misstrauen hervor; das Berliner Cabinet aber verharrt auf seinen früheren Irrwegen und der Prinz-Regent hat im Juli eine Zusammenkunft mit dem Kaiser Franz Joseph in Teplitz. „Ich erfahre," schreibt der preussische Gesandte am russischen Hofe mit unverhaltenem Ingrimm, „dass man uns in Teplitz über den Löffel barbirt hat; wir haben uns durch die Wiener Herzlichkeit übertölpeln lassen. Und Alles das um nichts, nicht das geringste Linsengericht . . ." Im Monat October endlich, nach Castelfidardo, schreibt das Berliner Cabinet eine energische Note an Herrn von Cavour über die Politik des savoyischen Hauses. Die Note erklärt, „dass es nur auf dem gesetzlichen Wege der Reformen und ohne Verletzung der bestehenden Rechte einer Regierung gestattet sei, die legitimen Wünsche der Nationen zu verwirklichen," und schliesst mit folgendem Satz: „Dazu aufgefordert, uns über die Acte und Grundsätze der sardinischen Regierung auszusprechen, können wir dieselben nur tief bedauern und wir glauben eine ernste Pflicht zu erfüllen, indem wir auf das Bestimmteste und Ausdrücklichste unsere Missbilligung dieser Grundsätze und der aus denselben gewonnenen Resultate hiermit ausdrücken." Man kann sich die üble Laune denken, die solche Naivetäten beim künftigen Zerstörer des deutschen Bundes hervorrufen mussten. Er denkt wiederum an ein Aufgeben seiner Laufbahn, er ist in allen Fällen entschlossen, sich gegenüber der ungeheuerlichen Politik, die in Berlin getrieben wird, wie ein Naturforscher auf's Beobachten zu verlegen. Er ist ganz erstaunt über den Lärm, den die Veröffentlichung des nachgelassenen Tage-

buchs des Herrn von Varnhagen, das voll pikanter Enthüllungen über den Berliner Hof ist, an den Ufern der
Spree verursacht: „Ich begreife die sittliche Entrüstung
nicht. Varnhagen ist eitel und boshaft, wer ist das nicht?
Es kommt nur darauf an, wie das Leben die Natur des
einen oder des andern reift, mit Wurmstichen, mit Sonne
oder mit nassem Wetter, bitter, süss oder faul."

Dies hinderte ihn indessen nicht, während jener Jahre
1859 bis 1860 auf seine Beziehungen zur politischen Welt
St. Petersburg's seine ganze Sorgfalt zu verwenden, sich in
derselben einzuwurzeln und mit tausend Fäden das Geschick
seines Landes an jene Freundschaft mit Russland zu knüpfen,
deren Werth er vollständig einsah. Die Stellung der preussischen Gesandten ist jederzeit in St. Petersburg eine aus-
nahmsweise gewesen; Dank der nahen Verwandtschaft der
beiden Höfe genossen sie im Winterpalast eines Vertrauens,
einer Intimität, zu der die Gesandten der anderen Staaten
fast niemals gelangten. Herr von Bismarck verstand es,
diese günstigen Bedingungen noch durch den Einfluss seines persönlichen Verdienstes und den guten Ruf zu erhöhen,
den er sich nach russischer Anschauungsweise während seines langen Aufenthaltes in Frankfurt erworben. Seine früheren Reisen in Kurland hatten ihm die Bekanntschaft und
Zuneigung des baltischen deutschen Adels eingetragen, der
Keyserlingk, Uexküll, Nolde, Brewern u. A., deren Einfluss
bei Hofe, in der Staatskanzlei und der russischen Diplomatie bekannt genug ist. „Die ersten Propheten der künftigen Grösse des Herrn von Bismarck," sagt ein in der
Petersburger Gesellschaft sehr vertrauter Schriftsteller, „die
Ersten, welche die providentielle Mission vorhersagten, die
ihm in Deutschland bevorstand, waren vielleicht jene kur-
ländischen und lievländischen Barone, die der gegenwärtige

deutsche Kanzler so oft zur Jagdzeit besucht, an deren
Vergnügungen, Gelagen und politischen Unterhaltungen er
Theil genommen hatte."*) Der preussische Gesandte am
russischen Hofe hütete sich indessen wohl, seiner Vorliebe
für die Kurländer und Lievländer allzusehr nachzugeben;
er versäumte nicht, in seinen Neigungen und Freundschaftsbeweisen dem russischen Russland, dem autochthonen Mos-
kovien *(Nastajatschaja)* den grössten Antheil zu gönnen.
War diese Begeisterung für die Sitten und den Genius der
„Scythen", diese Liebe zum „Bärenpelz und Caviar" ganz
aufrichtig? Man darf vielleicht daran zweifeln, man darf
vielleicht voraussetzen, dass der Mann, der im Namen seiner germanischen Ueberlegenheit so oft und laut seine Ge-
ringschätzung der Wälschen und Romanen kundgethan, im
Grunde eine noch grössere Verachtung für jene Slaven em-
pfindet, die für jeden guten Deutschen mit Sclaven gleichbe-
deutend sind.**) Wie dem auch sei, niemals hat ein fremder
Gesandter an den Ufern der Newa so viel Ehrfurcht vor den
Polarsternen, so viel Leidenschaft für Localfarbe zur Schau
getragen, wie der märkische Ritter. Er trieb diese Leidenschaft so weit, dass er in seinem Hause mehrere junge
Bären hielt, die wie ehemals die Füchse auf Kniephof,

---

*) „Aus der Petersburger Gesellschaft," Bd. II, pag. 90.
**) Im Jahre 1862, als er im Begriff war, seinen Petersburger
Posten definitiv zu verlassen, erhielt Herr von Bismarck den Besuch
eines Collegen, eines fremden Diplomaten. Man sprach über Russland, und der zukünftige deutsche Reichskanzler sagte u. A.: „Ich
pflege, wenn ich ein Land verlasse, in dem ich längere Zeit gewohnt,
ihm eine der Berlocken an meiner Uhr zu widmen und den Endein-
druck, den es mir gelassen, darauf einzugraviren; wollen Sie den
Eindruck kennen, den ich von St. Petersburg mit fortnehme?" Und
er zeigte dem gespannt zuhörenden Diplomaten die kleine Berlocke,
auf der die Worte standen: *La Russie, c'est le néant!* . . .

während des Dîners in den Speisesaal sprangen, eine angenehme Störung unter den Gästen hervorriefen, dem Herrn die Hand leckten und „die Bedienten in die Waden kniffen." *) Ein vollendeter Nimrod, verfehlte er keine Expedition gegen den schwarzen König der nordischen Wälder, er versäumte es nicht, bei diesen Gelegenheiten das moskowitische Jagdcostüm anzulegen, und seiner Vorliebe für das russische Gespann ist er bis heute sogar bei Ausfahrten in Berlin treu geblieben. Er offenbarte eben so gern ein grosses Interesse für die literarische Bewegung des Landes, er hielt einen Professor des Russischen in seinem Hause und lernte gerade genug, um seinen Leuten Befehle in ihrer heimathlichen Zunge geben zu können, ja um sogar eines Tages den Kaiser Alexander durch einige Phrasen in der Sprache Puschkin's auf das Angenehmste zu überraschen.

Die Russen mussten natürlich einem Diplomaten auf das Herzlichste entgegenkommen, der sich für ihre Sitten und Gebräuche, ihre Lustbarkeiten und „Eigenheiten" so begeistert zeigte, und der ausserdem so glücklich war, auf den guten Herrn von Werther zu folgen, der hier wie andern Orts nicht gerade durch sein heiteres Temperament glänzte. Im Gegentheil, einen so fröhlichen Preussen, einen so prächtigen Kameraden, einen so frischen Lebemann, der so recht von Herzen lachen konnte und die Unterhaltung eben so wohl mit grobem Salz wie mit feiner Würze zu beleben verstand, hatte man an den Ufern der Newa noch nicht gekannt. Und die gelungenen Witze, die er sich über die „Spreephilister" und die „Potsdamer Perrücken" erlaubte, fanden erst recht ein dankbares Publikum: ein

---

*) Herr von Bismarck hat später dem zoologischen Garten der ehemaligen freien Reichsstadt Frankfurt diese Vierfüssler zum Geschenk gemacht.

bevollmächtigter Gesandter, der seine eigene Regierung nicht
schont; ein Gesandter, der in Sachen der Politik, die er zu
unterstützen die Aufgabe hat, seine Meinungsverschiedenheit und Verstimmung nicht verbirgt, ist immerhin eine
originelle Erscheinung, die in der Welt, wo man stets nach
Pikantem und Unerlebtem auf der Lauer liegt, ihren Reiz
nicht verfehlt. Er verstand es, der Kaiserin-Mutter zu gefallen, besonders die hohe Gunst der Grossfürstin Helene
sich zu erwerben, deren Einfluss am Hofe bedeutend war
und deren warme Unterstützung ihm in der Folge, in den
schwierigsten Augenblicken seiner Ministerlaufbahn,. niemals
fehlte. Der Kaiser hatte eine grosse Zuneigung zu ihm
gefasst, lud ihn regelmässig zu seinen Bärenjagden ein und
erwies ihm die Ehre, ihn auf seinen Reisen nach Warschau
und Breslau, wo Begegnungen mit dem Prinz-Regenten
stattfanden, zum Begleiter zu wählen. Was den Fürsten
Gortschakow betrifft, so fand dieser mehr als je Gefallen an
der Gesellschaft seines ehemaligen Frankfurter Collegen,
und in den Salons wurde manche boshafte Aeusserung,
mancher Witz erzählt, der in der Regel auf Kosten Oesterreich's gemacht worden, und dessen Urheberschaft man bald
dem einen, bald dem andern der beiden unzertrennlich gewordenen Freunde zuschrieb, die schlechte Intriguanten nichts
desto weniger zu entzweien versuchten. Ende 1859 schreibt
Bismarck in einem vertraulichen Briefe: „Oesterreich und
seine lieben Verbündeten intriguiren in Berlin, um mich
von hier abberufen zu lassen, und ich bin ja doch so artig.
Gottes Wille geschehe! . . ."
Indessen begann man in Berlin den Abhang hinabzu-
gleiten, der die preussische Politik schnell aus den nebeligen
Regionen der neuen Aera auf den Boden der Wirklichkeit
und der That führen musste, auf den Freund Alexander Mi-

chailowitsch sie so lange hinzulocken getrachtet, und son-
derbar, es war die Mobilisation der preussischen Armee im
Jahre 1859, die von Herrn von Bismarck so sehr missbil-
ligte Mobilisation, welche die unmittelbare Ursache jenes
Umschlags und unberechenbarer Consequenzen wurde. — Es
ist jetzt stehende Redensart in Frankreich, die preussische
Regierung habe seit einem halben Jahrhundert über einen
Vergeltungs- und Rachekrieg gebrütet, langsam ihre Waffen
gewetzt und mehrere Generationen zu der entscheidenden
Stunde der Schlacht erzogen. Man kann nichts Unver-
ständigeres behaupten. Weder die Regierung Friedrich
Wilhelm's III. noch die Friedrich Wilhelm's IV. hat sich
jemals mit kriegerischen Plänen getragen, und selbst die
Demüthigung von Olmütz wurde für das Berliner Kriegs-
ministerium nicht zum Sporn. Die beiden Vorgänger Wilhelm's I. opferten dem militärischen Geiste eben nur so viel
als nothwendig war, um unter den Grossmächten figuriren,
um Revüen abhalten, von ihren treuen Truppen und ihrem
stets tapferen Schwerte reden zu können. Im Grunde
waren sie nahe daran, dem Grossfürsten Constantin, Bruder
des Kaisers Nicolaus, Recht zu geben, der einmal sagte:
„Ich hasse den Krieg, er verdirbt nur die Armeen!" Das
Schwert Blücher's und Scharnhorst's war gerostet seit 1815,
selbst die Einführung des Zündnadelgewehrs im Jahre 1847
war nur ein Zufall, gewissermaassen ein wissenschaftliches
Experiment; 1848 und 1849 haben die preussischen Truppen in dem Kriege in den Herzogthümern nicht eben sonderlich geglänzt, sie sind sogar von den undisciplinirten
Banden in Posen und Baden in Schach gehalten worden.
Der Bruder des Königs, der die Truppen in Baden kom-
mandirt hatte, war von dem Schauspiel, das ihm seine Soldaten damals gewährten, schmerzlich berührt, und als er

im October 1858 zur Regentschaft gelangte, war sein erster
Gedanke die Reorganisation des Heeres. Doch war es erst
die im Sommer 1859 während der italienischen Verwicklungen versuchte Mobilisation, welche alle schweren Uebel-
stände und innern Mängel der bis dahin in Kraft bestande-
nen Organisation enthüllte. Zwei hervorragende Männer,
die Herren von Moltke und von Roon, verbanden sich mit
dem Prinz-Regenten, um das alte System von Grund aus
zu verbessern. Sie entfalteten dabei eine in der Geschichte
beispiellose Intelligenz, Energie und Schnelligkeit; aus allen
wissenschaftlichen Entdeckungen zogen sie Nutzen, sie liessen
sich auch die grosse Lehre nicht entgehen, welche damals
aus dem furchtbaren nordamerikanischen Bürgerkriege geschöpft werden konnte, der zu vielen Erfahrungen und
mannigfaltigen Erfindungen Veranlassung gegeben hatte.
Trotz der Hindernisse, die von allen Seiten sich gegen sie
erhoben, gelang es diesen beiden Männern nach sechs Jahren
rastloser Anstrengung, eine ganz neue, mächtige, unbesieg-
bare Armee zu schaffen und das „Instrument," das 1860
erst roh, erst im Entwurfe vorhanden war, bewies seine
„Vollkommenheit" an dem verhängnissvollen Tage von Sadowa!*) — Nicht minder irrthümlich ist die indessen allgemein verbreitete Ansicht, es habe das preussische Volk
von seiner Regierung Siege und Eroberungen gefordert.
Um diese ganz grundlosen Voraussetzungen zu widerlegen,
braucht nur daran erinnert zu werden, dass die verschiede-

---

*) „Um als Sieger aus diesem Kampfe (gegen Oesterreich) her-
vorzugehen, hatten wir zwei Dinge nöthig: Das Gefühl der Gerechtigkeit unserer Sache und das Instrument, ihr zum Siege zu verhelfen,
ich meine die preussische Armee. Ich zweifelte nicht an der Vollkommenheit des Instruments . . ." (Antwort Wilhelm's I.
an die hannöverische Deputation, 17. August 1866.)

nen preussischen Kammern fortwährend der Militärreform
sich widersetzten und das Land einstimmig auf ihrer Seite
hatten. Die deutsche Grösse, die deutsche Macht, die
deutsche Aufgabe waren Vorstellungen, die mehr in der
Phantasie der Professoren und Schriftsteller als in den Ge-
müthern des Volkes lebten : academische Themata, schöne
Reden, und dabei waren sie weit geläufiger südlich als
nördlich vom Main. Darin liegt aber gerade die erstaunliche Kunst des Herrn von Bismarck, dass er es, um mit
Münchhausen zu reden, verstanden hat, „Nebel zu Bau-
steinen für einen Riesenbau zu verdichten" und aus einem
Traum der Gelehrten eine Leidenschaft des Volkes zu machen. Willenskraft, Charakterstärke und, um Alles zu
sagen, das Genie, vermögen selbst in unserem Jahrhundert
demokratischer Verplattung und egalisirender Mittelmässig-
keit eine Rolle zu spielen, von der unsere arme Geschichts-
philosophie sich nichts träumen lässt, sie, die so bequem alle
Verantwortlichkeit, alle Initiative in dem blinden Verhängniss aufgehen lässt, das die „Massen" treibt, eine Philosophie,
die, wie ein deutsches Sprichwort sagt, den Wald vor Bäumen
nicht sieht. Man streiche aus der neuesten Geschichte Preussen's drei oder vier Männer, die auf den Namen Wilhelm I.,
Moltke, Roon und Bismarck antworten, und der alte Bar-
barossa schliefe wahrscheinlich immer noch in seinem Kyff-
häuser.

Die Natur gefällt sich eben so sehr in Analogieen
wie in Contrasten und so sehen wir, dass die Antecedentien
des Prinz-Regenten, der heute den Namen Wilhelm I.,
Kaiser von Deutschland, führt, manche Aehnlichkeit mit
der Vergangenheit des ausserordentlichen Mannes aufweisen,
der in der Schicksalsstunde ihm die kaiserliche Krone Bar-
barossa's *ferro et igne* schmieden sollte. Ueber diese An-

tecedentien giebt uns das hinterlassene Tagebuch des Herrn
von Varnhagen Aufschluss — jenes liberalen, bissigen, im
höchsten Grade compromittirenden, im Grunde aber liebenswürdigen Dangeau am Berliner Hofe — dasselbe Tagebuch,
dessen Vertheidigung Herr von Bismarck in einem von uns
citirten Briefe übernommen. Es ist nicht daran zu zweifeln,
dass der Prinz Wilhelm den liberalen Anwandlungen, welche
den Beginn der Regierung seines Bruders, des Königs Friedrich Wilhelm IV. kennzeichneten, eine energische Opposition machte. Er hatte sich zu jener Zeit Gutachten an-
fertigen lassen, die sein Einspruchsrecht bei jeder Veränderung der Grundgesetze des Staates nachzuweisen bestimmt
waren. Das Gerücht von einem förmlichen Protest, den
er in seinem eigenen Namen wie in dem seiner Descenden-
ten gegen jedes Verfassungsproject eingereicht, fand sogar
einen Augenblick im Schoosse des Ministeriums Glauben;
jedenfalls gab er seine Zustimmung zu der von seinem
Bruder am 3. Februar 1847 octroyirten „feudalen" Verfassung nur unter dem ausdrücklichen Vorbehalt, dass die
Stände nicht über das Büdget zu entscheiden, noch sich
mit den auswärtigen Angelegenheiten zu beschäftigen haben
sollten. Die Unpopularität des präsumtiven Thronerben war
vor der Revolution von 1848 deshalb sehr gross; während
des verhängnissvollen Monats März richtete sich die Wuth
der Einwohner von Berlin deshalb speciell gegen ihn; es
wurde ihm (und mit Unrecht) der Befehl an die Truppen
zugeschrieben, auf das Volk zu schiessen. Er musste damals das Land wegen einer „Mission" nach London verlassen
und die Menge konnte sich die Genugthuung nicht versagen,
auf den Palast des Flüchtigen das Wort „Nationaleigen-
thum" zu schreiben. Nachdem der revolutionäre Sturm sich
gelegt, kehrte er aus England zurück und stellte sich 1849

an die Spitze der Truppen, um den badischen Aufstand niederzuwerfen. Der feierlichen Sitzung vom 6. Februar 1850, in welcher der König Friedrich Wilhelm IV. die definitive Verfassung beschwor, entzog er sich unter dem Vorwande, „wichtige, militärische Operationen" hielten ihn in Süddeutschland zurück.

Später aber, namentlich während der letzten Jahre der reizlosen und trübseligen Regierung seines Bruders, liess der Prinz von Preussen etwas in seiner reactionären Strenge nach und stellte besonders den „pietistischen" Einflüssen am Potsdamer Hofe eine ernste Opposition entgegen. Familienrücksichten und Familienliebe trugen ebenfalls dazu bei, des Prinzen Stellung zu einer eigenen zu machen. Die Werthschätzung und Zärtlichkeit, welche Friedrich Wilhelm IV. seiner Frau bewies, konnten diese nicht immer über ihre Kinderlosigkeit trösten und der Anblick ihrer Schwägerin, einer glücklichen Mutter, deren Kindern die Krone bestimmt war, während sie wahrscheinlich eines Tages selber den Thron besteigen sollte, führte zu Reibungen und Gemüthsstörungen, die von der Gemahlin des präsumtiven Thronerben lebhaft empfunden wurden. Die Prinzessin Augusta war nicht geneigt, gewisse Nadelstiche zu ertragen. Aus jenem Weimarischen Hause stammend, das sich stets durch seinen Geschmack an den edlen Künsten und den Freuden des Lebens ausgezeichnet, hatte sie früh ihre eigenen Bekanntschaften, ihre persönlichen Freundschaften und eine von der Alltagsweise des Hofes ziemlich abweichende Haltung angenommen, die bisweilen einer absichtlich gesuchten Besonderheit ähnlich sah. Diese Neigungen der Prinzessin konnten auf die Länge ihren Einfluss auf ihren Gemahl nicht verfehlen, und sogar der lange Zeit von dem hohen Paare gehegte und im Jahre 1857 endlich verwirk-

lichte Plan, ihren Sohn mit der Tochter der Königin Victoria
zu vermählen, wurde als ein Liebäugeln mit der Volksmei-
nung angesehen. Es fehlte in der That, wie der entsetzliche
Herr von Varnhagen uns erzählt, in Potsdam nicht an Höf-
lingen, die sich auf Ehre und Gewissen fragten, ob es des
Hauses Hohenzollern würdig sei, eine Blutsverbindung mit
einer Dynastie einzugehen, die nur halb souverän war und
von einer Kammer der Gemeinen in Abhängigkeit erhalten
wurde! . . . Wie haben Zeiten und Sitten an jenem Potsdamer Hofe sich geändert, der kürzlich es erlebte, dass die
präsumtive Erbin des preussischen und deutschen Thrones,
die Tochter der Königin Victoria, theilnehmende Telegramme
an den sterbenden Doctor Strauss sendet und damit dem
Verfasser des „Lebens Jesu" eine Huldigung *in extremis*
erweist, was natürlich die gesammte Ritterschaft des Culturkampfes in hohe Begeisterung versetzt.

Derart daran gewöhnt, und zwar seit mehreren Jahren
schon, den Bruder des Königs als mit den modernen Ideen
versöhnt, als einen Freund des Fortschritts zu betrachten,
war die Nation viel weniger erstaunt als entzückt, ihn beim
Antritt der Regentschaft in liberalem und constitutionellem
Sinne reden zu hören. Eine „neue Aera" sollte für Preussen
beginnen. Dies Schlagwort wurde fast officiell angenommen,
um den Systemwechsel zu bezeichnen, und in einer am
8. November 1858 an das neue Cabinet gerichteten denkwürdigen Anrede zeichnete der Prinz-Regent das Programm einer freisinnigen Politik. Er forderte darin seine
Räthe auf, in Allem was willkürlich sei oder den Bedürfnissen der Zeit widerspreche, Verbesserungen vorzuneh-
men. Wenn gleich er vor einem gefährlichen Sichgehen-
lassen den liberalen Ideen gegenüber warnte und den Willen
aussprach, „muthig was nicht verheissen worden zu hin-

dern", so erklärte er es doch für seine Pflicht, die eingegangenen Verbindlichkeiten ehrlich zu halten und die nützlichen Reformen nicht zurückzuweisen. Die Anrede endete mit dem berühmt gewordenen und seitdem so oft citirten Wort, „dass Preussen moralische Eroberungen in Deutschland machen müsse . . ."

Die Uebereinstimmung zwischen dem Regenten und dem Volke war indessen nicht von allzu langer Dauer; Dank der projectirten Heeresreform wurden die Verhältnisse allmählig gespannt; endlich sollte es zu einem vollständigen Bruche kommen. Dem Prinzen lag diese Reform am Herzen, die Ereignisse von 1859 hatten ihn in seiner Ueberzeugung von der absoluten Dringlichkeit einer Maassregel nur bestärkt, mit der er seit Jahren sich im Geiste beschäftigt hatte. Die Abgeordneten des Volkes aber weigerten sich, ihm auf diesem Wege zu folgen und machten ihm eine hartnäckige, unerschütterliche Opposition. Sie begriffen die Halsstarrigkeit nicht, mit der der Prinz an einem Plane festhielt, der keineswegs den Bedürfnissen noch den Bestrebungen des Landes entsprach, und verhöhnten diejenigen, welche versicherten, der Hohenzoller, wenn er erst im Besitze seines neuen Instrumentes sei, werde aus seiner bescheidenen Rolle heraustreten! . . . „Man hatte," sagt sehr richtig ein deutscher Schriftsteller, „der Versuchung des Frankfurter Parlaments 1849 und der Herausforderung von Olmütz 1850 widerstanden; man hatte die Gelegenheiten während der Kriege von 1854 und 1859 vorübergehen lassen. Die Friedensliebe war eine absolute, von Ehrgeiz nirgends eine Spur zu entdecken, ja man war ganz und gar zu der ererbten politischen Stellung resignirt, und andrerseits mochte Niemand zugeben, dass ein so friedfertiges Königreich von seinen Nachbarn bedroht werden könnte. Jede Vermehrung des Heeres, die eine Vermehrung der militärischen und finanziellen Lasten nach sich zog, welche schon schwer genug von den Bürgern empfunden wurden, musste demnach bei solcher Sachlage als eine unbegreifliche Herrscherlaune erscheinen." *) Die Kammern verweigerten die verlangten Credite, die Regierung kümmerte sich nicht darum und fuhr mit den Ausgaben fort. Die Militärfrage wurde demnach eine Büdgetfrage und verwandelte sich bald in einen unheilbaren constitutionellen Conflict. Gegen Ende 1861 sah man keinen anderen Ausweg aus solcher Lage als den Staatsstreich.

Nicht minder tief und folgenreich war die Veränderung in den Ideen des Potsdamer Hofes bezüglich der auswärtigen Politik. Je mehr das „Instrument" sich vervollkommnete (und es vervollkommnete sich schnell), .um so mehr beschäftigte man sich mit der Frage nach seiner praktischsten und fruchtbringendsten Verwendung. Man wusste noch nicht recht klar, was man wollte, aber man wollte mit Gewalt, mit der Gewalt, die man aus stets anwachsenden Bataillonen schöpft. Unzweifelhaft strebte man für's Erste nur nach moralischen Eroberungen in Deutschland, dachte aber auch, dass eine zu Thaten gewordene, ein wenig mit Zündnadelgewehren unterstützte Moral zu ausgezeichneten Resultaten führen müsste. Die Atmosphäre war mit Electricität und Nationalitätsprincipien geladen und es waren nicht blos die Professoren und Schönredner des Nationalvereins, die jetzt „ein einiges Deutschland mit preussischer Spitze" empfahlen. Als im October 1860 der preussische Gesandte Graf Brassier de Saint-Simon dem Grafen Cavour

---

*) Constantin Roessler, *Graf Bismarck und die deutsche Nation*. Berlin, 1871.

die vielerwähnte Note des Herrn von Schleinitz gegen die
italienischen Annexionen vorlas, hörte der sardinische Ministerpräsident stillschweigend die Strafpredigt an und sprach
darauf sein lebhaftes Bedauern darüber aus, dass er dem
Berliner Ministerium in solchem Grade missfallen habe, erklärte aber auch, sich mit dem Gedanken zu trösten, dass
„Preussen eines Tages Piemont Dank wissen werde für das
Beispiel, das es ihm gegeben."

In Frankreich wurden die Zeitungen der autoritären
Demokratie, die dem „neuen Recht" ergebensten Organe,
nicht müde, die „piemontesische Mission" des Hauses Hohenzollern zu feiern, und wir haben schon weiter oben der Ermuthigungen gedacht, die Napoleon III. von 1858 ab nach
Berlin gelangen liess. Der im October 1861 von König
Wilhelm I. dem Kaiser der Franzosen in Compiègne gemachte Besuch *) war in dieser Beziehung ein um so be-
zeichnenderes Symptom, als bisher noch keiner der nordischen Souveräne dem Erwählten des *suffrage universel* einen
solchen Beweis der Courtoisie gegeben. Seltsame Gerüchte
begannen von da ab über eine Allianz Frankreich's, Russland's und Preussen's in Umlauf zu kommen und erhielten
sich bis in den März 1863. Broschüren aus mysteriöser
Quelle, die jedoch eine sehr genaue Kenntniss der politischen Dinge verriethen, sprachen von „grossen Staats-Ag-
glomerationen, die sich auf drei Rassen gründeten — die ro-
manische, die germanische, die slavische Rasse, — denen
drei Gravitations-Centren, Frankreich, Preussen und Russland, entsprächen, von der endlichen Herstellung des Welt-
friedens durch eine Tripelallianz der Universal-Monarchieen,

---

*) Nach dem am 2. Januar 1861 erfolgten Tode Friedrich Wil-
helm's IV. nahm der Prinz-Regent den Namen Wilhelm I. an.

in der nicht nur die drei Hauptrassen des europäischen
Systems, sondern auch die drei christlichen Kirchen ihren
vollen Abschluss finden sollten." *) Lord Palmerston erklärte damals im Parlament mit echt britischer Unge-
zwungenheit, „Europa scheine wenigstens mit einem halben
Dutzend respectabler Kriege schwanger zu gehen," und trotz
des Dunkels, das noch über den Unterhandlungen der Jahre
1861 und 1862 schwebt, ist kein Zweifel, dass Napoleon III.
sich damals mit einem Nebelgespinnst getragen, das zugleich den Orient und den Occident umspannen sollte, ein
ebenso vages wie riesenhaftes Gespinnst, aus dem Fürst
Gortschakow mit bewährter Geschicklichkeit seinen Nutzen
zu ziehen sich vorbereitete. Was nun auch an jenen my-
steriösen Projecten wahres sein mag, der Hohenzoller hatte
sich seines Aufenthaltes in Compiègne, an den er noch
zwei Jahre später mit einer gewissen Rührung in seiner
höflichen Antwort auf die Einladung zum Congress erinnern
sollte, nur zu rühmen. Wahrscheinlich führte Napoleon III.
im October 1861 in Compiègne keine andere Sprache, als
die 1858 in Berlin durch Vermittlung des Marquis Pepoli
geführt wurde, die weissagende Sprache „von den grossen
Geschicken, die Preussen's in Deutschland warteten und
die Deutschland von Preussen erwarte."

So vereinigten sich die Schwierigkeiten im Innern und
die Verlockungen von aussen, die parlamentarischen Conflicte und die politischen Constellationen gegen Ende 1861,
um den König von Preussen zu energischen Entschlüssen

---

*) S. die bemerkenswerthe Broschüre *Europa's Cabinette und
Allianzen*, Leipzig, 1862. Sie ist das Werk eines in der politischen
Literatur berühmten russischen Diplomaten, desselben, dessen Buch
über die Pentarchie ein so grosses Aufsehen unter der Julimonarchie
erregte.

zu drängen. Zu so gewaltigen Thaten, wie sie jetzt ge-
plant wurden, bedurfte es auch eines gewaltigen Mannes,
und die Blicke wandten sich natürlicherweise auf den missvergnügten Diplomaten in St. Petersburg, der seit Jahren
nicht aufgehört, die Minister der „neuen Aera" zu kriti-
siren und ihre Haltung im Innern wie nach aussen zu tadeln.
Trotz des Versprechens, das er sich gegeben, „sich mit der
Stellung eines beobachtenden Naturforschers zu begnügen",
verfehlte Herr von Bismarck doch nicht, in den Jahren
1860 und 1861 von Zeit zu Zeit einen Abstecher zu machen und sich unaufhörlich des Wortes Strafford's zu erinnern: „Durch!" Wir begegnen ihm jetzt häufig in
Deutschland, nach Gelegenheiten suchend, um mit dem
Staatsoberhaupt zusammenzutreffen, dasselbe von seinen Ideen
zu unterhalten und ihm verschiedene Denkschriften zu überreichen. Im October 1861, kurz vor der Reise nach Compiègne, unterbreitet er ihm eine kleine Arbeit, von der er
einigen Erfolg erwartet, und deren Inhalt man sich übrigens
vorstellen kann, wenn man sich die Mühe giebt, einen vertraulichen Brief zu studiren, den er wenige Tage vorher,
am 18. September 1861, geschrieben und der von Anfang
bis zu Ende gegen ein politisches Programm gerichtet ist,
das die conservative Partei in Preussen eben veröffentlicht
hatte. In diesem merkwürdigen Briefe spricht er in gereiztem Tone von dem deutschen Bund, „jenem Treibhaus des
Particularismus," fordert er „eine straffere Consolidation
der deutschen Wehrkraft und eine Anzahl gemeinsamer Institutionen, um die materiellen Interessen gegen die Nachtheile zu schützen, die aus der unnatürlichen Configuration
der deutschen inneren Landesgrenzen erwachsen." , Vor
Allem aber warnt er seine Partei vor „der gefährlichen Fiction der Solidarität der conservativen

Interessen aller Länder . . ." Ueber diese in gewissen Köpfen festgewurzelte „gefährliche Fiction" den Sieg davon zu tragen, dies war in der That die grösste Schwierigkeit für den künftigen Minister Wilhelm's I., sein *omne tulit punctum*, denn es ist auf diesem Boden durchaus nicht so leicht, zwischen Wirklichkeit und Fiction genau zu unterscheiden, es ist vielleicht sogar gefährlich, sie gegen einander zu halten, und ein Retz hätte gewiss von den conservativen Interessen gesagt, was er so fein über das Recht der Völker und das Recht der Könige bemerkte, „dass sie niemals besser übereinstimmten, als wenn man darüber schwiege." Herr von Bismarck hatte noch manchmal gegen diese Fiction zu kämpfen, in Berlin sowohl wie in St. Petersburg, und wenn der zugängliche, offene Geist seines Freundes Alexander Michailowitsch sich meist widerstandslos überzeugen liess, so lässt sich dasselbe nicht von dem Hohenzollern sagen, der in der Folge bei mancher Gelegenheit und in entscheidenden Momenten von Scrupeln, kalten Schauern und der Empfindung heimgesucht wurde, die Falstaff „das dreitägige Wechselfieber des Gewissens" nennt.

Nach der Rückkehr Wilhelm's I. von Compiègne war die Berufung des Herrn von Bismarck zur Leitung der Geschäfte schon eine ausgemachte Sache. Auch kam er sogleich, um der Krönung in Königsberg beizuwohnen und kehrte nur nach St. Petersburg zurück, um dort definitiv Abschied zu nehmen. Anfangs Mai 1862 war er wieder in Berlin; bei der grossen Parade, die zur Einweihung des Denkmals des Grafen Brandenburg am 17. Mai stattfand, wiesen die Politiker, die Abgeordneten, die hohen Staatsbeamten schon auf ihn als Preussen's „Polignac" hin. Die Befürchtungen und Hoffnungen, die sich an solche Andeutungen knüpften, sollten indessen nicht so bald verwirklicht werden, und die Welt wurde einigermaassen irre geführt, als sie plötzlich von der Ernennung Herrn von Bismarck's zum Gesandten in Paris reden hörte. Zauderte er noch, die Last der Regierung auf sich zu nehmen und zog er es in jedem Falle vor, das Resultat der neuen Wahlen abzuwarten, die in Preussen bevorstanden? Wahrscheinlich ist, dass er vor dem Antritt seines Ministerpostens zu den Besprechungen, die eben in Compiègne stattgefunden, andere hinzufügen, noch einmal den Mann wägen wollte, von dem nach einer damals allgemein verbreiteten Ansicht die Geschicke Europa's abhängen sollten; wahrscheinlich, dass er in Frankreich die Gemüther auf die von ihm einzuleitende Politik vorbereiten wollte.

Er blieb nur zwei Monate in Paris, die köstlichen Monate Juni und Juli; dieser kurze Aufenthalt aber genügt ihm zur Vervollständigung seiner Studien und zur letzten Aufklärung über Menschen und Dinge. Mit dem französischen Kaiser, dessen Geistestiefe damals von Jedermann gepriesen, dessen geringste Worte in's Unendliche commentirt wurden, ja dessen Schweigen zur Bewunderung hinriss, hatte er manche Unterredung, und er, der künftige Sieger von Sedan, zauderte nicht, ihn in seinen vertraulichen Herzensergiessungen von da ab als „eine grosse verkannte Unfähigkeit" zu definiren. Er sah auch die Männer, die bei der Regierung und in der Gesellschaft von Einfluss waren, und bemühte sich, sie für seine Ideen und Pläne zu gewinnen. Er verhehlte es nicht, dass seine Regierung ihn bald berufen werde, und entwickelte ohne Umschweife die Principien, nach denen er in der gegebenen Lage zu handeln gedenke. Was die Geschichte vielleicht am meisten an dem gegenwärtigen Kanzler Deutschland's bewundern wird, ist die hohe Kunst, mit der er bisweilen die Wahrheit benutzte: Dieser geniale Mann verstand es sogar, der Offenheit selber alle politischen Qualitäten des Truges zu geben. Sehr schlau, sehr verschlagen in der Wahl der Mittel, war er doch immer, was den Zweck anbetraf, von einer Zwanglosigkeit, einer Indiscretion ohne Gleichen, und liess er in Paris von 1862 ab die erstaunlichsten Bekenntnisse hören, über die man sich erheiterte, die aber eher zum Nachdenken hätten anregen sollen.*)

„Frankreich" — sagte Herr von Bismarck damals und später, 1862 wie 1864 und 1865, so oft sich ihm die Gelegenheit darbot, mit einem Politiker an den Ufern der Seine zu plaudern — „Frankreich hätte Unrecht, aus dem zunehmenden Einfluss Preussen's und gegebenen Falls aus seiner Vergrösserung auf Kosten der Kleinstaaten Argwohn zu schöpfen. Welchen Nutzen, welchen Werth haben diese Kleinstaaten ohne eignen Willen, ohne Macht, ohne Armee? So weit übrigens auch die Absichten und Bedürfnisse Preussen's gehen mögen, es wird doch nothwendig am Main Halt machen müssen: die Mainlinie ist seine natürliche Grenze; jenseits des Flusses wird Oesterreich sein Uebergewicht bewahren, ja vermehren, es wird also in Deutschland stets zwei Mächte geben, die sich gegenseitig die Waage halten. Die Ordnung wird dabei nur gewinnen und Frankreich sicher nichts verlieren, es wird sogar ungeheure Vortheile für seine Politik, für seine Weltstellung daraus ziehen. Preussen hat in der That eine unglückliche, unmögliche Gestaltung; es fehlt ihm an Bauch nach Kassel und Nassau zu, und auf der hannöverschen Seite ist ihm eine Schulter verrenkt, es schwebt in der Luft, und diese peinliche Lage hat es nothwendigerweise dazu verurtheilt, in allen Dingen

---

*) S. unsere *Préliminaires de Sudowa*, Kap. 1.

der Wiener und Petersburger Politik zu folgen, sich unaufhörlich im Gesichtskreise der heiligen Allianz zu bewegen.
Besser gestaltet, auf festeren Grundlagen aufgebaut, mit
allen Gliedmaassen versehen, würde es sich selber zurückgegeben, hätte es die Freiheit der Bewegung, die Freiheit
der Allianzen, — und welche Allianz wäre ihm wünschbarer, als die des französischen Kaiserthums? An mehr
als eine jetzt noch schwebende und unlösbare Frage könnte
dann mit vollständiger Zuversicht gegangen werden: die
venetianische, die orientalische Frage, — wer weiss? vielleicht sogar die polnische Frage! Und endlich, wenn die
für Preussen vorauszusetzenden Gebietsvergrösserungen etwa
übertrieben scheinen sollten, wer würde Frankreich daran
hindern, sich seinerseits zu vergrössern, abzurunden? Warum sollte es Belgien nicht nehmen und damit ein De-
magogennest zertreten? Das Berliner Cabinet wird
sich dem gewiss nicht widersetzen; *suum cuique*, das ist ja
der alte und ehrwürdige Wahlspruch der preussischen Monarchie . . .“

Dies Alles wurde mit Jovialität, mit Schwung, mit
Geist vorgetragen, mit mancher sinnreichen, boshaften An-
merkung, mit glücklichen Einfällen über Welt und Leute
gewürzt, über jene Berliner Herrenkammer z. B., die aus
respectablen Perrücken und der Abgeordnetenkammer, die
ebenfalls aus Perrücken, aber nicht respectablen, zusammen-
gesetzt war, und über eine hohe Person, die respectabelste,
aber die grösste Perrücke von allen. . . . Herr von Bismarck hatte in Paris während dieser beiden Monate fast
denselben Erfolg, den er sich während seines dreijährigen
Aufenthaltes an den Ufern der Newa erworben hatte. Die
Wichtigthuer, die Würdenträger, hüteten sich indessen sehr,
ihn zu überschätzen; sie gönnten ihm wohl alle Vorzüge

eines Mannes von Geist, aber konnten sich nicht entschliessen, ihn als einen *homme sérieux* zu betrachten.

Er wurde, scheint es, nicht richtiger von einem Weisen gewürdigt, der sich von der politischen Bühne zurückgezogen, aber neben seinen Lieblingsstudien mit nicht weniger Aufmerksamkeit und Leidenschaftlichkeit die grossen
Weltbewegungen im Auge behielt. An einem Juniabend
1862 wird im wohlbekannten Salon auf dem Platze St.-
Georges, wo der glänzende und caustische Geist des Herrn
Thiers alle decenten Widersacher des zweiten Kaiserreichs
um sich versammelte, zur grössten Ueberraschung des Haus-
herrn wie seiner Gäste, Se. Excellenz der preussische Gesandte angemeldet: die am Tuilerienhofe beglaubigten Diplomaten verirrten sich damals nicht leicht in das schlecht
angeschriebene Hôtel des „berühmten und nationalen Geschichtsschreibers." Das Erstaunen wurde noch viel grösser,
als Herr von Bismarck, sich sogleich der Unterhaltung be-
mächtigend, den Plan seiner zukünftigen deutschen Politik
zu entwickeln begann, wenn das Vertrauen seines hohen
Herrn ihn je in den Rath der Krone beriefe. Die Anwesenden ohne Ausnahme fanden den Gesandten sehr sonderbar und seine Offenheit war „wie eine Art ironischer Herausforderung an die Ehrlichkeit der Leute." Einige Tage
darauf gab Herr Thiers Herrn von Bismarck seinen Besuch
zurück, und dieser, mitten im Gespräch, unterbricht ihn
plötzlich mit seiner verführerischen und feinen Bonhomie:
„Gestehen Sie es nur, Sie schmollen, mit Ihren Freunden
und Ihren Büchern." — „Wenn man Ueberzeugungen hat,"
antwortete der französische Staatsmann, „so muss man sie
in Ehren halten." — „Sie haben Recht," war die Antwort,
„man muss Ideen haben und ihnen mit Hülfe der
Macht dienen." Und kaum hatte er diese charakteristische

Maxime ausgesprochen, so fuhr er fort: „Lassen Sie mich
Ihre Angelegenheit mit dem Kaiser ordnen," und in dem
Blicke, der diesen eigenthümlichen Vorschlag begleitete,
glaubte der Angeredete den geheimen Gedanken zu lesen:
Seien Sie Minister und · wir Beide wollen dann die Karte
von Europa umgestalten . . . Der ehemalige Minister des
Königs Louis Philipp gab der Unterhaltung eine andere
Wendung, indem er mit einer Handbewegung das Aner-
bieten und den Gedanken abwies und zögerte nicht, von
dem aussergewöhnlichen Menschen sich zu verabschieden. *)
Er sollte ihn erst acht Jahre später in Versailles, als Sieger über Napoleon III. und Herrn Frankreich's, wiedersehen.

In den letzten Tagen des Juli unternahm der neue
preussische Gesandte am Tuilerienhofe eine Vergnügungsreise nach dem südlichen Frankreich. Er besuchte nach
und nach Chambord, Bordeaux, Avignon, Luchon, Toulouse,
und machte einen Abstecher in die Pyrenäen. „Das Schloss
Chambord," schreibt er in einem Briefe vom 27. Juli 1862,
„entspricht in seiner Verödung dem Geschicke seines Besitzers.
In den weiten Hallen und prächtigen Sälen, wo Könige mit
Maitressen und Jagden ihren Hof hielten, bilden die Kin-
derspielsachen des Herzogs von Bordeaux das einzige Mo-
biliar. Die Führerin hielt mich für einen französischen
Legitimisten und zerdrückte eine Thräne, als sie mir die
kleine Kanone ihres Herrn zeigte. Ich bezahlte den Tropfen
tarifmässig mit 1 Franken extra, obschon ich keinen Beruf
habe, den Carlismus zu subventioniren." Von Bordeaux
hat er „eine reizende Tour mit unserem Consul und einem

---

*) Die vorstehenden Einzelheiten sind der von Herrn Thiers
selber 1870 im bischöflichen Palast von Orleans gegebenen Erzählung
entliehen und von Herrn A. Boucher in seinen interessanten *Récits de l'invasion*, Orléans, 1871, pag. 321—322 mitgetheilt.

General durch's Medoc gemacht — Laffitte, Mouton, Pichon, Larose, Latour, Margaux, St. Julien, Branne, Armillac und andere Weine in der Ursprache von der Kelter weg getrunken," die man in Deutschland gewöhnlich nur aus „schlechten Uebersetzungen" kennt. Er schwärmt von seinem Ausfluge in die Pyrenäen, besonders aber entzücken ihn die Bäder von Biarritz und St. Sebastian. Er „widmet sich hier ganz und gar der Sonne und dem Seesalz," er vergisst hier die Politik und kennt weder Zeitungen noch Depeschen. In diesem Augenblick, Ende September 1862, erhält er von seinem Könige den dringenden Ruf, nach Berlin zu kommen. Die Wahlen sind kläglich ausgefallen, die ungeheure Majorität der neuen Kammer gehört zur Fortschrittspartei. Man war in Berlin über die Wahl des künftigen Ministerpräsidenten — „des gouvernementalen Topfdeckels," wie Herr von Bismarck sich ausdrückt — noch zu keinem Entschlusse gekommen; er sollte diese Funktionen interimistisch mit dem Portefeuille des Auswärtigen übernehmen. Von der Sonne des Südens verbrannt und den Wellen des Golfs gestärkt, „ausgedörrt und gesalzen," macht sich der ehemalige märkische Deichhauptmann auf den Heimweg, um den ersten Platz im Staate zu übernehmen. Auf seiner Durchreise durch Avignon besuchte er in Vaucluse das Grab der Laura; er pflückte hier den seither so viel commentirten Oelzweig, das Symbol seiner künftigen Aussöhnung mit der Demokratie, den er einem Mitgliede der äussersten Linken, Herrn Dr. d'Ester,*)

---

*) Wohl eine Namens-Verwechslung. Der Verf. nennt hier und an anderer Stelle den Dr. d'Ester. Dieser lebte zu jener Zeit als politischer Flüchtling in Châtel St. Denis in der Schweiz, kurirte Freiburgische Bauern und in seinen Mussestunden blies er Trübsal und das *Cornet à piston*. 1862 war Dr. d'Ester schon im Exil gestorben.

(Anmerk. des Uebers.)

bei seinem Eintritt in die Kammer zeigte. Er ging ohne
Aufenthalt über Paris, fand aber immerhin Zeit, hier ein
charakteristisches Wort fallen zu lassen, das sein ganzes
Programm enthielt. „Der Liberalismus," sagte der designirte
Chef der preussischen Regierung, als er sich in den Bureaux
des Quai d'Orsay verabschiedete, „der Liberalismus ist nur
eine Kinderei, die man leicht zur Raison bringen kann; die
Revolution aber ist eine Macht, und man muss sich ihrer
zu bedienen wissen!"

Fünftes Kapitel.

Die Feldzüge an der Weichsel und an der Elbe.

Genie und Zufall in der Laufbahn des Herrn von Bismarck. — Europäische Lage bei seinem Eintritt in's Ministerium (Sept. 1862). — Gutes Einvernehmen zwischen Frankreich und Russland. — Die polnische Insurrection (Jan. 1863). — Selbstmord eines Volkes. — Europäische Tollheit. — Lord John Russel. — Kluges Zaudern der französischen Regierung. — Ein Schritt der Westmächte zu Gunsten Polen's. — Erbitterung Russland's. — Popularität. — Verherrlichung des Fürsten Gortschakow. — Nutzen, den Herr von Bismarck ans der Veränderung der Lage zieht. — Die ersten Fühler. — Absichten Preussen's auf die Weichsel. — Merkwürdiges Gespräch mit dem Vicepräsidenten der Kammer. — Ein Wort des Herrn von Bismarck über den profanen Zuschauer. — Die Elbherzogthümer. — Scheinbare Gleichgültigkeit in dieser Frage. — Volle Zufriedenheit des Lord John Russel und des Herrn Quade. — Protocoll vom 14. October 1863. — Letzte Depeschen betreffs Polen. — Rückzug England's und Frankreich's Verdruss. — Napoleon III. schlägt einen Congress vor (5. Nov. 1863). — Schrecken Lord John Russel's und Bruch. — Herr von Bismarck beschleunigt die bundestägliche Execution in Holstein. — Plötzlicher Tod des Königs Friedrich's VII. von Dänemarck (15. Nov. 1863). — Entschlossenheit und ausserordentliche Gewandtheit Herrn von Bismarck's; er täuscht England, Frankreich, Oesterreich und die Mittelstaaten. — Das revolutionäre Europa von 1848 und das monarchische Europa von 1864. — Das Zerstückeln einer Monarchie. — Dienste, welche Russland im Elbfeldzuge Preussen erwiesen.

Einen so grossen Antheil man auch dem Genie an den Leistungen des Herrn von Bismarck gewähren mag, so kann man doch nicht leugnen, dass auch dem Unvorhergesehenen, einem ausserordentlichen Zusammentreffen von Umständen,

der Göttin Fortuna mit einem Wort, in deren Preis die
Minnesänger des Mittelalters eingestimmt, deren „Gang
leuchtend wie ein Stern des Himmels, deren Ausspruch verborgen wie im Gras die Schlange," ein Dante selbst in un-
sterblichen Strophen gefeiert, ein schöner Theil seiner Erfolge zuzuschreiben ist. Ohne Zweifel kann man die äusserste
Kühnheit bewundern, mit welcher der gegenwärtige deutsche
Kanzler „die eisernen Würfel des Geschicks" fallen liess;
man darf sogar, um mit dem witzigen Abbé Galiani zu
reden, auf mehr als einen falschen Würfel bei einem so an-
haltenden „Pasch von Sechsen" schliessen; doch ist es nicht
minder wahr, dass der preussische Ministerpräsident während
seiner langen Laufbahn in den entscheidendsten Augenblicken
ein wunderbares Glück gehabt, das keine menschliche Weisheit vorherzusehen, noch die grösste politische Klugheit vorzubereiten vermochte, und wobei der kühne Pointeur nur
das Verdienst, das unleugbar sehr bedeutende Verdienst gehabt, die Glücksader sich nicht entgehen zu lassen, sie zu
erschöpfen. Einer jener herrlichen Schicksalswürfe, eines
jener ganz wunderbaren Ereignisse begünstigte den Minister
Wilhelm's I. schon im Monat Januar, als er eben zur Macht
gelangte. Jenes Ereigniss legte den Grundstein zu seiner
künftigen Grösse, wurde der Ausgangspunkt seines Auf-
tretens in Europa, der Punkt des Archimedes, von dem aus
er die Welt aus den Angeln hob, und es lohnt sich der
Mühe, ihn näher zu betrachten.

Das ideale Ziel des Herrn von Bismarck, als er die
Zügel des Staates in seine Hand nahm, war die Vergrösserung, „die Abrundung" der Monarchie Friedrich's II.
Dies hatte er schon während seiner Gesandtschaft in Paris
zugestanden, er erklärte es ebenso offen in der ersten Com-
missionssitzung der Kammer zu Berlin, kaum eine Woche,

nachdem er zum Minister ernannt worden (29. September
1862). Er sah gewiss noch nicht voraus, in welchem
Maasse es ihm gestattet sein werde, sein Ideal zu verwirklichen, bis zu welcher Grenze er in Deutschland Eroberungen machen könne, die nicht mehr zu den „moralischen"
gehören sollten; doch sah er voraus, dass er in Oesterreich
auf einen entschlossenen Gegner stossen werde und richtete
sich demnach darauf ein. *) Die einzige Frage, die seinen
Geist überwiegend beschäftigte, betraf die Haltung, welche
unter gewissen Verhältnissen die europäischen Grossmächte
einnehmen würden. Zu den letzteren zählte er England nicht,
denn mit seltenem politischen Scharfblicke hatte er früh
eingesehen, bis zu welchem Grade die vortreffliche Man-
chesterschule den einst so wilden Leoparden zahm und sanft
gemacht, und seine Ueberzeugung, dass das stolze Albion.
nichts übel nehmen und sich sogar ein wenig verhöhnen
lassen werde, sollte sich in dem kläglichen dänischen Feldzuge gar bald rechtfertigen. „England spielt in meinen
Berechnungen nicht mehr mit," äusserte er einige Jahre
später in einer vertraulichen Unterhaltung, „und wissen Sie,
seit wann ich nicht mehr mit ihm rechne? Seit dem Tage,
wo es freiwillig auf die jonischen Inseln verzichtete : Eine
Macht, die zu nehmen aufhört und herauszugeben beginnt,
ist eine ausgelebte Macht . . ." Blieben Frankreich und
Russland, und die Annahme war wohl gestattet, dass diese
beiden Staaten, die nöthige Schonung vorausgesetzt, bis zu
einem gewissen Punkte die preussischen Absichten begün-

---

*) S. die berühmte Circulardepesche des Herrn von Bismarck
vom 24. Januar 1863, in der er über die merkwürdigen Gespräche
sich auslässt, die er in den letzten Monaten des Jahres 1862, sogleich
nach Uebernahme der Geschäfte, mit dem österreichischen Gesandten,
Grafen Karolyi, gehabt.

stigen, mindestens sie nicht zu sehr durchkreuzen würden.
An den Ufern der Newa hatte sich der alte, aus dem Orientkriege entsprungene Groll durch den Krieg in der Lombardei
nicht völlig gelegt; da herrschten die viel älteren, jeder Zeit
intimen Beziehungen zwischen den Häusern Gottorp und
Hohenzollern, Beziehungen, die Dank den letzten Bemühungen des Herrn von Bismarck während seines Aufenthaltes in
St. Petersburg nur noch intimer geworden waren; da wirkte
endlich sein Freund Alexander Michailowitsch, der ehemalige
Frankfurter College, der von vornherein dem neuen Minister
des Königs Wilhelm sein Wohlwollen entgegenbrachte, der
im Hasse gegen Oesterreich so ganz mit ihm übereinstimmte,
der eben so sehr gegen die „gefährliche Fiction" einer Solidarität aller conservativen Interessen eingenommen war.
An den Ufern der Seine, in den damals noch so gefürch-
teten Tuilerien, thronte ein Souverän, der, über die allgemeinen Interessen der Menschheit philosophirend, mehr und
mehr das französische Staatsinteresse aus dem Gesichte verlor und dessen vager, schwankender Blick nicht allzu schwer
zu blenden war, namentlich, wenn man das „neue Recht"
und die Befreiung Venedig's vor seinen Augen glänzen liess.
Seit dem Pariser Congress war zudem eine sehr grosse
Herzlichkeit zwischen dem St. Petersburger und dem Tuileriencabinet eingetreten, die von Tag zu Tag nur zunahm
und an welcher auch Preussen seinen schönen Antheil hatte.
War letzteres also nicht zu der Hoffnung berechtigt, bei
seinem Vorhaben von Seiten der beiden unter sich so be-
freundeten und mit dem Hause Habsburg so wenig sym-
pathisirenden Mächte einen guten Beistand oder doch wenigstens eine wohlwollende Neutralität erwarten zu dürfen?
Und doch war ein solches Vorhaben den wohlverstandenen Interessen und eingewurzelten Traditionen Russland's

wie Frankreich's entgegen. Die Gründung eines grossen Militärstaates im Centrum von Europa an Stelle eines friedlichen und „rein defensiven" Bundesstaates hatte für die Sicherheit und das Gleichgewicht der Welt so augenscheinliche Nachtheile, so offenbare Gefahren, dass der preussische Ministerpräsident sich in dieser Beziehung nicht allzu schmeichlerischen Hoffnungen hingeben durfte. Die bitteren Rachegefühle im Winterpalast und die süssen Träumereien in den Tuilerien konnten gegen die Wirklichkeit der Geographie und die Brutalität der Thatsachen nicht lange Stand halten. Wenn es nicht etwa in Paris wie in St. Petersburg vollständig an Staatsmännern fehlte mit etwas politischem Urtheil im Kopfe und etwas nationaler Geschichte in der Seele, so war zu wetten, dass die russische und die französische Regierung keine gleichgültigen Zuschauer bei einer so furchtbaren Störung des continentalen Gleichgewichts bleiben würden. Ihre Anfangs wohlwollende Neutralität musste allmählig zu schärferem Aufpassen, zur Bestürzung führen, sich sogar in offene Feindschaft verwandeln, je entschiedener die preussischen Erfolge hervortraten, und jene Preussen scheinbar so günstige Herzlichkeit zwischen den beiden Kaiserreichen musste dann zu einer um so grösseren Gefahr werden, indem sie ein schnelles und entscheidendes Auftreten gegen das Haus Hohenzollern erleichterte.

Wenn nun dies die Lage Europa's zu Anfang 1863 war, so konnte dem neuen Minister Wilhelm's I. in seinen kühnsten Berechnungen, seinen goldensten Träumen nichts erwünschter sein, als ein unvorhergesehener Zwischenfall, irgend ein aussergewöhnliches Ereigniss, das einen unheilbaren Bruch zwischen den Kaisern Alexander II. und Napoleon III. herbeiführte, in St. Petersburg dem alten Grimm

gegen Wien neue Nahrung gab, Preussen gestattete, sich
durch noch stärkere, unauflösliche Bande Russland zu verbinden, während es zugleich die nothwendigen guten Beziehungen zum Tuileriencabinet weiter pflegte. — Ein Hirn-
gespinnst! — hätte sicherlich bei solchen Anforderungen an's
Schicksal der tollkühnste aller Hypothesentiftler ausgerufen,
eine Aufgabe politischer Alchymie, die des Schweisses des
Weisen nicht würdig ist! Da tritt plötzlich Se. Majestät
der Zufall, die Vorsehung des Glücklichen, mit einem Ereigniss auf, das jenes phantastische Programm Punkt für
Punkt erfüllt und alle Bedingungen des oben angegebenen
Problems zu Gunsten des Herrn von Bismarck verwirklicht . . . „Wenn Italien nicht existirte, müsste man es
erfinden," sollte später, 1865, der preussische Ministerpräsident ausrufen;*) im Monat Januar 1863 dachte er sicherlich nicht anders über die polnische Frage.

Die Geschichte bietet wenig Beispiele eines so raschen,
so demüthigenden Sturzes vom Erhabenen zum Hassens-
werthen, ja zum Gemeinen, wie jenes jammervolle Drama,
das an den Ufern der Weichsel gespielt und das nach zwei-
jährigen spannenden Auftritten zu seiner Endkatastrophe in
jenem Monat Januar 1863 gelangte, als hätte es gegolten,
den fröhlichen Amtsantritt des Herrn von Bismarck damit
zu feiern. Gewiss lag etwas sehr Poetisches, sehr Erha-
benes in den ersten Kundgebungen Warschau's, als ein so
lange, so grausam bedrücktes Volk eines Tages vor dem
Schlosse des königlichen Statthalters zu stummer Klage nie-
derkniete, in den Händen nichts als das Bild Christi, auf den
Lippen nur den Wunsch nach „seinem Gott und seinem Vaterlande! . . ." Dem Statthalter, der kein anderer als der alte

---

*) La Marmora. *Un po più di luce,* pag. 59.

Held von Sebastopol, Fürst Michael Gortschakow war, schauderte es vor einem so ungleichen Kampfe; er appellirte nach St. Petersburg und — o Wunder der göttlichen Barmherzigkeit! — aus jenem Orte, von dem seit dreissig Jahren nur Blutbefehle, harte Strafdecrete ausgegangen waren, kam diesmal ein Wort der Gnade, der Aufrichtung. Ein hochherziger Sinn leitete damals die regierenden und intelligenten Classen Russland's, man lebte unter dem Einflusse der Reform- und Emancipationsideen, man hielt auf die Achtung Europa's, auf die Freundschaft Frankreich's und hegte den sehr aufrichtigen Wunsch, sich mit Polen zu versöhnen. Alexander II. sandte seinen Bruder nach Warschau, ein Patriot von seltener Geistes- und Charakterstärke übernahm die Civilregierung; Unterricht, Justiz, Verwaltung erhielten ein nationales Gepräge; eine bescheidene, aber ernst gemeinte Autonomie wurde dem Lande zugesichert. Die Vorschriften der alltäglichsten Klugheit, der Selbsterhaltungstrieb, die schrecklichen Lehren der Vergangenheit, Alles musste den Polen rathen, die gute Stimmung ihres Herrschers zu benutzen, es mit den bewilligten Institutionen zu versuchen, freudig die gereichte Hand zu ergreifen. Alles in der That musste ihnen dies rathen, aber sie standen unter dem Fluche, den die heilige Schrift gegen jedes Reich geschleudert, das sich von Frauen und Kindern leiten liesse. Die Frauen und die Schuljugend beschlossen, so wohlgelungene Manifestationen, die freilich nur noch einen theatralischen Effect haben konnten, so wie sie nicht mehr aus einer plötzlichen Eingebung der Seele hervorgingen, zu wiederholen, zu vermehren. Die europäische Demagogie beeilte sich, ihre Abzeichen, ihre Phrasen, ihre geheimen Gesellschaften und ihre *instrumenta regni* auf ein so tief durchwühltes Terrain zu übertragen; aus der Ferne, aus dem Palais-Royal kamen Ermahnungen, „den katholischen Mummenschanz aufzugeben und Barrikaden zu bauen." Die grosse conservative Partei zeigte sich da wie immer und allerwärts kleinlich, und um ihre Popularität zu wahren, verschuldete sie den Untergang eines Volkes. Man hielt sich fern vom Bruder des Kaisers, vom patriotischen Minister, und in die so gesuchte Lücke traten Schrecken, Greuel und Verbrechen. Die Regierung kämpfte vergeblich gegen eine im Dunkeln wirkende Organisation und fühlte sich überall von ihr umstrickt; sie griff zu widersprechenden und gewaltsamen Maassregeln. Die Demagogie gewann die Oberhand, es gelang ihr, ein unglückliches Volk, das seit Jahrhunderten, scheint es, sich die Aufgabe gestellt, die Welt durch sein periodisches Erwachen zu überraschen und sie zugleich durch seine leider nicht weniger periodischen Selbstmorde abzustossen, in eine unvernünftige Insurrection zu drängen.

Dieser verbrecherischen Thorheit einer Nation sollte nun der nicht minder schuldige Leichtsinn gleichkommen, mit dem Europa den Unverstand ermuthigte und anfeuerte. Europa, das während des Krimmkrieges an die polnische Frage nicht zu rühren gewagt, hielt es für klug und weise, mit derselben in dem unzeitigsten, hoffnungslosesten Momente zu sympathisiren, zu spielen! Lord John Russel trat als der Erste in die Schranken. Er hatte 1861 die famose Depesche an Sir J. Hudson geschrieben und sich und England eingeredet, er habe damit Italien befreit. Ein Jahr nachher, in der berühmten Gothaer Depesche, hatte er für Dänemark eine der originellsten Verfassungen in vier Theilen, mit vier Parlamenten ersonnen, und damit das Signal zur Zerreissung der scandinavischen Monarchie gegeben. Dies Mal glaubte er, parlamentarische Institutionen für Polen

empfehlen zu müssen, und als ihm darauf der russische
Gesandte bemerkte, es würde dem Czaren schwer fallen,
seine polnischen Unterthanen vor den russischen zu bevor-
zugen, fragte er ganz naiv, warum man dieselben Wohl-
thaten nicht auf das ganze Russland ausdehnen sollte?*)
— Graf Rechberg, der unselige Minister, der damals in
Wien die auswärtigen Angelegenheiten leitete, fühlte sich
ebenfalls gedrungen, sich barmherzig zu zeigen; er gewährte
sich das boshafte und sehr kostspielige Vergnügen, dem
Petersburger Cabinet in polnischer Münze die Sympathieen
zurückzuzahlen, die das letztere der italienischen Sache erwiesen. Als ob Oesterreich nicht schon genug unter dem
unbegründeten Vorwurfe der Moskowiter wegen „Verraths"
während des Krimmkrieges gelitten, ging er darauf aus,
ihnen durch eine sehr reelle „Connivenz"**) in Galizien be-
rechtigteren Grund zu Vorwürfen zu geben; denn Galizien
wurde in der That die Zuflucht, der Waffenplatz und das
Proviantmagazin für die Insurgenten im Königreiche.

Es muss billigerweise anerkannt werden, dass die französische Regierung lange geschwankt, ehe sie eine so gefährliche Bahn betrat. Sogleich zu Anfang der polnischen
Erhebung warnte eine in den *Moniteur* vom 23. April 1861
eingerückte Note die Presse und die öffentliche Meinung
vor der Annahme, „dass die kaiserliche Regierung zu Hoffnungen ermuthige, die sie nicht befriedigen könnte." —

---

*) „Warum sollten in der That repräsentative Institutionen nicht
gleichzeitig dem Königreiche Polen und dem russischen Kaiserreiche
gewährt werden?" (Depesche Lord John Russel's an Lord Napier,
10. April 1863.)

**) „Diese C o n n i v e n z Oesterreich's ist nicht das mindest
merkwürdige in der Geschichte dieser Insurrection." (Vertrauliche
Depesche des Herrn von Tengoborski an Herrn von Ubril, 4. Februar 1863.)

„Die hochherzigen Ideen des Czaren," fuhr diese Note fort,
„sind ein sicheres Pfand für seinen Wunsch, die Verbesserungen auszuführen, die der Zustand Polen's gestattet, und
es ist nur zu wünschen, dass er durch verletzende Manifestationen nicht daran gehindert werde." Die französische
Regierung beharrte während der Jahre 1861 und 1862 in
dieser verständigen und freundschaftlichen Haltung dem
Czaren gegenüber, trotz des Interesses, welches die preussische Presse fortwährend den „dramatischen" Vorgängen in
Warschau widmete, trotz mehrerer lebhaften Debatten, die
in den englischen Kammern stattfanden und die mehr an
die Adresse Frankreich's als an diejenige Russland's gerichtet waren. Die britischen Staatsmänner hatten in der
That es nicht für nutzlos erachtet, während der beiden
Jahre 1861 und 1862 das Cabinet der Tuilerien in seiner
sehr ausgesprochenen Hinneigung zur russischen Allianz
durch die häufige und sympathische Anrufung des Namens
Polen einigermaassen zu stören. Lord Palmerston besonders
verfehlte nicht, in einer geistreichen Rede, am 4. April 1862,
die Polen laut zu rühmen, ihren „unbezähmbaren, unaus-
löschlichen, unerschöpflichen" Patriotismus zu verherrlichen,
ohne die Erinnerung an die grausamen Täuschungen zu
vergessen, die sie „zu einer andern Epoche" von einem
französischen Kaiser erfahren. Napoleon III. widerstand
immer noch, sowohl den kopflosen Aufreizungen in der Nähe,
wie den interressirten von aussen. Noch am 5. Februar,
schon nach dem Ausbruche des unseligen Aufstandes, bezeichnete Herr Billault, der Redeminister im gesetzgebenden Körper, die polnische Insurrection in harten Ausdrücken
als das Werk „revolutionärer Leidenschaften" und betonte
mit Nachdruck die Gefahr „unnützer Worte und eitler
Proteste." Die Aufsehen erregende Sprache der englischen

Minister, das räthselhafte Verhalten Oesterreich's und
schliesslich die von Herrn von Bismarck am 8. Februar
1863 mit Russland abgeschlossene Militärconvention schlugen
trotzdem durch. Nachdem er sieben Jahre lang so viel
gethan, um Russland's Freundschaft zu erwerben, nachdem
er derselben fast sämmtliche Früchte des Orientkrieges geopfert, stürzte Napoleon III. plötzlich ein so mühsam auf-
gebautes Gerüst über den Haufen und verlegte sich auf
die Organisation einer „ernsten europäischen Ermahnung"
an die Regierung des Czaren, deren erste und schreckliche
Wirkung natürlicherweise ein erneutes und vergrössertes
Blutvergiessen in Polen war. In Warschau hiess es darauf
allgemein, man müsse die Insurrection „dauern" lassen,
um so die europäische Intervention zu rechtfertigen,*) man
müsse das polnische Blut so lange fliessen lassen als die
sympathische Dinte der Kanzleien nicht eintrockne. Man
kennt den kläglichen Ausgang jenes grossen diplomatischen
Feldzugs, der neun Monate dauerte und nur von der tiefen
Uneinigkeit der Westmächte ein Zeugniss ablegte. Die
fremde Einmischung verletzte Russland in seinem Stolze und
trieb es, gegen die polnische Nationalität ein Werk allgemeiner, methodischer, unerbittlicher Ausrottung zu unternehmen, in dem es seither nicht nachgelassen.

So wenig ernst gemeint, so frivol auch das diplomatische Turnier der Westmächte zu Gunsten Polen's war, so
glaubten die Russen deshalb nicht minder, dass sie einen
Augenblick von äusserster Gefahr bedroht gewesen und
derselben nur Dank der Festigkeit ihres „nationalen" Mi-

---

*) „Die polnische Insurrection, der ihre Dauer einen natio-
nalen Charakter verlieh," sollte Kaiser Napoleon III. selber in seiner
Rede vom 5. November 1863 sagen.

nisters, in Folge seines patriotischen Muthes, seiner geschickten, würdigen und wirksamen Depeschen entronnen waren. Gewiss, der Minister ist menschlich sehr zu entschuldigen, gegen eine für ihn so schmeichelhafte Meinung nicht protestirt zu haben, er liess gewähren, er liess sich sagen, dass er eine neue Invasion zurückgewiesen und „Europa besiegt" habe: *scripsit et salvavit!* Er wurde von seinem hohen Herrn mit Ehren überhäuft, empfing die begeistertsten Huldigungen von seinen Landsleuten, wurde das Idol der Nation neben einem Katkow und einem blutdürstigen Murawiew. Ein Jahr lang wurde im schmutzigsten Winkel Russland's kein Bankett abgehalten, ohne dass diese drei „gesegneten und heilbringenden" Namen durch Reden und Toaste gefeiert, durch Telegramme beglückwünscht wurden, und wie widerwärtig es auch dem Abkömmling der Rurik und dem Säugling der antiken Classicität in tiefster Seele sein mochte, beständig mit einem rasenden Journalisten und einem entsetzlichen Henker zusammengekoppelt zu werden, er brachte seiner Liebe zum Lande und seiner Popularität dies Opfer. In seinem wohlwollenden Eifer, die ihm von allen Seiten entgegengebrachten Huldigungen anzunehmen, vergass er sich sogar eines Tages so weit, mit einem stereotypen Lächeln dem deutschen Adel der Ostseeprovinzen für das Ehrenbürger-Diplom zu danken, das dieser ihm zugesandt, und die Nationalpartei warf ihm mit einer gewissen Bitterkeit das „schuldvolle Entzücken" vor, zu dem er bei dieser Gelegenheit sich herabgelassen. Alexander Michailowitsch heimste alle Ehren des traurigen Feldzuges von 1863 ein, der Nutzen desselben aber ward einem Andern, dem ehemaligen Frankfurter Collegen zu Theil, dem Berliner Ministerpräsidenten, der durch denselben eine feste und sichere Basis für seine ganze künftige Strategie gewann. Folgendes wäre nun vom Standpunkte preussischer Interessen und Hoffnungen gegen Ende 1863 die Bilanz der politischen Lage, wie sie aus der „ernsten europäischen Ermahnung“ in der polnischen Angelegenheit hervorging: Die fromme Beschaulichkeit England's war eine feste Thatsache, Frankreich und Russland waren von nun an unwiederbringlich zerfallen, der Groll gegen Oesterreich war in St. Petersburg heftiger als je, und mehr als je hatte der preussische Minister ein Recht, auf die dankbare Freundschaft, die bewährte Ergebenheit des Fürsten Gortschakow zu zählen; endlich war es nicht schwer vorauszusehen, dass der Cäsar des neuen Rechts nach seiner glänzenden Niederlage in Warschau sich beeilen werde, seine Blicke auf Venedig zu richten, „etwas für Italien“ zu thun und dann um so bereitwilliger „eine junge nordische Macht“ in ihren Unternehmungen gegen Habsburg unterstützen werde, als die napoleonische Ideologie schon seit lange dieser jungen Macht „eine grosse Bestimmung in Deutschland“ zugewiesen . . .

Es hiesse indessen, dem menschlichen Genius zu viel Ehre erweisen, wollte man annehmen, Herr von Bismarck habe von vornherein ein klares, bestimmtes Bild von allen günstigen, ja wunderbaren Folgen gehabt, welche die polnische Insurrection für ihn herbeiführen sollte. Viele Umstände scheinen vielmehr anzudeuten, dass der preussische Minister, besonders zu Anfang, nur seine Fühlhörner ausgestreckt, seinen Weg in etwas abenteuerlicher Richtung und auf Querpfaden gesucht. Sonderbar, und das sollte auch heute noch zum Nachdenken anregen, Herr von Bismarck, der Russland gewiss gründlich studirt, der es mehrere Jahre lang bewohnt und der es jetzt kaum verlassen hatte, scheint ernstlich an der Stärke dieses Reiches 1863 gezweifelt zu haben, und zwar so sehr, dass er dasselbe nicht für fähig hielt,

die armselige Schilderhebung der unglücklichen polnischen
Jugend zu ersticken. Er sprach seine Befürchtungen hierüber in Unterhaltungen mit den Bevollmächtigten Oesterreich's und England's aus*) und machte sogar eines Tages
dem Vicepräsidenten der preussischen Kammer, Herrn
Behrend,**) auffallende Geständnisse über denselben Gegenstand. „Diese Frage," sagte er um die Mitte Februars,
„kann auf zweierlei Weise gelöst werden: entweder müssen
wir den Aufstand in Gemeinschaft mit Russland rasch unterdrücken und mit einer vollendeten Thatsache vor die
Westmächte treten, oder man könnte die Lage sich ver-
schlimmern lassen, warten bis die Russen aus dem Königreich vertrieben oder gezwungen sind, unsere Hülfe anzu-
rufen und dann kühn verfahren und das Königreich
auf Rechnung Preussen's besetzen; nach drei Jahren

---

*) „Bei früheren Gelegenheiten hat Herr von Bismarck immer
von der Wahrscheinlichkeit gesprochen, dass die russische Armee
zu schwach sei, um die Insurrection zu ersticken." (Depesche Sir A.
Buchanan's, 21. Febr. 1863.) — Dieselbe Sprache führte er gegenüber
Herrn von Karolyi, dem österreichischen Gesandten. Seinerseits
schrieb der Director der diplomatischen Kanzlei des Grossherzogs
Constantin am 4. Februar auf die erste Nachricht von der Absendung preussischer Generäle zum Abschluss einer Militär-Convention:
„Obgleich wir den entgegenkommenden Sinn der Mission jener Herren
nicht verkennen, können wir uns doch von den Motiven dieser Mission nicht ganz Rechenschaft ablegen. Es ist kein *pericolo (sic!) in
mora*, und es steht mit uns nicht so schlecht, dass wir die Mitwirkung fremder Truppen nöthig hätten . . . Die preussische Regierung macht den Teufel schwärzer als er ist." (Vertrauliche Depesche
des Herrn von Tengoborski an Herrn von Ubril, russischen Gesandten in Berlin.)

**) Die deutschen Zeitungen aus jener Zeit haben jene Unter-
haltung nach Herrn Behrend's eigener Erzählung wiedergegeben,
der sie auch nicht dementirte. (S. u. A. die Kölnische Zeitung vom
22. Februar 1863.)

würde dort Alles germanisirt sein . . ." — „Aber Sie geben
mir da eine Ballgeschichte zum Besten!" rief der Viceprä-
sident verblüfft; (die Unterhaltung fand auf einem Hofball
statt). — „Nein," war die Antwort; „ich rede ernsthaft von
ernsthaften Dingen. Die Russen sind des Königreichs müde,
Kaiser Alexander selber hat es mir in Petersburg gesagt."
— Der Gedanke, die seit Jena verlorene Weichsellinie
wieder zu erlangen, hat den Geist des Herrn von Bismarck
im Jahre 1863 mehr als einmal beschäftigt; wohlverstanden wollte man zu dieser Grenzberichtigung nur mit Zustimmung des Kaisers Alexander II. gelangen, doch ver-
nachlässigte man die Mittel nicht, die eine solche Lösung
wo möglich zur Nothwendigkeit gemacht hätten. Einer der
intimsten Vertrauten des Ministers und gegenwärtig deutscher Gesandter beim König Victor Emanuel, Herr von
Keudell, der grosse Güter im Königreich Polen besitzt, benutzte seine Beziehungen zu hervorragenden Persönlichkeiten
in dem unglücklichen Lande, um ihnen zu verschiedenen
Malen zuzuflüstern, sie sollten sich nur nach Berlin wenden, dort z. B. eine temporäre preussische Besetzung
verlangen, die das Land vor russischen Misshandlungen
schützen würde! Bei genauerer Forschung in der Geschichte
dieses unseligen Aufstandes fände man vielleicht noch andere preussische Agenten, viel obscurere, aber auch viel
compromittirendere, als Herr von Keudell . . . Hoffte
der preussische Ministerpräsident ernstlich, so viel von der
„Müdigkeit" des Kaisers Alexander und der Freundschaft
des Fürsten Gortschakow zu erlangen?

Was auch an diesen Hoffnungen und Hintergedanken
Wahres gewesen sein mag, Herr von Bismarck war fieber-
haft beflissen, von Anfang an seine absolute Solidarität mit
dem russischen Vicekanzler den Westmächten gegenüber zu

betonen. Er bot ihm aus freiem Willen, ja auf das Dring-
lichste eine Militärconvention an; er ergriff bei jeder Gelegenheit seine Vertheidigung und stand ihm stets in seinen
diplomatischen Turnieren mit den Cabinetten Frankreich's,
England's und Oesterreich's getreulich, eifrig bei, hielt mit
Wonne das erste Feuer der Noten des Herrn Drouyn de
Lhuys aus, liess mit Freuden das allgemeine Geschrei der
Presse über sich ergehen, antwortete vom hohen Ross herab
auf Interpellationen in der Kammer. Die grossen Männer
der Fortschrittspartei begriffen bei dieser Gelegenheit
ebenso wenig wie bei andern etwas von der Politik ihres
Polignac; sie fanden sie unzeitgemäss, gefährlich, und fragten, wo bei alle dem das deutsche Interesse zu entdecken
sei? worauf ihr Polignac eines Tages in der Kammer mit
jenem verschleierten und doch sehr bedeutungsvollen Bilde
antwortete, dass, „vor dem Schachbrett der Diplomatie
stehend, der profane Zuschauer beim Vorrücken jedes
neuen Steins die Partie für geendigt halte und sogar in
die Täuschung verfallen könne, der Spieler habe sein Objectiv gewechselt . . .“

Gewiss, Herr von Bismarck wechselte sein Objectiv
nicht, er dachte stets an die Vergrösserung Preussen's; doch
ist es augenscheinlich, dass er bis zum Herbst jenes Jahres
1863 noch keinen fertigen Plan besass; er schob seine Fi-
guren in verschiedenen Richtungen vor und erwartete die
Eingebung des Zufalls, um zu wissen, nach welcher Seite
hin er den Hauptstreich führen werde, nach dem Main, der
Weichsel oder der Elbe. Einen Augenblick hatte er auf
Kassel gezielt und sich verwegen in den constitutionellen
Conflict dieses Landes mit dem Kurfürsten gemischt; er
gab sogar bei dieser Gelegenheit das heitere Schauspiel
eines Ministers, der in einem Nachbarstaate intervenirt, um

den Fürsten zur strengsten Beobachtung des parlamentarischen Regimes zu zwingen, während er selber mit Hintan-
setzung der Verfassung regierte und dem Votum der
Kammer zum Trotz Steuern erhob. Ohne weiter von den
abenteuerlichen Plänen zu reden, die man in Berlin im
Hinblick auf eine mögliche Grenzberichtigung an der Weichsel
nährte, existirte an der Elbe die uralte, ewige Herzogthümer-
Frage, die wohl seit dem Londoner Vertrage eingeschlafen,
aber 1859 in Folge der italienischen Frage wieder erweckt,
eine wirklich brennende Frage geworden war, seitdem Lord
John Russel in einem Augenblicke unbegreiflichen Leicht-
sinns seine berühmte, für Dänemark tödtliche Depesche von
Gotha (24. September 1862), gerade am Tage des Amtsan-
tritts des Herrn von Bismarck erliess! Die Mittelstaaten,
der Bundestag und Herr von Rechberg selber waren voller
Eifer und überboten sich in deutschem Patriotismus in der
Schleswig-Holsteinischen Sache, einer Sache, die im Grunde
eine hohle Nuss für sie war und durch welche sie blos
Preussen in Verlegenheit zu bringen, „nationaler Lauheit"
zu überführen strebten. Die Versuchung war gross, die
Mittelstaaten, den Bundestag, sogar Oesterreich beim Wort
zu nehmen, sie zu einem Kriege mit Dänemark zu verleiten,
welcher Preussen den herrlichen Hafen von Kiel einbringen
konnte und ihm ausserdem gestatten würde, das „Instrument" zu probiren, das König Wilhelm I. seit vier Jahren
„vervollkommnete," vorausgesetzt, dass der Krieg sich localisiren liess und die europäischen Mächte sich ihm wie
1848 nicht in den Weg stellten! Der preussische Ministerpräsident verzweifelte nicht vollständig daran, durch gedul-
dige und klug ersonnene Manöver zum Ziele zu gelangen. Er
zählte auf die Freundschaft des Fürsten Gortschakow, auf
verschiedene politische Constellationen, endlich auf die son-

derbare Verwirrung, oder, um mit Montaigne zu reden, auf
das „*grand tintamarre de cervelles*," das durch gewisse Nationalitätsprincipien und Phrasen vom neuen Recht in so
manche Kanzlei des Continents eingeschmuggelt worden war.
Er sagte sich manchmal, dass er bei seinem schwierigen
Vorhaben schliesslich nur in dem braven Lord Russel den
einzigen überzeugten Gegner haben werde, der sich nach
seiner verhängnissvollen Gothaer Depesche in der That anders besonnen und zum Anwalt, Beschützer und Mentor
der unglücklichen Kopenhagener Regierung aufgeworfen: ein
solcher Recke war nicht dazu angethan, den märkischen Helden zu erschrecken.

In der ersten Zeit indessen, so lange noch die Unterhandlungen wegen Polen's währten, schien es Herrn von
Bismarck gerathen, Vorsicht zu brauchen und gegenüber
dem Cabinet von St. James die äusserste Gleichgültigkeit
in Sachen jener „ärgerlichen" Herzogthümer zu heucheln. Es
ist ausserordentlich belehrend, in den *state papers,* wie in
den dem *Rigsraad* vorgelegten Actenstücken die intimen
und fast täglichen Herzensergiessungen zu verfolgen, vermöge deren es Herrn von Bismarck gelang, nicht nur
Lord Russel und seinem Gesandten Buchanan, sondern auch
Herrn von Quade, dem dänischen Gesandten am Berliner
Hofe, weis zu machen, dass die Schleswig-Holsteinische Frage
nur eine Marotte der Mittelstaaten und Oesterreich's sei,
dass Preussen durchaus nicht an jenen teutonischen Aufregungen und Gelüsten theilnehme und sein Möglichstes
thue, um sie zu dämpfen, sie von sich fernzuhalten. Am
14. October 1863, vierzehn Tage nachdem der Bundestag
die Execution in Holstein beschlossen, stipulirte Herr von
Bismarck sogar ein Protocoll mit dem Grossbritannischen
Gesandten Sir A. Buchanan, in welchem er sich verpflich-

tete, diese Execution zu verhindern, wenn Dänemark die englische Mediation annähme.*) Dänemark nahm an und Lord Russel konnte endlich wieder aufathmen. Noch am 6. November 1863 schrieb Herr von Quade an seine Regierung: „Der preussische Ministerpräsident, sei es nun aus persönlicher Ueberzeugung, sei es wegen der von England angenommenen Haltung, hat der Angelegenheit eine Wendung gegeben, die um Vieles unsere Hoffnungen übersteigt. Ich bin nicht sicher, dass die Frage in Wien mit derselben Klarheit, derselben Wärme (Wärme für die dänischen Interessen!) angesehen werde, wie dies hier der Fall ist . . ." So beurtheilten Sir A. Buchanan und Herr Quade noch am 6. November die Lage; doch sie wurden nur zu bald durch eine vom 9. November datirte klägliche Depesche des ersten Staatssecretärs aus allen ihren Illusionen gestürzt: „Wenn die mir zukommenden Berichte zuverlässig sind," schreibt derselbe, „so hat Herr von Bismarck jetzt keine Einwendungen mehr gegen die Bundesexecution in Holstein *(no longer offers any objection)*; die Regierung Ihrer Majestät muss dann Deutschland die Verantwortlichkeit überlassen, Europa einem allgemeinen Kriege auszusetzen . . ." Die Berichte waren leider nur zu wahr und die Verdriesslichkeiten des guten Johnny sollten nun ihren Anfang nehmen.

Zwei wichtige Facta waren nämlich in den drei Wochen seit Abfassung des Protocolls vom 14. October vorgefallen. In dieser Zwischenzeit hatte nämlich das Cabinet von St. James in der polnischen Sache vor der russischen

---

*) Depesche des Herrn Buchanan vom 17. October 1863. *Inclosure. — Minute of conversation between M. de Bismarck and Sir A. Buchanan.*

Regierung die Fahne gestreckt und Kaiser Napoleon III.
hatte einen phantastischen Congressplan „zur Bereinigung
aller schwebenden Fragen" in die Welt geschleudert!...
In hohem Grade über die Mitwirkung erfreut, die ihm Herr
von Bismarck in jenem Monat October in der dänischen
Verwicklung geliehen, hatte sich der erste Staatssecretär
endlich entschlossen, ihm das so oft geforderte Opfer in
der polnischen Frage zu bringen, sogar telegraphisch einen
Courier, den Ueberbringer einer Drohnote an die russische
Regierung, zurückgerufen, diese Note durch eine demü-
thige Depesche ersetzt, in der auf jede weitere Berührung
der heiklen Materie verzichtet wurde. *) Der französische

---

*) Nach einem nur einigermaassen ehrenvollen Auswege aus
dem so toll unternommenen Feldzuge suchend, war der Chef des
Foreign office gegen Ende September (nach der Rede von Blairgowrie)
auf den Gedanken gekommen, Kaiser Alexander förmlich seiner
Rechte auf Polen verlustig zu erklären, „weil er die Bedingungen
nicht erfüllt, kraft deren Russland dieses Königreich 1815 erhalten."
Frankreich sollte eine ähnliche Erklärung erlassen, Herr Drouyn de
Lhuys aber, der vorsichtig geworden war, und aus Gründen, wollte seine
Note nicht eher expediren, als bis diejenige England's dem Fürsten
Gortschakow übergeben war. Lord Russel schrieb also seine Depesche, sie wurde im Ministerrath vorgelesen, von Lord Palmerston
gebilligt und in einer Copie dem französischen Minister des Auswärtigen mitgetheilt. Schon war Lord Napier angewiesen, den Fürsten Gortschakow auf eine „wichtige Mittheilung" hinzuweisen, die
er die Ehre haben werde, ihm bald zu machen, und der Herzog von
Montebello war ebenfalls von der französischen Regierung instruirt,
seinen grossbritannischen Collegen bei dessen feierlicher Erklärung
zu unterstützen: schon war sogar das so lange besprochene Actenstück abgesandt und auf dem Wege nach St. Petersburg . . . als
plötzlich und zum unsäglichen Erstaunen der Eingeweihten, ein Telegramm dem Träger der Note in Deutschland Halt gebot; ein anderes Telegramm benachrichtigte Lord Napier, dass der „wichtigen
Mittheilung" keine Folge gegeben werden solle. In der Zwischenzeit
war nämlich Graf Bernstorff im *Foreign office* erschienen und

Kaiser, der von diesen Schlichen wohl unterrichtet und über die Rückwärtsbewegung England's erbittert war, sich auch nicht dazu entschliessen mochte, seine Niederlage hinzunehmen oder gar dieselbe ohne Umschweife vor dem gesetzgebenden Körper einzugestehen, hatte am 5. November jene Berufung eines allgemeinen Congresses ersonnen, der die Unruhe in Europa nur vermehren und besonders dem Chef des *Foreign office* einen unsäglichen Schrecken einflössen musste. Nicht genug, dass er dem Tuileriencabinet eine herbe und geradezu verletzende Note übersandte, legte sich Lord John Russel in's Zeug, um die fremden Höfe vor der französischen Idee zu warnen; die Gefahren Dänemark's verlor er fast ganz aus dem Auge und dachte nur noch daran, das Project Napoleon's III., ein so wenig lebensfähiges Project, zu bekämpfen, das, um eines natürlichen Todes zu sterben, keiner solchen Entfaltung der britischen Macht bedurfte. Der preussische Ministerpräsident hielt den Augenblick für gekommen, seine Karten auf den Tisch zu legen. Der letzte Schatten eines Einverständnisses der Westmächte war geschwunden; nur die Allianz zwischen Russland und Preussen blieb aufrecht, unerschüttert in der allgemeinen Verwirrung; eine europäische Uebereinkunft zum Schutze Dänemark's war nicht mehr zu fürchten. Herr

---

hatte eine preussische Depesche vorgelesen, in welcher Herr von Bismarck den ersten Staatssecretär einlud, seinen Schritt wohl zu überlegen, — denn wenn der Czar seiner Rechte auf Polen wegen Verletzung des Wiener Vertrages verlustig erklärt werde, so könnten die deutschen Regierungen ihrerseits auch den König von Dänemark seiner Souveränetät über die Elb-Herzogthümer wegen Nichterfüllung der im Londoner Vertrage eingegangenen Verpflichtungen verlustig erklären . . . Lord John Russel rief den Courier zurück und zerriss die Note. — S. unsere *Études de diplomatie contemporaine*, Th. I, Kap. 8.

von Bismarck konnte jetzt gegen die Bundesexecution in Holstein „keine Einwendungen mehr" haben; ein unverhofftes Ereigniss, ein herrlicher Glücksfall, wie dem preussischen Minister auf seiner wunderbaren Laufbahn deren manche zu Theil geworden, brachte ihm zudem den Beweis, dass er entschieden *en veine* war. In dem plötzlichen Tode des Königs Friedrich VII. (15. November 1863) liegt etwas so Tragisches, so Verhängnissvolles für die Geschicke Dänemark's, dass wir dabei an eines der traurigsten Worte des Alterthums, an jenen bittern Aufschrei des Geschichtsschreibers erinnert werden: *Non esse curæ dcis securitatem nostram, esse ultionem.*

Den deutschen Ansprüchen gegenüber wies dieser Todesfall in der That dem unglücklichen Dänemark eine ganz neue Stellung an. Deutschland begnügte sich nicht mehr mit einer Bundesexecution in Holstein; es erklärte, die Souveränität des neuen Königs Christian IX. über die Herzogthümer nicht mehr anzuerkennen, und wollte daselbst jene ränkevolle und treulose Familie Augustenburg auf den Thron erheben, von der Herr von Bismarck einst selber den Verzicht gegen anderthalb Millionen Rixdaler erlangt hatte, die sie von der Kopenhagener Regierung ausbezahlt erhalten. Auch erst von diesem Augenblicke an scheinen die Ideen des preussischen Ministerpräsidenten eine letzte und bestimmte Gestalt angenommen zu haben; nun war es entschieden, dass Preussen damit beginnen werde, sich an der Elbe abzurunden und dort seine Einheit zu vervollständigen! Nun der Entschluss gefasst war, ging Herr von Bismarck auch mit unvergleichlicher Thatkraft, Kühnheit und Geschicklichkeit an's Werk. Dieser erste Zug war ein Meisterzug und Macchiavelli hätte sicherlich ein göttliches Vergnügen im Angesichte der Gewandtheit, oder wie er gesagt,

der *virtù* empfunden, mit welcher der märkische Junker
es fertig brachte, in einem Zeitraume von wenigen Wochen
den armen Lord Russel einzuseifen, den Kaiser Napoleon III.
unschädlich zu machen, Oesterreich zu einer entfernten,
ebenso ungerechten wie unsinnigen Expedition zu verleiten,
den Bund vor- und zugleich auf die Seite zu schieben, die
Mittelstaaten zu terrorisiren und ihren Schützling höflich
vor die Thür zu setzen, endlich die heilige Sache des deutschen Vaterlandes allein in die Hand zu nehmen und nach
dem Worte des Apostels, Jedermann Allerlei zu werden! . . .

Das Schauspiel, welches Europa zu Anfang 1864 darbot, war sicherlich eines der sonderbarsten und betrübend-
sten, das die Geschichte gekannt. Zwei auf einander eifer-
süchtige Grossmächte, die bald in blutigen Krieg um den
Besitz der ihrem Opfer entrissenen Siegesbeute entbrennen
sollen, die von einer Liga deutscher Fürsten und Völker
bald angefeuert, bald verschrieen werden, greifen einen
schwachen Staat an, der aber als eine alte, ruhmvolle Monarchie dastand und dessen Fortexistenz von allen Regierungen als nothwendig in der Waagschale der Nationen
betrachtet wurde; sie greifen ihn unter dem armseligsten
Vorwande, im Namen einer Sache an, die das Haupt der
Coalition dereinst selber als „ungerecht, frivol, verderblich
und revolutionär" bezeichnet hatte. Und Preussen und
Oesterreich hatten diesen Act der „Gerechtigkeit" auf sich
genommen, um den König Christian IX. für seinen Unge-
horsam gegen den Bund zu strafen, während sie denselben
Act durch die formelle Erklärung ihres eigenen Ungehor-
sams gegen den Bund einleiteten; sie handelten als „Voll-
strecker Deutschland's" und das gesammte Deutschland protestirte gegen die Usurpation dieses Mandats! — Alle diese
ungeheuerlichen Dinge betrachtete Europa und liess sie ruhig

geschehen, dasselbe Europa, das 1848 beim ersten deutschen
Angriff auf das scandinavische Königreich seine Pflicht nicht
vergass und trotz des revolutionären Sturmes, der damals zur Entschuldigung hätte dienen können, sie dennoch
erfüllte. Damals waren die Mächte einig in Beschützung
des Schwachen gegen den Bedrücker, Kaiser Nicolaus ging
in diesem Punkte Hand in Hand mit der Republik des
Generals Cavaignac, und sogar die durch die „Ueberraschung"
im Februar improvisirten Diplomaten bewiesen in jenem
Moment ein genügendes Verständniss für das Gleichgewicht
der Welt. Es war den erfahrensten Staatsmännern, Kanzlern, die in der Tradition und in der Achtung vor den Verträgen grau geworden, Vertretern der regelmässigen und
starken Regierungen vorbehalten, ein revolutionäres Werk
zum Siege gelangen zu lassen, dessen Gelingen selbst ein
Petetin und Bastide nicht zugelassen hätten.*) Ohne Zweifel
wird England besonders vor der Nachwelt die Schmach des
Unterganges Dänemark's zu verantworten haben, denn England hatte die Sache dieses Landes in seine Hände genommen, hatte bis zum letzten Tage gerathen, geleitet, geschul-
meistert und feierlich erklärt, das kleine Königreich werde
im Augenblicke der Gefahr nicht vereinzelt kämpfen; es
wäre indessen unbillig, die übrigen europäischen Mächte
von aller Schuld freizusprechen. Deshalb legte auch jeder
besonnene und redliche Beobachter von Anfang an jener

---

*) „Im Jahre 1848 hatte Dänemark den Schutz Frankreich's ange-
rufen und Herr Bastide, der damalige Minister der auswärtigen Angelegenheiten, nahm sich warm der Sache an; es war sogar die Rede
davon, 10,000 Mann zum Beistande der Dänen bei Vertheidigung ihres
Landes abzusenden . . ." (Depesche Lord Cowley's vom 13. Februar
1864). — S. ebenfalls die merkwürdigen Depeschen des Herrn Petetin,
damals Gesandter der Republik in Hannover.

Zerreissung einer Monarchie mitten im neunzehnten Jahrhundert die Bedeutung bei, die im vorigen Jahrhundert ein
ähnliches Ereigniss gehabt; deshalb wurde auch mit Besorgniss grossen Erschütterungen und kommenden furchtbaren
Katastrophen entgegengesehen. Die Naiven, oder um mit
Herrn von Bismarck zu reden, die Profanen, konnten
allein nach diesem ersten, dem Völkerrechte versetzten
Streiche, nach dieser ersten Anwendung des herrlichen „Instruments," zu dessen Vervollkommnung die preussische Regierung so viele Jahre verwandt, die Partie für beendigt
betrachten.

Die Kanone von Missunde war für den preussischen
Ministerpräsidenten das, was die Kanone von Toulon ehemals
für einen gewissen corsischen Officier gewesen, und dieser
kurze Feldzug in den Herzogthümern offenbarte dem künftigen Besieger Europa's gar Vieles. Er erfuhr dabei, dass
die legitimen Rechte, die geheiligten Verträge, die stipulirten „Protocolle," beschworene Versprechungen und anderer
für unangreifbar gehaltener alter Plunder noch morscher und
hinfälliger seien, als die armseligen, von den Dänen in ver-
gangenen Zeiten aufgeworfenen Wälle, und wenn Moltke
und Roon in jenem Kriege den vollständig zufriedenstellen-
den Versuch mit ihrem Zündnadelgewehre machten, so konnte
er seinerseits die kostbaren, unverwüstlichen Eigenschaften
seines Instrumentes probiren . . . Es muss wohl gesagt
werden, während dieses ganzen Feldzuges gegen Dänemark
hat Fürst Gortschakow mit allen ihm zu Gebote stehenden Mitteln den preussischen Minister unterstützt, ihm
auf das Eifrigste und meist im Geheimen eine hülfreiche
Hand bei jeder Schwierigkeit gereicht. Sein Beistand war
ein absoluter und um so wirksamer, als er in das Gewand
einer geschäftigen Neutralität gekleidet war, die nach einer

friedlichen Verständigung ausblickte. So half er dem Ministerpräsidenten in Berlin, dem störrigen Kopf Lord Russel's das ebenso spitzfindige wie heitere Raisonnement beibringen, die Besetzung Holstein's durch die Bundestruppen werde ein Bestätigungstitel in den Händen des Königs von Dänemark. „Herr von Bismarck sagt mir," schrieb Sir A. Buchanan am 28. November 1863, „eine Bundesexecution werde jede revolutionäre Bewegung in Holstein verhüten und wäre zugleich in gewissem Grade eine in direote Anerkennung des Königs Christian IX. als Herzog von Holstein von Seiten des Frankfurter Bundestags. Seine Excellenz behauptete, die in Deutschland herrschende Aufregung gebiete die unmittelbare Ausführung der Execution; doch konnte oder wollte sie mir nicht erklären, wie eine solche Execution eine Anerkennung der Souveränetät des Königs Christian bedeute und den Schein einer Occupation vermeiden solle . . ." Drei Tage später, am 1. December, meldete Lord Napier seinerseits aus St. Petersburg: „Die Sprache des Fürsten Gortschakow verführt mich zu dem Glauben, dass er überzeugt sei, Herr von Bismarck habe gemässigte Ansichten in dieser Frage. Der Vicekanzler ist geneigt, eine Bundesexecution, wenn sie wohl geleitet ist, als eine conservative Maassregel zu betrachten. Seiner Ansicht nach würden die Bundestruppen, nach verständigen Instructionen handelnd, die Ordnung sichern und die nothwendige Unterscheidung zwischen der legislativen und der dynastischen Frage wahren . . ." Ich nehme, also erkenne ich an! sagte Herr von Bismarck mit der ihm eigenen Logik, die aber in diesem Augenblicke vom Fürsten Gortschakow getheilt wurde, und welche die beiden Freunde bald auf Schleswig anzuwenden versuchten, nachdem der Leiter des *Foreign office* sich für Holstein in diese Logik ergeben hatte. „Der russische Vicekanzler hat mir diesen Morgen die Zumuthung gemacht," schrieb Lord Napier wiederum am 11. Januar aus St. Petersburg, „man müsse Dänemark veranlassen, die Besetzung Schleswig's durch die Truppen Oesterreich's und Preussen's als eine diesen beiden Mächten in Bezug auf die deutsche Bevölkerung gegebene Garantie, zuzulassen . . ." In solcher Weise belehren und erbauen uns die *state papers* und die dem *Rigsdag* mitgetheilten Aktenstücke. Man begegnet darin nicht einer einzigen, von den Ufern der Spree ausgegangenen Einflüsterung oder „Zumuthung," die nicht sogleich an den Ufern der Newa ihr Echo gefunden. Und doch war Dänemark jederzeit der Freund und Schützling des Czarenreichs gewesen! Mehr als jede andere Macht der Welt hatte Russland ein Interesse daran, die Freiheit der Ostsee zu hüten, den Kieler Hafen nicht in Deutschland's Hände gerathen zu lassen; mehr als jede andere Macht hatte es die Reflexion zu machen, dass Kurland und Lievland ein reineres, wohlklingenderes Deutsch sprechen, als Schleswig! Dann war es immerhin die Sache der Revolution gegen die der legitimen Souveränität, für die an der Eider gefochten wurde. Der alte Nesselrode hatte dies in einer berühmten Circulardepesche ausgesprochen, und was hätte der Kaiser Nicolaus zu solchen Gefälligkeiten eines russischen Kanzlers für die Revolution gesagt? . . . Alexander Michailowitsch wird die Geschichte noch durch seine ungeheure Dankbarkeit für Herrn von Bismarck in Erstaunen setzen.

Sechstes Kapitel.

Der deutsche Krieg.

Zweite Periode des Ministeriums des Fürsten Gortschakow. — Das Schmollen Alexander Michailowitsch's und die Träumereien Napoleon's III. — Die *Idées napoléoniennes* in Betreff Deutschland's. — Vereinzelung Frankreich's im Jahre 1864. — Die September-Convention. — Ankunft Herrn von Bismarck's in Paris (October). — Seine dortige Sprache. — Die Actionspartei in den Räthen des Kaiserreichs. — Ermuthigungen, die Herr von Bismarck nach Berlin mitgebracht. — Preussische Circulardepesche vom 24. December, betreffs der Herzogthümer. — Consultation und Entscheidung der Kronsyndici (1865). — An Oesterreich gerichteter Vorschlag. — Kriegsdrohungen. — Erster böhmischer Feldzug (Juli 1865). — Convention von Gastein (August). — Oesterreichische Sympathicen des Herrn Drouyn de Lhuys. — Preussische Sympathieen für die Actionspartei. — Chimärisches Project Napoleon's III., er will sich die Rolle eines Feldrichters und Beschützers des Rechts vorbehalten. — Begegnung in Biarritz (October). — Das Wort der Sphinx. — Venetien und der grosse Krieg für die deutsche Einheit. — Verwegene Politik Preussen's (1866). — Deutschland ist dem Vorhaben des Herrn von Bismarck feindlich gesinnt. — Heftige Opposition der Kammern und des preussischen Volkes. — Die Potsdamer Perrücken und die Scrupel Wilhelm's I. — Geheime Unterhandlungen mit Italien und der europäischen Revolutionspartei. — Mission des Generals Govone und Vertrag mit dem Florentiner Cabinet (April 1866). — Neues Schwanken des Königs Wilhelm und Friedens-Manifestationen in Frankreich. — Die Rede von Auxerre (6. Mai). — Der Krieg. — Die Schlacht bei Sadowa (3. Juli). — Schreckliches Erwachen in den Tuilerien. — Fürst Gortschakow ist froh und sammelt sich.

So wurde bei Gelegenheit der polnischen und dänischen Frage jene gemeinsame Action der beiden Minister

von Russland und Preussen eingeweiht, die noch viele Jahre
andauern und einen so bedeutenden Einfluss auf die Geschicke des Continents haben sollte. Mit jenem Jahre 1863
beginnt die zweite Periode des Ministeriums des Fürsten
Gortschakow, seine zweite, sicherlich viel bestreitbarere
„Manier." Auf die französische, in richtiger Dosis genommene und im Grunde kräftigende „Herzlichkeit," die
bis dahin vorgewaltet, folgte die preussische, sehr leidenschaftliche, ohne Frage sehr absorbirende Freundschaft. In
dieser zweiten Periode bewahrt sich Alexander Michailowitsch in der That nicht mehr die Ruhe und Zurückhaltung und den intelligenten Egoismus, die während seiner
Intimität mit dem Kaiser Napoleon III. sein Glück gewesen; er macht alle Ansichten, alle Ziele seines furchtbaren Berliner Freundes zu seinen eigenen, ohne unglücklicherweise dessen wunderbar schmiegsamen Geist, dessen
erstaunliche Kunst im Wenden und Drehen zu besitzen.
Nichts z. B. kommt der Geschicklichkeit gleich, mit welcher
Herr von Bismarck gelegentlich etwas unbequemes Ver-
gangenes, besonders sein Unrecht gegen Andere, zu vergessen
versteht; er besitzt dafür sogar einen reizenden Euphemismus,
er nennt das ein Missverständniss. *) Mit diesem Namen
hat er manches Mal von der Tribüne herab seinen langen,
schonungslosen Kampf gegen die Volksvertretung geschmückt,
und wie könnten wir umhin, die Zuneigung, die Begeiste-

---

*) Und doch irrte Kaiser Wilhelm J. sich schwerlich, wenn er
eines Tages zu Herrn von Arnim sagte, das heimliche Nachtragen
sei ein hervortretender Zug im Charakter des Herrn von Bismarck!
(*Pro nihilo,* Vorgeschichte des Arnim'schen Processes, S. 77). Man
citirt ein höchst charakteristisches Wort des deutschen Kanzlers
aus dem Album einer Dame: „Ich vergesse manchmal, ich ver-
gebe nie!"

rung nicht zu bewundern, die er schliesslich dem vortrefflichen
Lord Russel abgewonnen, dem Staatsmanne, den er sicherlich 1863, während des dänischen Zwistes, am meisten ge-
prellt und misshandelt hat. Was seine polnischen Händel
während desselben Jahres mit den Westmächten betrifft,
so waren sie um so schneller aus seinem Gedächtniss ge-
löscht, als jene Mächte das Bewusstsein hatten, etwas sehr
Ungeschicktes begangen zu haben. Er liess König Wilhelm die höflichste Antwort voll tief gefühlter Erinnerungen an Compiègne auf den Brief Napoleon's III. betreffs
des Congresses schreiben, und gegen Ende des Jahres war
er mit dem Tuileriencabinet in rührender Uebereinstimmung
betreffs des Londoner Vertrages, der die Integrität der dänischen Monarchie garantirte, und den eine Circulardepesche
des Herrn Drouyn de Lhuys jetzt als ein *œuvre impuissante*
bezeichnete! Oesterreich gewährte er sehr schnell die
vollste Absolution für seine polnischen Verirrungen im Frühling, sogar für den weitaus strafbareren Versuch vom Monat August, auf dem Fürstentag zu Frankfurt; im November zog er schon mit ihm in den dänischen Krieg.
Ganz anders zeigte sich Herr von Gortschakow: Er wollte
Frankreich und Oesterreich niemals ihre Einmischung in
die polnischen Angelegenheiten vergeben und verhielt sich
manchem Versöhnungsversuche gegenüber abwehrend. Er
kannte keine andere Intimität, als die mit dem Berliner Cabinet; der ehemalige Frankfurter College war sein einziger
Vertrauter und Verbündeter. Der berühmte Ausspruch von
1856 erlitt von nun an eine wesentliche Veränderung: Von
1863 ab verlegte sich der russische Kanzler auf's „Schmollen," während er fortfuhr, sich zu „sammeln," und die
Achäer, haben diesen Groll des Achilles theuer genug bezahlen müssen. Das Schmollen Alexander Michailowitsch's

ist für Europa fast so verhängnissvoll gewesen, wie das Träumen Napoleon's III.

Ein Traum, ein wahrer Sommernachtstraum, scheint mit Beziehung auf die Angelegenheiten Deutschland's jene studirt-chimärische, sinnreich-naive napoleonische Politik, die aufrichtig das Beste erstrebte und nur schweres Unheil und Untergang gebar. Man hatte eines Tages eine herrliche Vision in den Tuilerien gehabt: Italien hatte seine Einheit erlangt, Oesterreich war wieder aufgerichtet, Preussen homogener geworden, Deutschland zufriedener, Europa weise umgestaltet und Frankreich gesichert und ruhmvoll. All' dies hing nur von einer einzigen Hypothese ab, die aber doch keine war, nämlich von einer Schlacht, welche die jederzeit tapferen und kriegsgeschulten *Kaiserliks* gegen die preussische *Landwehr* gewinnen müssten, die ja seit einem halben Jahrhundert kein Pulver gerochen. *) — Und

---

*) Folgendes wurde kurz vor der Schlacht bei Sadowa französischen Officieren über die respectiven Streitkräfte der beiden deutschen Mächte vorgetragen: „Die preussische Armee, die nur eine sehr kurze Dienstzeit kennt, ist gewissermaassen nur eine Schule der Landwehr. Sie hat eine prächtige Organisation auf dem Papier, ist aber für die Defensive ein sehr zweifelhaftes Instrument, und würde während der ersten Periode eines Offensivkrieges ein sehr unvollkommenes sein . . . Oesterreich, das 35 Millionen Einwohner zählt, hat eine grosse und schöne Armee, die in Bezug auf Organisation die preussische und die russische weit hinter sich lässt. Nach Frankreich nimmt es den ersten Rang als Militärmacht ein." *(Cours d'artillerie à l'école militaire d'application de l'artillerie et du génie à Metz, 1864).* — Zu Anfang 1866 freilich lenkte der französische Militär-Attaché in Berlin, Herr von Clermont-Tonnerre, die Aufmerksamkeit seiner Regierung auf die neuen preussischen „fürchterlichen" Waffen. Wenn man diese Thatsache auch in Betracht zog, so sah man darin für Preussen doch nur eine etwas bessere Chance in einem ungleichen Kampfe mit Oesterreich, dessen Ausgang keineswegs zweifelhaft war.

in diesen gebrechlichen Nachen, in diese „Nussschale,“ wie
Puck im Sommernachtstraum gesagt hätte, wurde das Glück
Cäsar's, das Glück Frankreich's eingeschifft! . . . In der
That glaubte in jenem Momente Jedermann an die unver-
gleichliche militärische Ueberlegenheit Oesterreich's über
seinen kühnen Rivalen; Niemand gab die Möglichkeit eines
preussischen Sieges zu, noch weniger eines so entscheidenden, so vernichtenden Sieges, wie der bei Sadowa gewesen.
„Dies war,“ sagte später Herr Rouher in einer denkwürdigen Sitzung des gesetzgebenden Körpers, „dies war ein
Ereigniss, das von Oesterreich, von Frankreich, vom Mili-
tär wie vom einfachen Bürger, das von aller Welt für un-
wahrscheinlich gehalten wurde, denn es war eine allgemeine
Voraussetzung, dass Oesterreich den Sieg erringen und
Preussen seine Thorheiten theuer, sehr theuer werde bezahlen müssen . . .“ Diese reelle und damals allgemein
getheilte Voraussetzung wird die einzige Entschuldigung
Napoleon's III. vor der Geschichte im Angesichte jener
kläglichen Phantasmagorie bleiben, welche der Welt im Mai
1866 in der Rede von Auxerre verkündet wurde, deren Ursprung aber bis auf die September-Convention und die
erste Reise des Herrn von Bismarck nach Frankreich, nach
seinem dänischen Feldzuge im Herbst 1864, zurückzu-
führen ist.

„Ich habe wenigstens einen Vortheil über meinen Sieger,“ sagte nach der Schlacht bei Austerlitz mit einer
Würde, die gewiss nicht ohne Feinheit war, Kaiser Franz
zu Herrn von Talleyrand, dem Unterhändler des Pressbur-
ger Friedens; „ich kann nach einem so harten Schlage in
meine Hauptstadt zurückkehren, während es Ihrem Herrn
trotz seines Genies schwer wäre, in ähnlicher Lage dasselbe zu thun.“ Dieses merkwürdige Wort bezeichnet auf

das Schlagendste das innere, unheilbare Gebrechen jedes Cäsarismus. Napoleon III. konnte ebenso wenig wie der Sieger von Austerlitz eine Niederlage ertragen; er war genöthigt, gross zu scheinen, er war zur Täuschung und zum Erfolg verdammt. Nach den Unfällen und Rechnungsfehlern in der polnischen, der dänischen Sache und dem Congress, musste er an eine Genugthuung denken, seine Blicke von Norden nach Süden schweifen lassen und „Stellung nehmen" durch die September-Convention, welche die Vorrede zu einem neuen und grossen Kriege zu sein schien. Man war in Europa isolirt, gegen England gereizt, mit Russland gespannt, mehr als kühl in den Beziehungen zu Oesterreich, und mit einem gewissen innern Schauer sah man im October 1864 auf die erste Nachricht von der mit dem Turiner Cabinet abgeschlossenen Convention Herrn von Bismarck nach Frankreich eilen. Augenscheinlich wollte man „etwas für Italien thun"; ohne Groll wie ohne Vorurtheile kam der preussische Ministerpräsident, um an dem vor zwei Jahren abgebrochenen Gespräche wieder anzuknüpfen.

Er brachte freilich nichts Neues mit, er versicherte nur, dass seine Allianz mit Oesterreich in dem Kriege gegen Dänemark nur ein Incidenzfall gewesen und liess deutlich seinen Wunsch durchblicken, das neulich im Namen des deutschen Bundes an der Elbe eroberte Land für Preussen zu behalten. Im Uebrigen variite er nur das alte Thema von einem unvermeidlichen, nahe bevorstehenden Duell zwischen Berlin und Wien, von den Vortheilen, die Italien daraus ziehen könnte, von der Nützlichkeit, die es für Frankreich hätte, wenn Preussen, besser gestaltet, auf festerer Grundlage aufgebaut, dann sein natürlicher, unfehlbarer Alliirter in allen Fragen der Civilisation und des Fortschritts würde. Solche Herzensergiessungen aus dem Munde eines Ministers, der in dem Feldzuge gegen die Herzogthümer gezeigt, was er vermochte, fanden jetzt ein weit aufmerksameres Auditorium als 1862. Ohne ihn schon ganz und gar für einen *homme sérieux* zu nehmen, war man darin einig, ihm das Attribut eines nützlichen Mannes, eines Mannes der Zukunft zuzusprechen, dessen Freundschaft Italien sorgfältig pflegen müsse, den Frankreich seinerseits gut thäte zu überwachen, anzustacheln und zu verwenden. Die Coryphäen der imperialistischen Demokratie, der Prinz Napoleon voran, waren besonders von den Fernsichten geblendet, die man vor ihnen eröffnete. Ein hervorragendes Mitglied dieser Gruppe, ein überall im Rufe grosser Gewandtheit stehender Diplomat, den sein Name schon mit der Sache Italien's verknüpfte, wurde aus seiner Zurückgezogenheit hervorgeholt und an die Spitze der Berliner Gesandtschaft gestellt, die jetzt zum Range einer Grossbotschaft erhoben wurde. Ein anderes Mitglied der Actionspartei, ebenfalls seit einiger Zeit in Disponibilität, ehemaliger Botschafter in Rom, wurde bald darauf auch in's Ministerium berufen: Neben Herrn Rouher war er dazu bestimmt, ein nützliches Gegengewicht zu den etwas „veralteten" Ideen des Herrn Drouyn de Lhuys abzugeben. Jenseits der Alpen endlich, in Turin, hatte ein wegen seiner *Prussomanie* wohlbekannter General die Leitung der Politik seit dem 23. September in die Hand genommen. Jede dieser drei Persönlichkeiten — Herr Benedetti, Herr von La Valette, der General La Marmora — spielte ihre Rolle in dem grossen Drama von 1866.

Indessen wurde damals, im Herbst 1864, noch kein Plan festgestellt oder auch nur discutirt. Man war noch nicht über einfache, vertrauliche Mittheilungen, über flüchtige, schwankende Gespräche, über das hinausgekommen,

was man in der Sprache der Diplomatie kaum hätte einen
Gedanken-Austausch nennen dürfen; der Eindruck aber,
den der preussische Minister von diesem kurzen Ausfluge
nach Frankreich heimbrachte, war ermuthigend genug für
ihn, um ihn sofort zu jener Circulardepesche vom 24. December 1864 zu veranlassen, die der Ausgangspunkt seiner
Action gegen Oesterreich war. In dieser Depesche stellte
Herr von Bismarck in der That die Frage der Elbherzogthümer auf, die, wie er wohl wusste, eine Kriegsfrage war.
Sechs Monate vorher hatten Oesterreich und Preussen in
ihrer peremptorischen Erklärung vom 28. Mai auf der Londoner Conferenz die „Vereinigung der Herzogthümer Schleswig und Holstein zu einem einzigen Staate unter der Souveränität des Erbprinzen von Augustenburg" gefordert, und
das Berliner Cabinet beeilte sich damals hinzuzufügen, dass
dieser Prinz „in den Augen Deutschland's die meisten Rechte
auf die Erbfolge habe, dass seine Anerkennung durch den
Bund folglich gesichert sei und er ausserdem unzweifelhaft
die Stimmen der überwiegenden Mehrheit jener Bevölkerung auf sich vereinige . . ." Ganz anders waren die Ansichten des preussischen Ministers gegen Ende desselben
Jahres, einige Zeit nach seiner Rückkehr aus Paris. In
einer an die deutschen Höfe gerichteten Circulardepesche
erklärte der Ministerpräsident jetzt, am 24. December 1864,
dass sein Geist von schweren Zweifeln hinsichtlich der
Rechtstitel des Herzogs von Augustenburg heimgesucht
werde, dass mehrere ernste Concurrenten, wie die Fürsten
von Oldenburg und Hessen, in der Zwischenzeit aufgetreten
seien, *) dass er so mannigfaltigen und verworrenen An-

---

*) Es ist nicht unnöthig, vorübergehend die Umstände anzu-
geben, unter denen diese neuen Candidaturen erstanden sind. Von
der Londoner Conferenz aufgefordert, seine Ansprüche zu formuliren,

sprüchen gegenüber rathlos dastehe, dass sein Gewissen nicht hinreichend über den Rechtspunkt aufgeklärt sei und er das Bedürfniss fühle sich zu sammeln und die „Juristen zu befragen!"

Man kennt die herrliche Entscheidung, welche dann von den „Juristen" — den Kronsyndicis — erlassen wurde, sowie die Schlussfolgerungen, die der in seinem Gewissen so beunruhigte Minister daraus zu ziehen verstand. Es gab noch Richter in Berlin und sie bewiesen es, indem sie alle Parteien abwiesen, alle ihre Ansprüche für unbegründet erklärten: Hessen, Oldenburg, Brandenburg, Sonderburg-Augustenburg, keiner von ihnen hatte Erbfolgerechte auf Schleswig-Holstein; der König von Dänemark allein besass Rechtstitel! Da nun aber der König von Dänemark durch den Krieg gezwungen worden, die Elb-Herzogthümer den Souveränen von Preussen und Oesterreich abzutreten, so zog Herr von Bismarck daraus die Folgerung, dass die beiden Monarchen über ihr „Eigenthum" nach Belieben, ohne irgend welche Dazwischenkunft des Bundes, verfügen könnten und forderte den Kaiser von Oesterreich auf, ihm seinen

---

konnte Herr von Bismarck nicht anders, als Oesterreich folgen und sich am 28. Mai 1864 für den Herzog von Augustenburg aussprechen. Am 2. Juni, bei der nächsten Conferenz-Sitzung (der Telegraph hatte unterdessen Zeit gehabt zu spielen), erklärte der russische Bevollmächtigte unvermuthet, dass der Kaiser, sein erhabener Herr, „von dem Wunsche beseelt, so weit es von ihm abhänge, eine Verständigung zu erleichtern," seine eventuellen Rechte als Haupt des Hauses Holstein-Gottorp seinem Verwandten, dem Grossherzoge von Oldenburg abgetreten habe! Am 18. Juni machte ein anderer Verwandter des Kaisers Alexander II., der Prinz Friedrich Wilhelm von Hessen, ebenfalls seine Erbfolgerechte bei der Londoner Conferenz geltend. — Dies ist ein Beispiel von den zahlreichen und geheimen Diensten, die Fürst Gortschakow seinem Berliner Freunde in der Herzogthümer-Frage zu leisten verstand.

Antheil an der Eroberung gegen schöne, klingende Münze abzutreten. Diese Forderung formulirte der preussische Minister endlich in einer trotzigen Note voller Drohungen, die vom 11. Juli 1865 aus Carlsbad datirt ist, dem Orte, wohin der alte König Wilhelm sich begeben, um die österreichische Gastfreundschaft während der Badesaison zu geniessen. Herr von Bismarck machte kein Geheimniss aus den Unterhandlungen, die er mit Italien angeknüpft, er sagte Herrn von Gramont, dass „weit entfernt, den Krieg zu fürchten, er ihn von ganzem Herzen herbeiwünsche;" einige Stunden darauf erklärte er sogar Herrn von der Pfordten, dem baierischen Conseilspräsidenten, dass „Oesterreich keinen Feldzug aushalten könne, dass ein einziger Stoss, eine Hauptschlacht an der Grenze von Schlesien genüge, um mit Habsburg fertig zu werden." Im Grunde wollte er nur das Terrain untersuchen, eine starke Recognoscirung ausführen. In jenem Augenblicke war er der Haltung Napoleon's III. noch nicht so sicher, um den grossen Einsatz zu wagen; es brauchte auch Zeit, um den frommen Hohenzollern zu dem Ausrufe „Gott will es," zu einem Bruderkriege zu vermögen. Er musste sich mit jener Gasteiner Convention (14. August 1865) begnügen, die nur ein provisorisches Abkommen, aber immerhin eine erste Bresche in das alte Bundesrecht und eine indirecte Billigung der Folgerungen war, die er aus der Entscheidung der famosen Kronsyndici gezogen.

An demselben Tage, da er in Gastein jenes zweideutige Abkommen unterzeichnete, schrieb Herr von Bismarck seiner Gemahlin folgendes kleine Billet: „Ich habe einige Tage lang nicht Musse gefunden, um Dir Nachricht zu geben. Graf Blome ist wieder hier und wir arbeiten eifrig an Erhaltung des Friedens und Verklebung der Risse im

Bau. Vorgestern habe ich einen Tag der Jagd gewidmet, ich denke, dass ich Dir schrieb, wie erfolglos die erste war; diesmal habe ich wenigstens ein Kälbchen geschossen, mehr aber auch nicht gesehen während der drei Stunden, wo ich ·mich regungslos den Experimenten der verschiedensten Insecten preisgab, und die geräuschvolle Thätigkeit des unter mir fliessenden Wassersturzes mich die tiefe Begründung des Gefühls erkennen liess, welches irgend Jemandem vor mir den Wunsch entriss: Bächlein, lass dein Rauschen sein! Auch in meinem Zimmer hat dieser Wunsch Tag und Nacht seine Berechtigung; man athmet auf, wenn man einen Ort erreicht, wo man den brutalen Lärm des Wasserfalls nicht hört. Schliesslich war es aber doch ein recht hübscher Schuss, quer über die Schlucht: Das Thier stürzte kopfüber einige Kirchthurmlängen jählings in den Bach zu meinen Füssen . . .“ Es war aber auch kein schlechter Schuss, mit dem der geliebte Candidat des deutschen Bundes, der arme Augustenburg, auf Nimmerwiederaufstehen getroffen wurde und der das kleine Herzogthum Lauenburg in die preussische Waidtasche brachte. Dieses Jagdstücklein erregte ungeheures Aufsehen in Deutschland wie in Frankreich, und sogar Lord John Russel fuhr bei dem Schuss zusammen. Der erste Staatssecretär hielt es für eine Ehrensache, sich Herrn Drouyn de Lhuys in einem sehr beredten Proteste gegen das Gasteiner Abkommen anzuschliessen und das Panzergeschwader Grossbritannien's, das während des dänischen Krieges nicht in der Ostsee erschienen war, machte sich diesmal wenigstens auf, um der französischen Flotte in Cherbourg einen höflichen Besuch zu machen. Darauf beschränkte sich übrigens die Demonstration der Westmächte; Herr von Bismarck konnte in Frieden seinen Triumph und den Grafentitel ge-

niessen, den der schöne Feldzug von 1865 ihm eingetragen.

Es sei uns gestattet, den strengen Ernst der Geschichts-
schreibung abzulegen, um noch einen Zwischenfall aus
Gastein zu verzeichnen, ein kleines Sitten- und Genrebild
hier einzuflechten, das zu jener Zeit viel Staub aufwarf und
sogar der Gegenstand intimer Auseinandersetzungen zwischen dem preussischen Ministerpräsidenten und einem ergebenen, ganz in Frömmigkeit aufgehenden Freunde wurde.
Und warum nicht, wenn der Brief des Herrn von Bismarck
an Herrn André von Roman wegen Fräulein Pauline Lucca
eine der sonderbarsten Seiten seiner Privatcorrespondenz
ausmacht und über die mächtige kahle Stirn, auf welche
die Hand des Königs Wilhelm soeben die Grafenkrone gedrückt, ein eigenthümlich malerisches Licht ausgiesst? . . .
Neben all' diesen politischen Verhandlungen und Jagden
fand Herr von Bismarck also in Gastein noch Zeit, sich in
romantischer Stellung mit Fräulein Lucca, Prima Donna der
königlichen Oper zu Berlin, photographiren zu lassen. Diese
Photographieen verursachten Aergerniss an den Ufern der
Spree; besonders die Häupter der Kreuzzeitung waren über
die Bade-Licenzen entsetzt, die der ehemalige Levite des
Tabernakels, der eifrige Schüler der Stahl und Gerlach, sich
erlaubte. Herr André von Roman war so gut, die Rolle
Nathan's in der Bibel zu übernehmen, und in einer geschrie-
benen, ganz confidentiellen Predigt beschränkte er sich nicht
darauf, von der Bathseba der Oper zu sprechen, sondern
liess auch einige warme Worte über den Waffengang mit
einfliessen, den der preussische Ministerpräsident kurz vorher dem gelehrten Dr. Virchow, dem friedlichen Entdecker
der Trichine, hatte aufdrängen wollen. Herr André fand,
dies sei nicht die Aufführung eines wahren Christen; er

verhehlte nicht minder, dass die alten Freunde darüber
seufzten, dass ihr Eliazin nicht mehr dem Gottesdienste bei-
wohne, und anfingen, sich über den Zustand seiner Seele zu
beunruhigen. Auf eine solche Strafpredigt antwortete Herr
von Bismarck mit folgendem Brief, den eine glückliche
Indiscretion seitdem der Oeffentlichkeit übergeben. Dieses
gewiss sehr charakteristische Schreiben lässt uns wiederum
an Cromwell denken, dessen Erinnerung schon mehrmals im
Verlaufe dieser Studie angerufen worden.

    „Lieber André!

    „Wenn auch meine Zeit knapp bemessen ist, so vermag
ich doch nicht, mir die Beantwortung einer Interpellation zu
versagen, die mir in Berufung auf Christi Namen aus ehrlichem Herzen gestellt wird. Es ist mir herzlich leid, wenn
ich gläubigen Christen Aergerniss gebe, aber gewiss bin ich,
dass das in meinem Berufe nicht ausbleiben kann; ich will
nicht davon reden, dass es in den Lagern, welche mir mit
Nothwendigkeit politisch gegenüberstehen, ohne Zweifel zahlreiche Christen giebt, die mir auf dem Wege des Heils weit
voraus sind, und mit denen ich doch vermöge dessen, was
beiderseits irdisch ist, im Kampf zu leben habe; ich will mich
nur darauf berufen, dass Sie selbst sagen: „Verborgen bleibt
vom Thun und Lassen in weiten Kreisen nichts." Wo ist
der Mann, der in solcher Lage nicht Aergerniss geben sollte,
gerechtes oder ungerechtes? Ich gebe Ihnen mehr zu, denn
Ihre Aeusserung vom Verborgenbleiben ist nicht richtig.
Wollte Gott, dass ich ausser dem, was der Welt bekannt
wird, nicht andere Sünden auf meiner Seele hätte, für die
ich nur im Vertrauen auf Christi Blut Vergebung hoffe!
Als Staatsmann bin ich nicht einmal hinreichend rücksichts-
los, meinem Gefühl nach eher feig, und das, weil es nicht
leicht ist, in den Fragen, die an mich treten, immer die Klarheit zu gewinnen, auf deren Boden das Gottvertrauen wächst.

Wer mich einen gewissenlosen Politiker schilt, thut mir Unrecht; er soll sein Gewissen auf diesem Kampfplatze erst selbst
einmal versuchen. Was die Virchow'sche Sache anbelangt,
so bin ich über die Jahre hinaus, wo man in dergleichen von
Fleisch und Blut Rath annimmt; wenn ich mein Leben an
eine Sache setze, so thue ich es in demjenigen Glauben, den
ich mir in langem und schwerem Kampfe, aber in ehrlichem
und demüthigem Gebet vor Gott gestärkt habe, und den mir
Menschenwort, auch das eines Freundes im Herrn und eines
Dieners seiner Kirche, nicht umstösst. Was Kirchenbesuch
anbelangt, so ist es unrichtig, dass ich niemals ein Gottes-
haus besuche. Ich bin seit fast sieben Monaten entweder abwesend oder krank; wer also hat die Beobachtung gemacht?
Ich gebe bereitwillig zu, dass es öfter geschehen könnte; aber
es ist nicht so sehr aus Zeitmangel, als Rücksicht auf meine
Gesundheit, dass es unterbleibt, namentlich im Winter, und
denen, die sich in dieser Beziehung zum Richter an mir berufen
fühlen, will ich gerne genauere Auskunft darüber geben; Sie
selbst werden es mir ohne medicinische Details glauben. Ueber
die Luccaphotographie würden auch Sie vermuthlich weniger
streng urtheilen, wenn Sie wüssten, welchen Zufälligkeiten
sie ihre Entstehung verdankt hat. Ausserdem ist die jetzige
Frau von Raden, wenn auch Sängerin, doch eine Dame,
der man ebensowenig, wie mir selbst, jemals unerlaubte Beziehungen nachgesagt hat. Dessenungeachtet würde ich, wenn
ich in dem ruhigen Augenblicke das Aergerniss erwogen hätte,
welches viele und treue Freunde an diesem Scherz genommen
haben, aus dem Bereiche des auf uns gerichteten Glases zurückgetreten sein. Sie sehen aus der Umständlichkeit, mit
der ich Ihnen Auskunft gebe, dass ich Ihr Schreiben als ein
wohlgemeintes auffasse und mich in keiner Weise des Urtheils derer, die mit mir denselben Glauben bekennen, zu
überheben strebe. Von Ihrer Freundschaft aber und von
Ihrer eigenen christlichen Erkenntniss erwarte ich, dass Sie

den Urtheilenden Vorsicht und Milde bei künftigen Gelegenheiten empfehlen, wir bedürfen deren alle. Wenn ich unter
der Vollzahl der Sünder, die des Ruhmes vor Gott mangeln,
hoffe, dass seine Gnade auch mir in den Gefahren und Zweifeln meines Berufs den Stab demüthigen Glaubens nicht nehmen werde, an dem ich meinen Weg zu finden suche, so soll
mich dieses Vertrauen weder harthörig gegen tadelnde Freun-
desworte, noch zornig gegen liebloses und hoffärtiges Urtheil
machen."

Doch lassen wir das Bussgewand bei Seite, denken wir
lieber an den Diplomaten im Waffenrock und mit der
Pickelhaube, an den „eisernen Grafen," wie ihn bald das
Volk nennen soll, und sehen wir zu, wie Frankreich in dem
Momente sich zu ihm stellt, wo er nach seiner Rückkehr
aus dem Felsenthal von Gastein sich auf die Reise nach
dem herrlichen Strande von Biarritz vorbereitet, um dort
die Sphinx zu begrüssen, sie zu befragen, ihre Räthsel zu
errathen und . . . sie vom Felsen zu stürzen!

Unter den Räthen des französischen Kaisers waren die
Debatten zwischen den Alten und den Modernen, zwischen
den Eiferern des neuen Rechts und den Anhängern einer
vorsichtigen und traditionellen Politik in dem Maasse, als
der preussisch-österreichische Conflict schärfer hervortrat,
von Tag zu Tage hitziger geworden. Die Fanatiker hätten
am liebsten ein Schutz- und Trutzbündniss mit Preussen
abgeschlossen. Sie wiesen auf den unwiderstehlichen Zug
hin, der Deutschland zur Einheit führte, auf die Vortheile,
die Frankreich daraus gewinnen könnte, wenn es dieses
Streben begünstige, anstatt es zu hindern, wenn es das
deutsche Piemont durch die Bande ewiger Dankbarkeit an
sich fesselte, wie es mit dem Piemont der Halbinsel gethan.
Als leidenschaftliche Freunde Italien's und noch heftigere

Gegner Oesterreich's, dieses Bollwerks der Reaction, der
Legitimität und der weltlichen Herrschaft des Papstes, lieb-
ten sie im Königreiche Friedrich's des Grossen den unbestreitbaren Repräsentanten der Civilisation und fürchteten,
ihn in einem ungleichen Kampfe mit den *Kaiserliks* einer
sichern Niederlage entgegen gehen zu sehen. Nach ihren
Vorstellungen war eine gemeinsame Action Frankreich's,
Italien's und Preussen's nicht zu viel, um die Sache des
Fortschritts zu retten und Europa auf neuen und unerschütterlichen Grundlagen zu befestigen. Warum sollte
auch Belgien nicht die legitime Belohnung für Frankreich's Bemühungen zu Gunsten Deutschland's werden,
wie Savoyen in Folge der Gestaltung des Königreichs
Italien es geworden? Und warum sollte man einer Combination widerstehen, durch welche jede der drei Nationen,
die vor allen andern die modernen Ideen auf dem Continent vertreten, berufen war, ihre nationale Einheit zu vervollständigen.

Ganz anders hingegen war die Ansicht der Gesetzten,
der Staatsmänner aus der alten Schule, einer ganzen politischen Gruppe, deren berechtigtster, klarsehendster, wenn
auch nicht festester Vertreter im Cabinet damals Herr
Drouyn de Lhuys war. Nachdem sie von vornherein jedes
Gelüste nach Belgien, als die gewisse Ursache eines furchtbaren Conflicts mit England ausschlossen, behaupteten sie,
es sei eine absolute Unmöglichkeit, für Frankreich einen
Ersatz zu finden, der nur einigermaassen im Verhältniss zu
dem durch die Einheit Deutschland's ihm verursachten Schaden stände. Ohne die deutschen Bestrebungen nach einer
Bundesreform, nach einer homogenern und einheitlichern
Verfassung zu verkennen, fragten sie sich, wo für Frankreich die Verpflichtung bestände, ein solches Werk zu be-

schleunigen, und ob es nicht in allen Fällen wünschbarer
wäre, dass eine solche Umgestaltung durch die friedlicheren,
einsichtigeren Kreise, durch den Bundestag, nämlich durch
Oesterreich ausgeführt werde, das zu jeder Zeit Achtung
vor erworbenen Rechten und Wohlwollen für die kleineren
Souveränitäten bewiesen, als durch eine Macht, die in höchstem Grade als eine militärische, bureaukratische und cen-
tralisirende betrachtet werden müsse. Und war dies im
Grunde nicht der fast allgemeine Wunsch jenseits des
Rheins, der Dynastieen sowohl wie der Kammern, der
Fürsten wie der Völker? Und hatten sich dort nicht
alle Gemüther empört, als Preussen mit dem Anspruch
hervortrat, die Dänemark abgenommenen Herzogthümer
für sich zu behalten? Nur die französische und italienische Presse, sagten sie, beharre bei ihrem Gerede von
der „piemontesischen Mission" der Hohenzollern; an den
Ufern des Mains und der Elbe weise man einstimmig
diese vermeintliche Mission zurück und sogar der seit
einiger Zeit recht heruntergekommene Nationalverein, der
ein einiges Deutschland mit preussischer Spitze gefordert,
verleugne darum nicht weniger Herrn von Bismarck und
erkläre ihn unwürdig, eine so heilige Sache in seine Hand
zu nehmen. Was die Gefahr betreffe, Preussen in dem
Kampfe unterliegen und damit die Macht Oesterreich's
in Deutschland verstärkt zu sehen, so gebe es ein sehr ein-
faches Mittel, diese Eventualität zu verhindern: man brauche
nur der Berliner Regierung jede Unterstützung in ihrem
Vorhaben zu verweigern. So gross auch die Kühnheit des
Herrn von Bismarck sei, so sei es doch unzweifelhaft, dass
er es niemals wagen werde, Oesterreich und dessen deutsche
Bundesfreunde im Angesichte eines formellen Veto Frankreich's herauszufordern, womit er zugleich jede Hoffnung

nach italienischer Seite hin verlöre.*) Die unter solchen
Umständen einzunehmende Haltung scheine demnach ebenso
klar vorgezeichnet wie leicht zu behaupten. Ohne sich direct in die deutschen Angelegenheiten zu mischen, ohne
die teutonische Empfindlichkeit irgendwie zu reizen, könne
man dem preussischen Ehrgeiz einen unüberschreitbaren
Damm entgegenstellen, man brauche nur den *status quo*
beizubehalten; eine solche Politik hätte unvermeidlich die
warme Unterstützung England's für sich und müsste dann
Oesterreich und die Mittelstaaten zum Widerstande ermuthigen. Freilich wäre die venetianische Frage damit beseitigt, aber abgesehen davon, dass der Friede Europa's
und die Grösse Frankreich's wohl die „Perle der Adria"
aufwogen, so war es ja nicht untersagt, für die Lagunen-
stadt vom Fortschritt der Zeit und den guten Beziehungen
zwischen Frankreich und England Besseres zu hoffen.

Kaiser Napoleon III., der gegenüber sich so widersprechenden Ansichten in der Regel bei seinem Stillschweigen beharrte und sich überhaupt gern über die Leidenschaften und Aufregungen seiner Umgebungen in der stillen
Heiterkeit beschaulichen Sinnens wohlgefiel, brachte allmählig

---

*) „Was man auch jetzt sagen möge, wenn Frankreich sich
diesem Verfahren (dem Vertrage Italien's mit Preussen) abgeneigt
gezeigt hätte, so konnten wir nicht Gefahr laufen, uns einer öster-
reichisch-französischen Allianz gegenüber zu sehen. Preussen war
ebenso, vielleicht noch mehr als wir, wegen der Haltung besorgt,
die Frankreich im Falle eines Krieges Preussen's und Italien's gegen
Oesterreich annehmen würde." (La Marmora, *Un pó più di luce*,
pag. 80.) — Drei Tage vor Unterzeichnung des geheimen Vertrages
mit Italien sagte Herr von Bismarck zum General Govone: „Dies
Alles, wohl verstanden, wenn Frankreich es will, denn wenn es etwa
bösen Willen zeigte, dann könnte nichts geschehen." (Depesche des
General Govone an den General La Marmora, vom 5. April 1866.
Ebendas. p. 139.)

in seinem Geiste einen Plan zur Reife, der, wie es ihm
schien, den beiden sich bekämpfenden Ansichten genügend
Rechnung trug, und der ausserdem der von ihm an den
Minister des Auswärtigen um dieselbe Zeit gerichteten Em-
pfehlung entsprach: *inertia sapientia!* Ihm war natürlich
mehr als Herrn Drouyn de Lhuys an Italien gelegen; für
ihn lag eine Jugendleidenschaft, vielleicht eine Jugendver-
pflichtung vor, und selbst die Kaiserin Eugenie war seit
dem Eintritt des Herrn von La Valette in's Ministerium,
seit dem Tage, da der Ritter Nigra einige Couplets voller
Grazie und zarter Anspielungen auf eine Gondel gedichtet,
die sie für den Teich von Fontainebleau sich hatte erbauen
lassen, von Begeisterung für die Befreiung Venedig's ent-
flammt. Nicht minder eingewurzelt und verhängnissvoll
für Frankreich war Louis Napoleon's Zuneigung zum Vaterlande Blücher's und Scharnhorst's; die „grossen Geschicke"
der Brandenburger Monarchie bildeten einen seiner kosmo-
politischen Glaubensartikel. „Die geographische Lage
Preussen's weist ihm schlechte Grenzen an" sagte
der Kaiser noch im folgenden Jahre in einem feierlichen
Augenblicke und einem nur zu sehr vergessenen Documente.*)
Er dachte sicher nicht daran, das Habsburgische Reich zu
zerstören und den Hohenzollern vom Belt bis zur Adria
herrschen zu lassen, wie die Intransigenten und *Know-nothing*
des Nationalitätenprincips es leicht zugegeben hätten. Da
er in Staatsangelegenheiten einen grossen Werth auf die
Logik legte, und darin (darin vielleicht allein) war sein
Geist wirklich französisch geartet, so hätte der ehemalige
Gefangene von Ham gern ein wesentlich protestantisches

---

*) Brief des Kaisers an Herrn Drouyn de Lhuys, vom 11. Juni
1866. Diesem, dem gesetzgebenden Körper feierlich vorgelegten Briefe
sind die folgenden Citate entnommen.

Preussen gegenüber einem traditionell katholischen Oesterreich in Deutschland geschaffen, indem er dagegen den
Mittelstaaten eine religiös wie politisch schwankende Stellung anwies. Ein an der Elbe und der Ostsee vergrössertes
und abgerundetes Preussen, das in Folge dessen „im Norden kräftiger und homogener" geworden wäre, schien ihm
eine nützliche, Russland gegenüber fast unumgänglich nothwendige Combination und es war dann nur gerecht, dass
die Monarchie Friedrich's des Grossen als Ersatz für die im
Norden erworbenen protestantischen Gebiete Schlesien ver-
liere, ein katholisches Land und ehemaliges Besitzthum
Habsburg's, dass sie auch auf die katholischen Rheinprovinzen verzichte, die zu sehr ausserhalb ihres natürlichen
Gesichtskreises lägen. „So würde man Oesterreich seine
grosse Stellung in Deutschland bewahren," besonders seine
Stellung als grosser katholischer Staat, und der Wiederge-
winn Schlesien's wäre für den Kaiser Franz Joseph ein reicher Ersatz für Venetien, das er dem Könige Victor Emanuel abtreten würde. Was die deutschen Mittelstaaten an-
betrifft, so würde man zu ihrem Vortheil mehrere der kleinen unnützen Fürsten mediatisiren, ihnen vielleicht als
neues Bundesglied einen neuen Staat aus den Preussen ent-
zogenen Rheinprovinzen geben, ihnen jedenfalls „eine engere
Vereinigung, eine stärkere Organisation, eine wichtigere
Rolle" sichern, wie dies von den grossen Strebern der Würz-
burger Partei, den Advokaten der Triasidee, den Herren
von Beust, von der Pfordten und von Dalwigk fortwährend
gefordert wurde. Sonderbar! in den grossen, weltumfassen-
den Plänen, welche die Befriedigung der „legitimen Bedürfnisse" Italien's, Preussen's, Oesterreich's, des deutschen Bundes im Auge hatten, blieb die einzige dunkle Frage, die im
Gehirn des französischen Souveräns auch nie eine Lösung

gefunden, die nach dem Gewinn, den er im Angesichte
einer so allgemeinen Umgestaltung der europäischen Verhältnisse für sein eigenes Land fordern dürfe. Er wagte es
nicht, an Belgien zu rühren; das wäre, erklärte er offenherzig, „ein Act der Räuberei." *) Er machte sich auch
keine Illusionen über die Möglichkeit einer Annexion
bedeutender deutscher Gebiete; er ging für gewöhnlich
über die Idee einer einfachen Grenzberichtigung an der
Saar und in der Pfalz und der Neutralisation der deutschen Festungen am Rhein nicht hinaus. Selbst auf ein
so bescheidenes Maass beschränkt, schien ihm der Zweck,
mit Rücksicht auf die weit grössere moralische Genugthuung, die Frankreich in der Vollendung seiner
italienischen Aufgabe und der rationellen Ordnung der
deutschen Angelegenheit finden musste, nicht minder er-
strebenswerth.

Was übrigens bei der herannahenden Verwicklung
seinen im Grunde hochherzigen und humanitär angehauch-
ten Gesinnungen schmeichelte, war die Hoffnung, für sein
Land, für das Universum, bedeutende Vortheile zu gewinnen, ohne zum Schwerte greifen, ohne einen Tropfen Bluts
vergiessen zu müssen, durch „die rein moralische Kraft,"
durch den Einfluss des blossen Namens Frankreich. Er
war entschlossen, eine „aufmerksame Neutralität" zu beobachten, nur im äussersten Falle aus derselben herauszutreten, wenn etwa gar zu vollständige Siege einer der beiden
kriegführenden Parteien eine „Störung des Gleichgewichts

---

*) Dieses Ausdrucks hat er sich mehrfach und mit Nachdruck
in den Ministerräthen vor 1866 bedient. Erst später, nach Sadowa,
gab er einen Augenblick in seiner belgischen Politik der „Actionspartei" nach und ertheilte er seine Zustimmung zu den geheimen
Unterhandlungen vom Monat August 1866. (S. weiter unten, Kap. VII.)

oder Veränderung der Karte Europa's zu Gunsten einer
einzigen Macht" herbeiführen sollten. Er sprach dies laut
bei jeder Gelegenheit aus und rechnete sich eine so uninteres-
sirte Politik zum Ruhme an — eine recht sonderbare Politik bei alledem, die nach dem sehr treffenden Worte des
Prinzen Napoleon sich von vornherein als Feindin des Sie-
gers erklärte! „Sie haben die Adresse Ihres Briefes geändert," sagte mit beissendem Spott der Sieger von Austerlitz zum preussischen Gesandten, der ihm die Glückwünsche
seines Souveräns überbrachte; der Neffe Napoleon's I. richtete sich so ein, dass er die Adresse nicht ändern konnte,
dass er im Voraus den noch unbekannten Sieger gegen sich
einnahm. Freilich glaubte er ihn zu kennen, erblickte er
ihn mit aller Welt im Kaiser von Oesterreich und gedachte
er, vorläufige Vereinbarungen mit ihm zu treffen. Und
sollte übrigens auch die Armee Wilhelm's I. sich viel über-
legener zeigen, als allgemein von ihr angenommen wurde,
— und scharfblickender als seine Umgebung, gab er eine
solche Eventualität vollständig zu — so sah er in diesem
Falle einen recht langen, ermüdenden Kampf voraus, der
die beiden Parteien erschöpfen und es ihm noch mehr erleichtern würde, als Richter auf dem Schlachtfelde und als
Beschützer des Rechts zu interveniren. Er hoffte demnach
zu selbstgewählter Stunde, wann und wie es ihm schicklich
schiene, ein Friedenswort sprechen, auf Recht und Billig-
keit hinweisen zu können, und war überzeugt, dass „dies
Wort gehört werden würde . . ." Wichtig für den Augenblick war nur, dass Preussen den Kampf beginne, und um
es dahin zu bringen, musste man ihm die Allianz mit Italien verschaffen. Es war auch nothwendig, am preussischen Hofe eine unzeitige Debatte über etwaige zukünftige
Combinationen und Ausgleichungen zu vermeiden, da die

geringste Hinweisung auf diesen zarten Punkt den König von Preussen in seinen patriotischen Gesinnungen verletzen, seinen Kriegseifer abkühlen und eine ganze grosse Welt schon im Keime vernichten konnte! Besser war es, nichts zu verlangen, nichts zu gestatten, nichts auf's Spiel zu setzen. Wozu nützte es auch, sich von einem Insolventen Wechsel ausstellen zu lassen, Deckung von Jemand zu fordern, dessen Schicksal so wenig gesichert schien und den man aller Wahrscheinlichkeit nach nur zu bald gegen zu harte Bedingungen, die der österreichische Sieger ihm auferlegen möchte, zu schützen, ja zu vertheidigen berufen sein würde? . . .

So complicirt und spitzfindig die vom Kaiser der Franzosen ersonnene Strategie auch war, so ist es doch zweifellos, dass Herr von Bismarck sie von Anfang an durchschaute, sie errieth, gewissermaassen vorahnte, ehe sie noch im Haupte ihres Urhebers eine fertige Gestalt angenommen; wir haben auch einen schlagenden Beweis für diese Ansicht. Im August 1865, zur Zeit wo zwischen der preussischen und der italienischen Regierung die ersten Besprechungen stattfanden, welche durch den plötzlichen Abschluss des Gasteiner Waffenstillstandes unterbrochen wurden, schrieb Herr Nigra an den General La Marmora, augenscheinlich unter dem Einflusse der ihm von seinem preussischen Collegen, dem Grafen Goltz in Paris gemachten Bemerkungen: „Das Berliner Cabinet möchte nicht, dass, wenn der Krieg einmal begonnen habe und erklärt sei, Frankreich wie der Neptun Virgil's auftrete, um den Frieden zu dictiren, Bedingungen zu stellen oder einen Congress nach Paris zu berufen . . ." *) So ist in diesen we-

---

*) Depesche des Ritters Nigra vom 8. August 1865. (LA MARMORA, p. 45.)

nigen Zeilen, die lange vor Biarritz geschrieben sind, schon
Alles vorausgesehen, Alles bis auf den Congress, mit dem
natürlich ein Napoleon III. an dem einen oder andern Tage
hervortreten musste, und den er in der That auch im
Mai 1866 in Scene zu setzen dachte. „Die Schwierigkeit
besteht also darin," fährt Herr von Nigra in seiner Depesche
fort, „von Frankreich die Zusage absoluter Neutralität zu
erlangen. Wird der Kaiser Napoleon oder kann er diese
Zusage geben? Wird er sie schriftlich geben wollen,
wie Preussen dies wünscht? . . ." Diese Zusage absoluter Neutralität hat Herr von Bismarck in Biarritz
(October 1865) sicher nicht erhalten, noch weniger war dort
von irgend einem schriftlichen Abkommen die Rede;
aber er erfuhr aus hohem Munde, dass Italien Recht habe,
an die „Vollendung seiner Einheit" zu denken, und auch
gewiss die erste günstige Gelegenheit dazu nicht versäumen werde, — dass Frankreich fest entschlossen sei,
Deutschland zu respectiren, ihm jenseits des Rheins in seinen „nationalen Bestrebungen" nicht in den Weg zu treten.
Wenn nicht etwa die Karte Europa's zu seinem Schaden
eine Umgestaltung erleide, so werde Frankreich die Neutralität bewahren, und die Neutralität könne nicht anders
als eine „wohlwollende" sein, sobald die Interessen Italien's
auf dem Spiele ständen. Etwas wie eine Reminiscenz, wie
ein Bruchstück der Besprechungen in Biarritz erkennen wir
in der merkwürdigen Erklärung, die der preussische Ministerpräsident sechs Monate später General Govone abgegeben,[*] „dass ausser dem Gewinnantheil, den er dabei
finden könne, und selbst schon vom principiellen Stand-

---

[*] Depesche des Generals Govone vom 17. März 1866. (LA
MARMORA, pag. 66.)

punkte aus, der Kaiser der Franzosen eher den Krieg um
die deutsche Einheit als den Krieg um die Elbherzogthümer
billigen würde ! . . ."

Was während des Aufenthaltes in Biarritz einem klugen Beobachter wie Herrn von Bismarck am wenigsten entgehen konnte, war der Einfluss, den die warme Anhäng-
lichkeit an das Vaterland Cavour's und Manin's auf Louis
Napoleon's Geist ausübte; hier war der Schlüssel zur Po-
sition, die rechte Antwort auf das Räthsel der Sphinx, und
diese Gewissheit liess den preussischen Minister über manche
noch beunruhigende Zweifel, über manche Lücke in den
Eröffnungen des schweigsamen Kaisers hinwegsehen.*) In
gewisser Beziehung konnte er über die gegen ihn beobachtete Zurückhaltung, über das ängstliche Vermeiden jeder eingehenden Discussion sich nur Glück wünschen;
beides schützte ihn vor jeder genauen Verpflichtung, jedem
vorzeitigen Angebot; es gestattete ihm seinerseits, sich in
allgemeinen Ausdrücken zu bewegen, phantastische Wande-
rungen durch alle Lüfte, alle Jahrhunderte zu machen —
und daran liess er es wahrlich nicht fehlen. Er sprach
von Belgien und einem Theile der Schweiz als nothwendige
und berechtigte Compensation der französischen Einheit, —
von dem gemeinsamen Handeln Frankreich's und Deutschland's für die Sache des Fortschritts und der Humanität, —
der künftigen Uebereinstimmung zwischen Paris, Berlin und
Florenz, ja London und Washington, um die Geschicke
Europa's zu leiten, um die der ganzen Welt zu ordnen,
um Russland z. B. seinem wahren Berufe in Asien und
Oesterreich seiner civilisatorischen Aufgabe an der untern

---

*) Nach seiner Rückkehr von Biarritz war es, als Herr von
Bismarck zum Ritter Nigra jene bezeichnenden Worte sprach: „Wenn
Italien nicht existirte, müsste man es erfinden." (La Marmora, pag. 59.)

Donau zurückzugeben. Wie oft sah man auf jenem nun historisch gewordenen Strande am Golf von Biscaya den Kaiser Napoleon III. am Arme Prosper Mérimée's langsam hinwandeln, während der preussische Ministerpräsident ihm in respectvoller Entfernung folgte, seine laute Rede mit lebhaften Gesten begleitete, und als einzige Antwort ein matter, halb ungläubiger Blick auf ihn fiel; wie schmerzlich verweilt der Gedanke heute vor jener eigenthümlichen Gruppe, dem romantischen Cäsar, dem cäsarischen Romantiker und dem furchtbaren Realisten, der, obgleich in diesem Momente sehr unterwürfig gegen seinen kaiserlichen Wirth, ihm vier Jahre später das Gefängniss auf Wilhelmshöhe anweisen sollte! Von Zeit zu Zeit liess Napoleon III. den Autor der *Colomba* durch einen heimlichen Druck auf den Arm fühlen, wie komisch ihm der Diplomat mit ausschweifender Phantasie, der Repräsentant einer mehr als problematischen Macht vorkam, der Europa so behend zerlegte und Königreiche austheilte . . . „Er ist verrückt! . . ." raunte er sogar eines Tages seinem Begleiter in's Ohr; doch ehe man sich in Schmähungen gegen ein seither so schwer gebüsstes Wort ergeht, thäte man vielleicht gut, sich folgender Stelle in einer Depesche zu erinnern, die General Govone ein Jahr später geschrieben: „Herr Benedetti, als er über den Grafen Bismarck mit mir sprach, sagte, er sei eigentlich ein wahnsinniger Diplomat; *) Herr Benedetti unterliess nicht, dabei noch zu versichern, er kenne seinen Mann von lange her, habe ihn seit fünfzehn Jahren nicht aus den Augen verloren! . . . "

Musste er, um die brandenburgische Monarchie in ein so ungeheuer gefährliches Abenteuer wie das von 1866 zu

---

*) Depesche des Generals Govone vom 6. April 1866. (LA MARMORA, pag. 139.)

stürzen, nicht in der That ein klein wenig wahnsinnig
sein, jenes „Körnlein Verrücktheit" besitzen, das Molière
allen grossen Männern zuschreibt, das Boerhave *) ebenfalls an jedem Genie zu finden meint? Der Minister des
Königs Wilhelm sagte es übrigens in Paris, dass er vielleicht einem zweiten Olmütz entgegen gehe, und seine Biographen citiren ein noch weit charakteristischeres Wort aus
seinem Munde: „dass der Tod auf dem Schaffot unter gewissen Umständen weder die entehrendste noch die schlimmste
Strafe sei." Vom diplomatischen Gesichtspunkte aus beschränkte sich seine einzige Sicherheit auf Napoleon's grosse
Liebe zu Italien's Sache; aber nach wie vor Biarritz stand
immer der Neptun Virgil's mit dem drohenden *quos ego*
vor ihm: war der Krieg einmal erklärt und begonnen, so
konnte Frankreich stets auftreten, den Frieden dictiren, die
Bedingungen stellen oder einen Congress einberufen. Es
lag also Alles daran, der wohlwollenden Neutralität Napoleon's III. nicht Zeit zu einer unausbleiblichen Schwenkung
zu lassen; es lag Alles daran, schnell und gut zu handeln, von vornherein einen Schlag zu führen, der den Frieden
in Wien dictirte und in Paris Achtung gebot: nur unter
dieser Bedingung war der Sieg erreichbar! Wie nun aber
in dieser Welt Alles auf's Glück ankommt, oder wie Herr
von Bismarck im feierlichsten Augenblick sich ausdrückte, **)
da „der allmächtige Gott auch seine Launen hat," wie weit
war auf eine seit kaum vier Jahren gebildete Armee zu zählen,
die eben so wenig wie ihre Führer je den grossen Krieg
gesehen? Es ist in der That ein ausserordentlicher Umstand, der in der Geschichte ewig Staunen erregen wird:

---

*) *Est aliquid delirii in omni magno ingenio.*
**) Im Augenblick, wo die Feindseligkeiten begannen. Depesche
des Herrn von Barral vom 15. Juni 1866. (LA MARMORA, pag. 332.)

von den beiden Männern, welche die schreckliche Verantwortlichkeit für den entbrennenden Krieg speciell auf sich
nahmen, hatte keiner noch ein höheres Commando geführt,
keiner seinen Namen auf einem grossen Schlachtfelde verherrlicht! Vor 1848 war der Feldzug in Syrien zwischen
der Türkei und Aegypten der einzige, dem Herr von Moltke
beigewohnt; 1864 hatte er im dänischen Kriege gefochten.
General von Roon stand 1832 bei einem „Observationscorps", das den Franzosen zuschaute, wie sie Antwerpen be-
lagerten; seitdem hatte er sich durch geographische Hand-
bücher ausgezeichnet. „Nach Allem was wir von Officieren
vernommen haben," schrieb General Govone am 2. April
1866 aus Berlin, „ist die Armee nicht für einen Krieg gegen
Oesterreich begeistert; es herrschen vielmehr österreichische
Sympathieen in ihren Reihen. Ich weiss wohl, dass wenn
einmal der Krieg erklärt ist, die Armee electrisirt sein und
wacker ihre Pflicht thun wird, doch ist sie weder als ein
Ansporn noch als eine Stütze für die Politik zu betrachten,
die Herr von Bismarck zur Geltung bringen möchte.*)
Was nun die öffentliche Meinung in Deutschland, was
das Nationalgefühl der blonden Kinder Hermann's des
Cheruskers betrifft, so traf hier die Politik des preussischen
Ministeriums statt auf einen Ansporn oder eine Stütze nur
auf Widerstand und laute Entrüstung. Es gehörte die ganze
napoleonische Ideologie dazu, um in dem sich vorbereitenden
Kampfe „das mächtige Ringen um die deutsche Einheit"
zu erkennen; die Stockblindheit der autoritären und demokratischen Presse in Frankreich gehörte dazu, um das Unternehmen des Herrn von Bismarck jenseits des Rheins mit

---

*) Depesche des Generals Govone vom 2. April 1866. (La
Marmora, pag. 131.)

dem Werke Cavour's auf der italienischen Halbinsel zu vermengen. Die deutsche Nationalität war nirgends unterdrückt noch bedroht; keiner der Bundesstaaten seufzte unter fremdem Joche, die herrschenden Häuser in Hannover, Sachsen, Württemberg, Baiern u. s. w. waren uralte, ruhmvolle, eingeborne, mit der Geschichte des Landes verwachsene, volksthümliche Dynastieen; die meisten dieser Staaten waren im Genusse constitutioneller und parlamentarischer Einrichtungen, die man in Berlin vergebens suchte; die Städte Frankfurt, Lübeck, Hamburg, Bremen, waren sogar Republiken! Heutzutage wo der Erfolg die Herzen und sogar das Gedächtniss der Zeitgenossen umnebelt und eine armselige Philosophie der Geschichte stets bei der Hand ist, die Gegenwart durch Fälschung der Vergangenheit zu rechtfertigen, ist man vollständig bereit, die unwiderstehliche „providentielle" Bewegung anzuerkennen, welche Deutschland zur preussischen Einheit führte und mit Herrn von Bismarck den Feldzug von 1866 ein „blosses Missverständniss" zu nennen. In Wahrheit war dieser Feldzug ein Bürgerkrieg, ein Bruderkrieg, den sogar das preussische Volk mit einem Fluche auf seinen Urheber noch am Vorabende der Schlacht bei Sadowa verleugnete. Bei Beginn des Krieges bestürmten die wichtigsten Städte des Königreichs, Köln, Magdeburg, Stettin, Minden u. s. w. den König mit Bittschriften zu Gunsten des Friedens und gegen „die unselige Politik des Cabinets;" die grosse Gesellschaft der Kaufleute zu Königsberg, der Heimath Kant's, beschloss sogar, an des Königs Geburtstag nicht mehr zu illuminiren. Bald nach seiner Ankunft in Berlin schrieb General Govone: „Nicht nur die höheren Stände, sondern auch die Mittelklassen sind gegen den Krieg oder doch wenig für ihn gestimmt. Diese Abneigung spricht aus allen Volksblättern; es existirt kein Hass gegen Oesterreich. Ausserdem, obgleich die Kammern weder ein grosses Ansehen noch grosse Popularität geniessen, ziehen die Debatten dem Grafen Bismarck noch mehr Feinde zu." Zwei Monate später, bei Beginn der Feindseligkeiten, schrieb der italienische Bevollmächtigte : „Unglücklicherweise erwacht der öffentliche Geist in Preussen sogar im Angesichte einer so schicksalsschweren Situation nicht sehr merklich." *)

Zwar war keins dieser Hindernisse mächtig genug, um den preussischen Ministerpräsidenten in seinen Entschlüssen zu erschüttern, noch ihn auf der einmal vorgezeichneten Bahn aufzuhalten. Von ganz anderer Bedeutung waren freilich die Schwierigkeiten und Zaudereien, gegen die er am Hofe selber, bei den „Potsdamer Perrücken," besonders bei seinem Souverän zu kämpfen hatte. Trotz des Glaubens Wilhelm's I. an seine „hohe Mission," trotz des festen Entschlusses, um jeden Preis seinen guten Kieler Hafen zu behalten, betrachtete er nichts desto weniger einen offenen Kampf mit dem Kaiser von Oesterreich, einen Act erklärter Feindseligkeit gegen den deutschen Fürsten, der den verehrten Namen Habsburg führte, als den letzten, äussersten Schritt, und mochte zu demselben sich nicht eher entschliessen, als bis alle Mittel friedlicher Verständigung erschöpft seien. In diesem äussersten Falle zog er auch im Gegensatz zu Napoleon III. den kleinen Krieg um die Herzogthümer dem grossen um die deutsche Einheit vor; was ihn aber vor Allem zurückstiess, war der Gedanke eines Bündnisses mit Italien, eines wahren Schutz- und Trutzbündnisses, statt eines „generischen" Vertrages mit einer vagen

---

*) Depeschen des Generals Govone vom 2. April und 22. Mai 1866. — (La Marmora, pag. 131 und 245.)

Erklärung gegenseitiger Allianz und Freundschaft, die, wie man ihm Anfangs versprochen, nur dazu dienen sollte, Oesterreich zum Nachdenken und Nachgeben zu bewegen. Der redliche Hohenzollern sollte Hand in Hand mit einem Welschen gegen einen Habsburger Krieg führen! Der Gesalbte des Herrn, das alte Mitglied der Heiligen Allianz, sollte der Waffenbruder eines Victor Emanuel werden, jenes Repräsentanten der Revolution, des Usurpators, der so viele legitime Fürsten vertrieben, seinen eigenen Neffen belagert und entthront hatte und neben sich im königlichen Staatswagen einen Garibaldi in rothem Flanellhemde hatte sitzen lassen !

Die Gemüthsschwankungen, die Gewissensbisse in diesem Punkte waren sehr aufrichtig, was man darüber auch gesagt haben möge; und es bedurfte der wunderbaren Kunst des Herrn von Bismarck, um die nicht seltenen krankhaften Anfälle zu heilen. „Hier ist mein Arzt!" sollte eines Tages der greise Monarch mit Hinweisung auf seinen ersten Minister zu einer russischen Prinzessin sagen, die ihn wegen seines guten Aussehens beglückwünschte. *) Die Schwierigkeit, „den König zu gewinnen," über seine „alten Ideen," seine „legitimistischen Scrupel" zu triumphiren — diese Worte wiederholen sich fortwährend im Munde des Herrn von Bismarck in den Unterhaltungen vom Frühling 1866, die durch die werthvollen Berichte des Herrn Govone glücklicherweise der Nachwelt bewahrt worden sind. Gewiss, wenn man diese Berichte sowie die andern Depeschen liest, die der Marquis La Marmora der Oeffentlichkeit übergeben, glaubt man einer Comödie von hundert Acten beizuwohnen, die alle ein mehr oder weniger anmuthiges Licht auf die Menschennatur

---

*) Georg Hesekiel, III. S. 271.

werfen; man stellt sich unwillkürlich die Frage, wer es in
der Kunst der diplomatischen Redefiguren und der Doppel-
züngigkeit weiter gebracht, die Enkel Macchiavelli's oder die
Erben des deutschen Ritterordens? Man kann dabei bewundern, wie die „Viper" des Südens, um einen offenherzigen
Ausdruck des italienischen Unterhändlers zu brauchen, es
versucht, den „Charlatan" des Nordens zu stechen; und
der Charlatan, seinen Fuss auf die Viper zu setzen.[*] Das
Merkwürdigste und Belehrendste in diesen Dokumenten ist,
zu sehen, wie viele Dinge der preussische Ministerpräsident
seinem hohen Herrn hat beibringen können, wie viele er
aus dessen Gedächtniss getilgt hat. Die unzweifelhaft merkwürdigste Vergesslichkeit ist ein gewisses Ehrenwort, das
im Juni 1866 von einer sehr hohen Person dem Kaiser
Franz Joseph gegeben worden, es sei kein Vertrag mit Italien unterzeichnet,[**] während jener Vertrag, ein in aller
Form Rechtens abgeschlossenes Schutz- und Trutzbündniss,
schon zwei Monate alt war, den 8. April in Berlin von den
beiderseitigen Bevollmächtigten unterzeichnet, vom König
von Italien am 14. in Florenz und dann am 20. vom König
von Preussen in Berlin ratificirt worden war.

Neben dem officiellen Italien unterliess der preussische
Minister nicht, auch das unterirdische, das in den niederen
Schichten der Monarchie wühlende Italien für seine Zwecke
zu gewinnen, und General La Marmora beklagt sich in seinem interessanten Buche wiederholt „über die intimen und

---

[*] . . . *E la vipera avrà morsicato il ciarlatano.* (Depesche
des Generals Govone vom 15. März 1866.) (LA MARMORA, pag. 88.)

[**] Es war dies die Königin Augusta in einem Briefe an den
Kaiser von Oesterreich, in welchem sie sagte, sie habe das Ehrenwort
ihres königlichen Gemahls. (S. die merkwürdige Depesche des Herrn
von Nigra vom 12. Juni 1866, sowie das Telegramm des Generals
La Marmora von demselben Tage.) (LA MARMORA, pag. 305 und 310.)

herzlichen Beziehungen, die der preussische Gesandte in
Florenz, Graf Usedom, zu einigen Mitgliedern der Actionspartei unterhalte," und deren unheilvollen Rathschlägen er
nur zu oft ein geneigtes Gehör leihe. Auch der preussische
Consul in Bukarest hielt im Februar 1866 die Fäden einer
Verschwörung in Händen, die den Sturz des Fürsten Cusa
herbeiführen und für die Action der Berliner Regierung
einen Schachzug vorbereiten sollte. „Der Liberalismus ist
nur eine Kinderei, die man leicht zur Raison bringen kann;
die Revolution aber ist eine Macht, und man muss sich
ihrer zu bedienen wissen," hatte eines Tages Herr von
Bismarck in Paris gesagt, und er sollte die Wahrheit seines
Aphorismus bald bestätigen. Man weiss, dass seine Beziehungen zu Mazzini noch lange nach Sadowa fortgesetzt
wurden, *) und die 1866 von magyarischen Führern gegen
Preussen eingegangenen Verpflichtungen haben seitdem und
weit mehr als man es im Allgemeinen vermuthet, auf die
äussere Politik der Habsburger einen Druck ausgeübt, ja
sie thun es noch heutigen Tages. Und auch in den geheimen Gesellschaften der europäischen Revolution wurde
der phantastische Feldzugsplan ausgeheckt, den Herr von
Usedom dem General La Marmora in seiner bekannten Depesche vom 17. Juni **) aufzwingen wollte; er empfahl

---

*) Die Bemerkung ist nicht unwichtig, dass der strategische
Theil der Note des Herrn von Usedom die fast wörtliche Copie
eines von Mazzini im *Dovere* von Genua am 26. Mai 1866 veröffentlichten Artikels war.

**) Nach dem Tode des grossen italienischen Agitators ver-
öffentlichten die Florentiner Zeitungen seine mit Herrn von Bismarck
während der Jahre 1868—69 geführte Correspondenz. In Voraussicht eines Krieges zwischen Frankreich und Deutschland giebt
Mazzini den Plan in die Hand, Victor Emanuel zu stürzen, wenn
dieser sich zum Alliirten des Kaisers Napoleon machte.

darin einen gründlichen Krieg, die Umgehung des Festungs-
vierecks, einen Marsch längs des adriatischen Meeres und
Einmarsch in Ungarn, welches Land sich auf den Namen
Garibaldi's sofort erheben werde; „so schlagen wir Oesterreich nicht nur an seinen äussersten Grenzen, sondern treffen es in's Herz." Was nun den Versuch betrifft, unter
dem Befehl des Generals Klapka eine Legion aus österreichischen Deserteuren zu bilden, so hat der preussische
Ministerpräsident vor den Kammern in einer berühmten
Rede freilich behauptet, dass er bei Beginn des Krieges
alle diese Projecte energisch von sich gewiesen. „Erst nach
der Schlacht bei Sadowa, im Augenblick, als Kaiser Napoleon III. die Möglichkeit seiner Intervention in einer tele-
graphischen Depesche hatte durchschimmern lassen, erst
dann habe ich als einen Act legitimer Vertheidigung die
Bildung jener ungarischen Legion nicht befohlen, sondern
zugelassen." Unglücklicherweise stimmen die Daten mit
den Erklärungen des jetzigen deutschen Reichskanzlers nicht
überein. Die Schlacht bei Sadowa wurde am 3. Juli geschlagen; seit dem 12. Juni aber liess Herr von Bismarck
die italienische Regierung wissen, dass er definitiv die Mitwirkung der slavischen und ungarischen Ausreisser annehme,[*]
und es steht fest, dass die preussische Regierung lange vor
Sadowa, ja sogar lange vor Beginn des Krieges, zu einem
Mittel gegriffen, das nach den eigenen Ausdrücken des
Kanzlers „die magyarischen und dalmatinischen Regimenter
zu Aufruhr und Verrath verleiten musste." Vergessen wir
dabei nicht, dass während der Unterhandlungen mit Mazzini und Klapka der preussische Minister nicht ermangelte,

---

[*] S. die Noten des Herrn von Usedom vom 12. und 17. Juni,
sowie die Depesche des Grafen Barral vom 18. Juni. (LA MARMORA,
pag. 316, 331, 345—348.)

Oesterreich vor dem gesammten Europa jacobinischer Gesinnung zu bezichtigen: „Der König, unser hoher Herr," heisst
es in einer preussischen Depesche vom 26. Januar 1866, „ist
schmerzlich davon berührt, unter der Aegide des österreichischen Adlers (in den Elbherzogthümern) sich revolutionäre
und allen Thronen feindliche Tendenzen ausbreiten zu sehen.
Wenn man in Wien glaubt, die Umwandlung eines bisher
durch seine conservativen Gesinnungen glänzenden Volks-
stammes in einen Herd revolutionären Treibens mit ansehen
zu dürfen, so können wir unsererseits dies nicht und sind
auch entschlossen, es nicht zu thun."

Mit so finsteren Umtrieben und mehr oder weniger
zulässigen Unterhandlungen, fortwährenden Kriegsvorberei-
tungen und anhaltendem Notenaustausch, parlamentarischen
Debatten und fast täglichen Kämpfen mit den Hofper-
rücken verbrachte der preussische Ministerpräsident die
ersten sechs Monate des Jahres 1866, und selten hatte ein
Staatsmann eine unruhigere, aufregendere Zeit durchgemacht.
Die Fluth der Ereignisse führte ihn bald an's Ufer, bald
trieb sie ihn wieder in's offene Meer hinaus, schien sie ihn
mehr als je vom Ziele zu entfernen. Jene Revolution in
Rumänien und die Berufung des Prinzen von Hohenzollern
war z. B. ein grosser Glücksfall, denn er schlug unversehens die Thüre zu, durch welche nach der Ansicht manches Politikers jener Zeit die venetianische Frage hätte in
Frieden abziehen können und französische Hände waren es,
die zur Einsetzung des preussischen Prinzen an den Ufern
der Donau mitgeholfen hatten.*) Einen Augenblick darauf

---

*) In einer Depesche vom 1. März 1866 schreibt Herr Nigra
an den General La Marmora, dass er seiner Autorisation gemäss es
versucht habe, die Frage des Austausches der Donaufürstenthümer
gegen Venetien in Anregung zu bringen. Er hat die Vortheile her-

wurde Herr von Bismarck indessen aus seiner Sicherheit
durch dumpfe Gerüchte aufgeschreckt über Unterhandlungen,
die zwischen Oesterreich und Frankreich wegen der St. Mar-
cusstadt im Gange seien. Er benutzte dieselben wenigstens,
um den König am 8. April den geheimen Vertrag mit der
Florentiner Regierung unterzeichnen zu lassen; das vom
Wiener Cabinet gemachte Anerbieten der Entwaffnung, die
Verhandlungen im gesetzgebenden Körper und die Kundgebungen der öffentlichen Meinung in Frankreich, die sich
mehr und mehr für den Frieden aussprach, brachten aber
bald wieder eine verzweifelte Windstille und beseelten die
zahlreichen Anhänger Oesterreich's am preussischen Hofe
mit neuem Muth. Napoleon III. leistete darauf dem preussischen Minister den ausgezeichneten Dienst, die grosse politische Maschine, die in's Stocken gerathen war, wieder in
Bewegung zu setzen; er hielt die Rede von Auxerre (6. Mai)
und kündete den Verträgen von 1815 offene Fehde an. Dies
hinderte ihn jedoch nicht, alle Pläne des Herrn von Bismarck durch den plötzlichen Vorschlag zu einem Congress
zu stören und unter dem Eindrucke dieses neuen Zwischenfalls sprach der preussische Ministerpräsident zum ersten
Mal von Compensationen für Frankreich. „Ich bin viel
weniger Deutscher als Preusse," sagte er zum General Govone; es würde mir nicht schwer, alles Land zwischen Rhein
und Mosel Frankreich abzutreten; der König aber würde
schwere Scrupel haben." *) Wohlverstanden hätte er dafür

vorgehoben, die eine solche Lösung für Frankreich und für England
hätte, die auf diese Weise die beiden Programme des Krimmkrieges
und des italienischen Krieges erfüllt sehen würden. Der Gesandte
setzt hinzu, dass Kaiser Napoleon von dieser Idee ganz eingenommen
gewesen sei. (La Marmora, pag. 119.)

*) Depesche des Generals Govone vom 3. Juni 1866. (La Mar-
mora, p. 275.)

Frankreich's thätige Mitwirkung am Kriege gefordert, was
durchaus nicht in den Plänen Napoleon's III. lag, was der
Stand der öffentlichen Meinung in Frankreich auch nicht
gestattete. „Der Congress und der Frieden" — schrieb Herr
Benedetti den 29. Mai *) — „würde alle Projecte des Herrn
von Bismarck gerade in dem Augenblicke über den Haufen
werfen, wo er am Vorabend ihrer Verwirklichung zu stehen
glaubt. Er gehört nicht zu den Leuten, die sich leicht
Illusionen hingeben und ist überzeugt, dass seine ehrgeizige
Politik vor einer Conferenz der Mächte sich ducken und
die Segel streichen müsste . . . Er fürchtet zugleich durch
seine Abwesenheit (wenn er nach Paris zum Congress ginge)
den Erfolg geheimer Einflüsterungen, die nicht darauf verzichtet haben, eine Annäherung zwischen den Souveränen
der beiden deutschen Grossstaaten herbeizuführen. Wenn
er abreiste, könnte es gelingen, die Zustimmung des Königs
zu einer Zusammenkunft mit dem Kaiser von Oesterreich
zu erlangen, und es liegt ihm viel daran, die Zugänge zum
Palais selber zu überwachen. Er hegt in dieser Beziehung
so lebhafte Befürchtungen, dass er, wie man mir versichert,
sich vornimmt, den König in's Feld zu begleiten, wenn der
Krieg zum Ausbruch kommt . . ." In der Zwischenzeit
erfuhr er, dass neue Unterhandlungen zwischen Oesterreich
und Frankreich wegen Venedig's angeknüpft worden und
dass andererseits der König ohne sein Vorwissen dem Kaiser
Franz Joseph Vorschläge zur friedlichen Beilegung des
Streites machte: König Wilhelm zog immer noch die kleine
Herzogthümerfrage dem grossen Kriege um die deutsche
Einheit vor. Man ahnt wohl, in welcher Gemüthsstimmung
der Minister damals sein musste, da er sich seit vielen

---

*) *Ma mission en Prusse*, pag. 125 und 129.

Monaten schon gegenüber dem Grafen Barral, italienischen
Bevollmächtigten zu Berlin, darüber beklagte, dass er von
seinen Agenten in London, Florenz und Paris verrathen
werde. Ausserdem glaubte er, seit dem am 7. Mai auf
ihn gemachten Attentat, sein Leben sei in Gefahr; er war
nicht ohne Besorgniss wegen seines Aufenthaltes in Frankreich während des Congresses, an dem er theilnehmen
müsste und den er aus vielen andern Gründen noch fürchtete. „Er geht nur noch in Begleitung aus," meldete Graf
Barral am 1. Juni, „und französische Polizeiagenten werden
an die Grenze kommen, um ihm während der ganzen Reise
zu folgen." *)

Wie man weiss, fand die Reise nicht statt; Preussen,
nach einem Wort des Herrn von Usedom, wurde „vom Congress gerettet" und Fürst Gortschakow hat nicht wenig zu
diesem Rettungswerke beigetragen. Als stets hülfreicher
Freund war er sofort überzeugt, dass die projectirte Conferenz mit den von Seiten Oesterreich's ausgesprochenen
Vorbehalten, **) keinen „practischen Zweck" haben könne
und gab damit das Signal zur allgemeinen Flucht. Von
nun an begann Herr von Bismarck seinen Einfluss auf die
Stimmung seines königlichen Herrn mehr und mehr geltend
zu machen und es gelang ihm, auch den letzten Scrupel zu
beseitigen. „Se. Majestät," telegraphirte der Graf von
Barral noch am 23. Mai aus Berlin, „waren von der Lage
sehr erschüttert und konnten nur mit Thränen in den

---

*) Telegramme des Grafen Barral vom 7. April und 1. Juni 1866.
(LA MARMORA, pag. 441 und 266.)

**) Telegramm von Herrn de Launay aus St. Petersburg vom
1. Juni 1866. (LA MARMORA, pag. 266.) — Aus demselben Werke
ist zu ersehen, mit welcher Beflissenheit Herr von Bismarck diese
Ansicht des russischen Kanzlers aufgriff und sie telegraphisch den
verschiedenen Cabinetten übermachte.

Augen davon reden." Vierzehn Tage später, am 8. Juni,
weinte der König nicht mehr, aber „es lag noch in seiner
Stimme etwas von tiefer Trauer, was deutlich den Entschluss eines Mannes aussprach, der sich eben in's Unvermeidliche schickt, weil er nicht anders kann. Se. Majestät sagten mir, sie besässen volles Vertrauen in die Gerechtigkeit ihrer Sache. «Ich habe ein reines Gewissen,»
setzten sie bewegten Tones und die Hand auf dem Herzen
hinzu; «lange hat man mich angeklagt, ich wolle den Krieg
aus ehrgeizigen Zwecken; jetzt aber weiss, die Welt, wer
der Angreifer ist.»"*)

„Ich werde über Wien oder München zurückkommen,
oder mit der letzten Schwadron einhauen, mit der, die nicht
wiederkehrt," sagte Herr von Bismarck zu einem fremden
Gesandten, als er Berlin am 30. Juni 1866 mit dem Hauptquartier verliess. Zwei Tage später stand er schon auf
dem noch blutigen Felde von Jitschin. „Eben von Sichrow
hier angekommen," schreibt er von Jitschin an seine Frau;
„auf dem Schlachtfelde lag es noch voll von Leichen, Pfer-
den, Waffen. Unsere Siege sind viel grösser, als wir glaubten . . . Schicke mir einen Roman zum Lesen, aber nur
einen auf einmal. Gott behüte Dich!" Dies war am 2. Juli
1866 geschrieben, am folgenden Tage wurde die Schlacht
bei Sadowa geschlagen; am folgenden Tage lag Deutschland
dem sonderbaren Romanleser zu Füssen und Kaiser Napoleon III. sah sich plötzlich aus seinem Roman, seinen langen
humanitären Träumereien aufgeschreckt. Wie Titania im
Sommernachtstraum bemerkte das kaiserliche Frankreich mit
einem Male, dass es, wie von einem unbegreiflichen Gaukel-
werk geblendet, ein Ungeheuer geherzt habe.

---

*) Telegramm des Herrn von Barral. — (LA MARMORA, pag.
248 und 294.)

Und während so viele grosse, wunderbare. schreckliche
Dinge auf der Weltbühne vorfielen, fuhr Russland fort zu
schmollen und sich zu sammeln: es sammelte sich in einer
ewigen Anbetung Preussen's. Vergebens sucht man nach
der Spur seines Handelns während der Ereignisse, die seine
Interessen, seine Familienverbindungen. seine ältesten Traditionen so nahe berührten. „Weil ich eben von Russland
rede," schreibt Herr Benedetti seinem Vorgesetzten im Frühling des Jahres 1866, „so lassen Sie mich auch notiren,
dass ich nicht ohne Erstaunen die Gleichgültigkeit wahrgenommen, mit der das Petersburger Cabinet von Anfang
an die Ansprüche Preussen's und die Eventualität eines Conflicts zwischen den beiden deutschen Grossmächten hinzunehmen schien; dass ich nicht weniger über die unwan-
delbare Zuversicht erstaunt war, in welcher Herr von
Bismarck über die Haltung und die Absichten des nordischen Reiches lebte . . ." Russland schwieg 1865, während der Gasteiner Krise; im Mai 1866 nimmt es die Einladung zum Congresse nur an, um von vornherein an demselben zu verzweifeln und die andern Mächte zu entmuthigen; bei den Nikolsburger und Prager Unterhandlungen
ist es abwesend, es überlässt Frankreich die Sorge um Süddeutschland, um Sachsen, es überlässt ihm sogar die Ehre,
eine Clausel zu Gunsten des unglücklichen Dänemark, der
Heimath der künftigen Czarin, durchzusetzen! Einen Augenblick freilich hatte Herr von Ubril, der russische Gesandte
in Berlin, ein Diplomat aus der alten Schule, seine Aufregung über die Siege und Eroberungen des Hohenzollernfürsten nicht verbergen können; er wurde in aller Eile nach
St. Petersburg gerufen und kam wenige Wochen darauf
vollständig beruhigt von dort wieder zurück und trug eine
Befriedigung zur Schau, die weder die Unglücksschläge der

mit dem russischen Hause verwandten deutschen Fürsten, noch die Ausdehnung der preussischen Militärmacht einen Augenblick mehr zu trüben vermochten." *)

Fürst Gortschakow opferte nicht den alten Götzen des Völkerrechts und des europäischen Gleichgewichts, er theilte nicht gewisse Vorurtheile über „die Solidarität aller conservativen Interessen" und war viel zu hochherzig, um Neid gegen einen guten Nachbar zu empfinden. Hatte er übrigens nicht kaum drei Jahre vorher in dem denkwürdigen Feldzuge gegen Polen „Europa besiegt?" Erlauchte Personen, Prinzessinnen und Grossfürstinnen mochten mit den Frauen der Bibel noch so sehr ausrufen, dass Saul Tausend, David aber Zehntausend getödtet; sie mochten noch so sehr auf ihre beraubten Verwandten, ihre eingezogenen Erbgüter hinweisen: Alexander Michailowitsch beneidete nicht seinen ehemaligen Frankfurter Collegen, der nun Kanzler des Norddeutschen Bundes geworden, um dessen junge Lorbeeren. Er freute sich, Oesterreich gründlich gestraft und Frankreich gründlich in Angst und Sorge zu sehen; im Uebrigen erachtete er, dass Nichts geändert sei, und dass unser Jahrhundert nur einen grossen Kanzler mehr besitze.

---

*) BENEDETTI, *Ma mission en Prusse,* pag. 99 und 254. — Es wird weiter unten von dem vom Fürsten Gortschakow am Tage nach der Schlacht bei Sadowa gemachten und sofort wieder aufgegebenen Vorschlage zu einem Congresse die Rede sein.

Siebentes Kapitel.

Die Lahmlegung Europa's.

Illusionen des Herrn Thiers im Herbst 1870. — Der „russische Carton" in Versailles. — Genaues Datum des Abkommens zwischen
Preussen und Russland gegen Frankreich. — Die Monate Juli
und August 1866. — Bestürzung des Tuilerienhofes am Tage nach
der Schlacht bei Sadowa. — Vorschläge des Herrn Drouyn de
Lhuys. — Opposition der Partei des Palais-Royal und des Herrn
Rouher. — Was zu thun war: Dringlichkeit eines Congresses. —
Napoleon III. entschliesst sich zu einer isolirten Mediation und
sendet Herrn Benedetti in's preussische Hauptquartier. — Merkwürdige Sprache Herrn von Bismarck's gegenüber Herrn Benedetti,
in Brünn und Nikolsburg. — Ein Frankreich gelegter Fallstrick:
er befreit Preussen von jeder Controle der europäischen Mächte
und beschleunigt die Präliminarien von Nikolsburg (26. Juli). —
Ein Wort des Herrn von Bismarck über die Politik „des Trink-
gelds." — Geheime französische Note vom 5. August, in der das
linke Rheinufer mit Mainz gefordert wird. — Stolze Zurückwei-
sung des Herrn von Bismarck. — „Dilatorische Unterhandlungen."
— Reise des Herrn Benedetti nach Paris und Unterdrückung der
Note vom 5. August. — Schwierige Stellung des Herrn Benedetti. — Er befürwortet eine geheime Allianz mit Preussen betreffs Belgien. — Unterredungen hinsichtlich dieses „geheimen
Vertrags." — Unbegreiflicher Leichtsinn des französischen Gesandten am Berliner Hofe. — Definitiver Frieden mit Oesterreich
(26. August). — Plötzliches Misstrauen des Herrn von Bismarck:
er zaudert mit Unterzeichnung des „geheimen Vertrags." — Rücktritt des Herrn Drouyn de Lhuys und Circulardepesche des interimistischen Ministers, Herrn von Lavalette, vom 16. September.
— Gebrauch, den Herr von Bismarck von zwei geheimen Ver-
tragsentwürfen Frankreich's bezüglich des Rheins und Belgien's
macht. — Militärconvention mit den Südstaaten (17.—23. August).
— Mission des Generals Manteuffel nach St. Petersburg (August).

— Verständigung zwischen Preussen und Russland für den Fall eines Krieges mit Frankreich. — Hauptfehler der napoleonischen Politik am Tage nach der Schlacht bei Sadowa: die Elimination Europa's.

In den ersten Tagen des traurigen Monats November 1870 sassen in dem kleinem Salon des Jessé'schen Hauses, Rue de Provence zu Versailles, am Kaminfeuer zwei hochberühmte Persönlichkeiten, deren geringste Schritte das aufgeregte Europa damals mit grösster Spannung beobachtete. Die Ellenbogen auf einen Arbeitstisch gestützt, „darauf zwei Flaschen standen, die mit ihren Kerzen im Halse den Dienst von Leuchtern versahen," *) hatte Herr von Bismarck Herrn Thiers um die Erlaubniss gebeten, eine Cigarre rauchen zu dürfen, und so von den Unterhandlungen ausruhend, die während des ganzen Tages wegen des Waffenstillstandes und abzuschliessenden Friedens fortgesetzt worden, erging er sich in leichter, scherzhafter Unterhaltung über die Kriegsereignisse. Unter Anderm erzählte er, dass Kaiser Napoleon, der sich nach der Kapitulation von Sedan in ein Gärtchen zurückgezogen und ihn mit zwei Pistolen im Gurt erscheinen sah, bei seinem Anblick erblich: „er hielt mich einer taktlosen Handlung fähig." Man täuscht sich wohl kaum, wenn man annimmt, dass der Mann, welcher seit dem Attentate Blind's fortwährend eine nervöse Unruhe um sich selbst gezeigt,**) bei dieser Ge-

---

*) Dieses Detail, wie das folgende, ist der Erzählung entnommen, die Herr Thiers einige Tage später im bischöflichen Palast zu Orleans gegeben, von Herrn A. BOUCHER in seinen *Récits de l'invasion*, pag. 318—325, mitgetheilt.

**) Schon weiter oben ist der Depesche des Herrn von Barral vom 1. Juni 1866, drei Tage nach dem Blind'schen Attentat, gedacht worden: „Er (Herr von Bismarck) geht nur noch in Begleitung aus und französische Polizeiagenten werden an die Grenze kommen, um

legenheit dem unglücklichen Monarchen Gedanken ange-
dichtet, von denen dieser sicherlich weit entfernt war. Der
preussische Minister schöpfte mit Behagen und stundenlang
aus dem Vorrath seiner Erinnerungen und Geschichtchen
wobei er seinen Geist leuchten liess; Herr Thiers seinerseits,
der kaum von seiner vierzigtägigen Reise zurückgekehrt
war, auf welcher er mit so vielen Souveränen und Ministern verhandelt hatte, blieb auch nicht in pikanten Anek-
doten und geistreichen Betrachtungen zurück. Indessen
glaubte er in einem gewissen Augenblick endlich an die
ernsten Geschäfte erinnern zu müssen, die ihn in's Hauptquartier geführt; Herr von Bismarck aber, der „Wilde voll
Genie,“ wie ihn der französische Staatsmann bei seinen
Herzensergiessungen im bischöflichen Palast zu Orleans
nannte, schien die köstliche Plauderei möglichst verlängern
zu wollen und Herrn Thiers an der Hand fassend, brach er
in die Worte aus: „O lassen Sie mich, ich bitte Sie, lassen
Sie mich, es ist so schön, einen Augenblick mit der Civilisation zusammen zu sein!“ Die Civilisation, die endlich
zum Worte gelangte, fand in dem eben noch so leut-
seligen und gewandten Plauderer darum nicht weniger den
alten „eisernen Grafen“ wieder; die Künste des Friedens
hatten die politischen Sitten des „Wilden“ entschieden nicht
gemildert. Da erinnerte sich Herr Thiers der wohlwollenden Gesinnungen, die er in Russland wahrgenommen, und

ihm während der ganzen Reise zu folgen.“ — Herr JULES FAVRE,
Histoire du gouvernement de la Défense nationale, Bd. I, pag. 163 bis
164, spricht von den Besorgnissen des preussischen Ministers während der Unterredung auf dem Schlosse Haute-Maison in Montry:
„Wir sind nicht eben sicher hier; Ihre Francs-Tireurs können durch
diese Fenster auf mich zielen.“ Man erinnert sich auch der Worte,
die der deutsche Reichskanzler in der preussischen Kammer in Bezug auf das Attentat Kulmann's gesprochen.

hielt es für nützlich, sie in einem so kritischen Augenblicke
zu betonen. Schon während seines Aufenthaltes in St. Petersburg hatte er an die Delegation in Tours eine auffallend
optimistische telegraphische Depesche gesandt. „Ich hatte
vollen Grund," sagte er, „mit der Aufnahme des Kaisers,
der kaiserlichen Familie, des Fürsten Gortschakow und der
andern Würdenträger, wie der russischen Gesellschaft im
Allgemeinen, zufrieden zu sein. Der Kaiser und sein Kanzler
hatten sich mit Wärme gegen die von Preussen aufgestellten übertriebenen Friedensbedingungen ausgesprochen; sie
hatten erklärt, Russland werde niemals seine Zustimmung
zu unbilligen Bedingungen geben, und in Folge dessen werde
es auch an der Zustimmung der andern Mächte fehlen:
die Erpressungen Preussen's hätten demnach nur die Wirkung der Macht und beruhten auf keiner Billigung." *)
Ohne zu einer weiteren Entwicklung dieses Gegenstandes
sich hinreissen zu lassen, sprach Herr Thiers dieses Mal
nur in allgemeinen Ausdrücken von den Beweisen wirklichen Wohlwollens, die „sein Freund, der Fürst Gortschakow" ihm gegeben und versicherte schliesslich, dass Russland nicht ohne Unruhe und Groll sei. Bei diesem Worte
erhob Herr von Bismarck sich und schellte: „Bringen Sie

---

*) Nach der Analyse von Lord Lyons, dem Herr von Chau-
dordy dieses Telegramm mittheilte. (Depesche von Lord Lyons, vom
6. October 1870). — Es ist interessant, diesem sonderbaren Telegramm
des Herrn Thiers die Ansicht gegenüberzuhalten, die Fürst Gortschakow vor dem englischen Gesandten aussprach, „dass die in der
Bismarckischen Circulardepesche vom 16. September angegebenen
Bedingungen nur durch die militärischen Ereignisse modificirt werden können, und dass nichts zu einer solchen Conjectur berechtige."
(Depesche Sir A. Buchanan's vom 17. October). Die in jener preussischen Circulardepesche vom 16. September angegebenen Bedingungen
waren aber schon das Elsass und Metz.

den Carton mit den russischen Papieren." Der Carton
wurde gebracht. „Lesen Sie," sagte er, „da sind dreissig
Briefe aus St. Petersburg." Herr Thiers machte natürlich
von der Erlaubniss Gebrauch, er las und war von seinem
Irrthum geheilt.

Uebrigens hätte der berühmte Verfasser der Geschichte
des Consulats und des Kaiserreichs sich diese grausame
Enttäuschung ersparen, auch manchen überflüssigen Gang
auf seiner Rundreise in Europa vermeiden können, wenn er
competente Männer zu Rathe gezogen oder ihnen die geringste Aufmerksamkeit geschenkt hätte. Herr von Beust
z. B. war vollständig in der Lage, ihn über die wirklichen
Beziehungen Russland's zu Preussen aufzuklären; besonders
aber hätte Herr Benedetti ihm das genaue und schon alte
Datum des zwischen dem Berliner und Petersburger Hofe
vollzogenen Einverständnisses in Voraussicht eines Krieges
mit Frankreich mittheilen können, desgleichen etwas über
die sehr ungewöhnlichen Umstände, welche dieses Einverständniss herbeiführten. Erinnern wir hier nur kurz an
diese Umstände und versuchen wir es, sie so viel wie möglich des Dunkels zu entkleiden, in welches die interessirten Parteien sie zu hüllen sich bestreben; kehren wir noch
einmal zum Tage nach Sadowa, zu den 'öffentlichen oder
geheimen Abmachungen zurück, die auf diesen Tag folgten.
Die meisten politischen Combinationen, die für Frankreich im
Kriege von 1870 so verhängnissvoll werden sollten, wurden
während jener Periode, während der beiden Monate Juli
und August 1866 angesponnen und festgestellt.

„Keine der Fragen, die uns berühren, wird ohne Zustimmung Frankreich's gelöst werden," hatte Kaiser Napoleon III. am 11. Juni 1866 in einem feierlichen, dem gesetzgebenden Körper vorgelegten Actenstücke erklärt und

unter diesen Fragen stand jede „Veränderung der Karte Europa's zum alleinigen Nutzen einer Grossmacht" natürlich in erster Linie. Preussen aber gedachte durch Ausbeutung seines ebenso ungeheuren wie unverhofften Sieges vom 3. Juli 1866 die Karte Europa's zu seinem alleinigen Nutzen zu verändern. Anstatt „Oesterreich seine grosse Stellung in Deutschland zu bewahren," wie der kaiserliche Brief vom 11. Juni verlangt, fordert Preussen die vollständige Ausschliessung des Habsburgischen Reiches aus dem deutschen Bund; anstatt den Mittelstaaten „eine wichtigere Rolle, eine kräftigere Organisation" zu gönnen, beanspruchte es die ausschliessliche Hegemonie über Gesammtdeutschland, wollte es ausserdem in den von seinen Truppen besetzten Gebieten grosse Annexionen ausführen. Die kaiserliche Regierung hatte diesen Krieg, der zu unvorhergesehenen Resultaten führte, gefördert, um einen doppelten Zweck damit zu erreichen: Die Befreiung Venedig's und eine billige Regelung der deutschen Angelegenheiten. Venedig war abgetreten, sogar schon vor jedem Beginn der Feindseligkeiten abgetreten, und mit Annahme dieser Cession, mit der Anzeige dieses „wichtigen Ereignisses" im *Moniteur* nach der grossen Niederlage des Generals Benedeck, war Kaiser Napoleon nach dem Urtheile seines Ministers der auswärtigen Angelegenheiten um so mehr gehalten, Oesterreich und seine Verbündeten nicht erdrücken zu lassen, als es sich dabei um die Lebensinteressen von Frankreich selber handelte. Der Minister bat folglich seinen erhabenen Herrn, den gesetzgebenden Körper einzuberufen, an die Ostgrenze eine Observationsarmee abzusenden, die Marschall Randon auf's Schleunigste zusammenzuziehen versprach, und Preussen zu erklären, dass man das linke Rheinufer besetzen werde, wenn es sich in seinen Ansprüchen nicht gemässigter zeigte

und Gebietserwerbungen ausführte, die das europäische Gleichgewicht in Frage stellten.

Gewiss, nach den furchtbaren Erfahrungen des Jahres
1870 kann man sehr berechtigte Zweifel betreffs der Wirksamkeit der von Herrn Drouyn de Lhuys im Juli 1866 vor-
geschlagenen Maassregeln aussprechen; bei alledem ist es
gut, daran zu erinnern, dass das Ansehen Frankreich's noch
gross und fast ungebrochen war, dass Oesterreich im Laufe
von acht Tagen 120,000 bis 130,000 Soldaten aus Italien
ziehen konnte, die noch vom Siege bei Custozza begeistert
waren, und dass die Truppen des Generals Moltke schon
die natürlichen Folgen jedes, auch noch so glücklichen
Krieges zu 'verspüren begannen. „Preussen ist siegreich,"
meldete der französische Gesandte am Wiener Hofe, „aber
es ist erschöpft. Vom Rhein bis nach Berlin stehen keine
15,000 Mann. Sie können die Lage beherrschen, Sie können
es in vollster Sicherheit, denn Preussen ist in diesem Augenblick unfähig, einen Krieg mit Frankreich aufzunehmen.
Der Kaiser mache eine einfache militärische Demonstration
und er wird staunen, wie leicht er zum Schiedsrichter und
Herrn der Lage wird." In den von Herrn von Bismarck
während des Feldzuges an seine Frau gerichteten vertraulichen Briefen trifft man auf Spuren der Besorgnisse, die
damals seinen Geist bestürmten, besonders aber Zeugnisse
seiner Bemühungen, den Schwärmern Vernunft zu predigen, „den guten Leuten, die nicht weiter sehen als ihre Nase
und sehr bequem auf der stürmischen Welle der Phrase
ihre Schwimmkunst üben." Sechs Tage nach der Schlacht
bei Sadowa, auf dem Marsche gegen Wien, schrieb er aus
Hohenmauth: „Weisst Du noch, mein Herz, wie wir vor
19 Jahren auf der Bahn von Prag nach Wien hier durch-
fuhren? Kein Spiegel zeigte die Zukunft, auch nicht, als

ich 1852 mit dem guten Lynar diese Eisenbahn passirte.
Uns geht es gut; wenn wir nicht übertrieben in unsern
Ansprüchen sind und nicht glauben, die Welt erobert zu
haben, so werden wir auch einen Frieden erlangen, der der
Mühe werth ist. Aber wir sind ebenso schnell berauscht
wie verzagt, und ich habe die undankbare Aufgabe, Wasser
in den brausenden Wein zu giessen, und geltend zu machen, dass wir nicht allein in Europa leben, sondern mit
noch drei Nachbarn." In seiner berühmten Rede vom 16. Januar 1874 im Reichstage hat endlich der deutsche Reichskanzler, als er von jenen entscheidenden Tagen sprach, das
wichtige Geständniss gemacht, dass „wenn Frankreich damals auch wenig disponible Truppen besass, so hätte nichts
desto weniger eine unbedeutende französische Truppenabthei-
lung zur Bildung eines recht ansehnlichen Heeres hingereicht,
wenn dieselbe sich mit den zahlreichen süddeutschen Corps
verband, die ihrerseits ein vortreffliches Material liefern
konnten und deren Organisation allein mangelhaft war. Eine
solche Armee hätte uns von vornherein in die Nothwendigkeit versetzt, Berlin zu decken und alle unsere Erfolge
in Oesterreich aufzugeben." Fügen wir hinzu, dass Deutschland noch gegen die „brudermörderische" Politik Preussen's
in voller Aufregung war, dass die von den Generälen Vo-
gel von Falkenstein und Manteuffel geübten Härten alle
Gemüther an der Mainlinie erbittert hatten; damals gab
es einen einzigen, freilich nur sehr flüchtigen Augenblick,
wo das Erscheinen der Franzosen am Rhein die deutsche
Empfindlichkeit nicht verletzt hätte, sogar mit Freuden begrüsst worden wäre! „Sire," sagte damals einer der hervorragendsten deutschen Gesandten zu Napoleon III., „eine
einfache militärische Demonstration von Ihrer Seite kann
Europa retten und Deutschland wird Ihnen dafür zu ewiger

Dankbarkeit verpflichtet sein. Wenn Sie diesen Augenblick sich entgehen lassen, so werden Sie binnen vier Jahren gezwungen sein, gegen Preussen Krieg zu führen und dann ganz Deutschland gegen sich haben . . ."

Die Bestürzung, welche die wunderbaren Siege Preussen's in den Tuilerien hervorgerufen, war jedoch zu gross, als dass man die von den Umständen so ernstlich gebotene Ruhe und Kaltblütigkeit hätte behaupten können. Das Zündnadelgewehr war ebenfalls eine Offenbarung. Von den für competent gehaltenen Kreisen bald maasslos überschätzt, bald heruntergesetzt, hat es nicht minder zu der allgemeinen Rathlosigkeit beigetragen. Dann wurden sogar Zweifel laut über die Möglichkeit, die Truppenzahl zusammenzuziehen, von welcher der Kriegsminister gesprochen: die verhängnissvolle Expedition nach Mexico hatte fast sämmtliche französischen Streitkräfte verschlungen.*) Man musste sich das sonderbare Geständniss machen, dass man die grösste europäische Verwicklung mit Eifer herbeigewünscht, begünstigt, ja provocirt hatte, ohne sich nur gefragt zu haben,

---

*) Diese Meinung wurde von der Actionspartei in Umlauf gebracht. In Paris hiess es einen Augenblick sogar, der Kriegsminister, Marschall Randon, sei verhaftet und in Vincennes hinter Schloss und Riegel. Im April 1867 wurde den ersten politischen Persönlichkeiten des Kaiserreichs, besonders den Mitgliedern des Geheimraths, ein *Mémoire confidentiel* von dem früheren Kriegsminister zugesandt, der durch den Marschall Niel ersetzt worden war. In diesem *Mémoire* bemühte sich Marschall Randon, die Grundlosigkeit der gegen ihn erhobenen Beschuldigungen zu beweisen und behauptete, dass es am Tage nach der Schlacht bei Sadowa ein Leichtes gewesen wäre, in kürzester Zeit 100,000 Mann an der Rheingrenze aufzustellen. Das *Mémoire confidentiel* ist dann im October 1870 von seinem Verfasser unter dem Titel: *De la situation de l'armée en l'année 1866*, Grenoble 1870, der Oeffentlichkeit übergeben worden.

ob man im kritischen und unvorhergesehenen Augenblicke im
Stande sein werde, auch nur eine einfache militärische Demonstration auszuführen. Die Actionspartei in den Räthen
des Kaiserreichs hatte nun leichtes Spiel, Preussen als den
mächtigen Hebel der Civilisation und des Fortschritts zu
feiern, sich gegen die allzeitig österreichischen Tendenzen
des Quai d'Orsay zu erheben und mehr als je eine Allianz
mit Herrn von Bismarck zu empfehlen: man muss ihn in
Deutschland frei gewähren lassen und die französische Einheit durch Hinwegnahme Belgien's vervollständigen. Herrn
Drouyn de Lhuys wurde es nicht schwer, die Eitelkeit, die
Tollkühnheit solcher Rathschläge darzulegen; er fragte
nicht ohne Bitterkeit, wie Frankreich, das man eben für
unfähig erklärte, nur ein Observationscorps am Rhein aufzustellen, stark genug sein sollte, um Antwerpen anzugreifen,
England herauszufordern, um wahrscheinlich am Schluss
alle europäischen Mächte gegen sich aufmarschiren zu sehen,
wobei Preussen nicht in letzter Reihe stehen würde. Er
liess es auch an Gegenbeschuldigungen nicht fehlen und wies
auf den verbrecherischen Eifer hin, mit dem man zu einem
Kriege getrieben, dessen Consequenzen er stets gefürchtet,
wie man für das der einen Partei, und zwar der schlaueren
und bedrohlicheren zugestandene Augenzudrücken keine Bedingungen gestellt, während man von ihr gerade hätte im
Voraus alle möglichen Sicherheiten fordern müssen. Nach
der Seite hin, wo ihm nicht fortwährend entgegengearbeitet
worden, habe er keine Vorsichtsmaassregeln versäumt.
„Meiner Meinung nach,“ setzte der Minister offenherzig
hinzu, „ist das Resultat vom französischen Standpunkte
aus ein schlechtes; der Kaiser aber ist darauf bestanden
und ich habe ihm seinen Willen gethan.“ Das Wenigste,
dachte er, wäre wohl, dass man ihn nicht hindere, dieses

Mal französische Compensationen zu erlangen, die allein
vor den Augen der Nation die gegen Preussen geübten Gefälligkeiten rechtfertigen könnten   .

Während mehrerer Tage wurde lange und lebhaft de-
battirt und die verschiedenen Einflüsse machten sich nach
den entgegengesetztesten Richtungen geltend. Die Partei
des Palais-Royal stand übrigens mit ihrer Ansicht, man
müsse den Besiegten von Sadowa aufgeben, nicht allein;
in gewissem Maasse fand sie unter den Staatsmännern Zustimmung, die sich durch ihre gemässigten Ansichten und
ihr ruhiges Urtheil auszeichneten. Herr Rouher gehörte
zu den Ersten, die von einer bewaffneten Demonstration an
der Ostgrenze abredeten, bald werden wir ihn sogar von
einer nothwendigen und vielverheissenden Allianz
zwischen Frankreich und Preussen reden hören! „Oesterreich," dachte ein anderes Mitglied des *Conseil privé*, „flösst
heute nur noch das der Gleichgültigkeit so verwandte Interesse ein, das wir für den Starken haben, der durch eigene Schuld zum Schwachen geworden, weil er nichts
vorhergesehen, nichts vorzubereiten verstanden. Bis jetzt
geht Alles auf's Beste . . ." *) Während Herr Magne
also das *Væ victis* über das Reich der Habsburger ausrief,
ohne zu ahnen, dass Europa vier Jahre später dieselben
Worte auf Frankreich selber anwenden werde, führte eine hohe
Frau, eine Schwester des Königs von Württemberg und
nahe Verwandte der französischen Kaiserfamilie, eine ganz
andere Sprache: „Sie geben sich sonderbaren Täuschungen
hin," sagte sie; „Ihr Ansehen ist in diesen letzten vierzehn
Tagen mehr gesunken als während der ganzen Dauer Ihrer
Herrschaft! Sie gestatten die Vernichtung der Schwachen,

---

*) Vertrauliche Note des Herrn Magne für den Kaiser. —
(*Papiers et correspondance de la famille impériale,* Bd. I, pag. 240.)

Sie lassen die Frechheit und Rohheit Ihres nächsten Nachbars über die Maassen sich erheben; Sie nehmen ein Geschenk an und haben nicht einmal ein gutes Wort für den,
der es Ihnen reicht. Ich bedaure, dass Sie mich in der
Frage als interessirt betrachten und die verderbenschwangere
Gefahr eines mächtigen Deutschland's und eines mächtigen Italien's nicht einsehen. Die Dynastie selber ist
bedroht, sie muss die Folgen tragen . . . Glauben Sie
nicht, dass das Unglück, das mich wegen des Unterganges
meines Vaterlandes darniederdrückt, mich ungerecht oder
misstrauisch macht. Nach der Cession Venedig's mussten
Sie Oesterreich beistehen, an den Rhein marschiren, Ihre
Bedingungen stellen! Oesterreich erwürgen lassen ist mehr
als ein Verbrechen, es ist ein Fehler . . ." Ein Fehler
oder ein Verbrechen, die Entscheidung war schon gefasst,
ehe dieser warme Appel der Königin von Holland in die
Tuilerien gelangt war.*) Napoleon III. war zu jener Zeit
sehr leidend, schon unter dem Drucke der ersten Anfälle jener
schmerzhaften Krankheit, die ihn nicht mehr freigeben
sollte; er war folglich weniger als je zu kräftigen Entschlüssen geneigt und schon am 10. Juli musste Fürst Metternich nach einem grossen in Paris unter Vorsitz des Kaisers gehaltenen Ministerrath nach Wien telegraphiren, dass
Frankreich nur diplomatisch in dem Conflict interveniren
werde.

Und doch war wohl etwas Wirksameres, in allen Fällen Loyaleres noch zu versuchen, als eine isolirte Mediation
voll gefährlicher Verheimlichungen und egoistischer Berech-

---

*) Dieser Brief war an einen ehemaligen Gesandten im Haag
gerichtet und von ihm dem Kaiser vorgelegt; er ist nach dem 4. September in den Tuilerien gefunden worden. — *(Papiers et correspondance de la famille impériale*, Bd. I, pag. 14.)

nungen: es war ganz einfach die Frage als eine sicherlich
und in hohem Grade europäische und das Gleichgewicht
der Welt betreffende sämmtlichen Mächten vorzulegen. Ein
Wort Frankreich's im angegebenen Sinne „wäre gewiss gehört worden," um uns eines im kaiserlichen Briefe vom
11. Juni gebrauchten Ausdruckes zu bedienen; sprach ja
sogar Fürst Gortschakow selber in jenem Augenblicke von
der Nothwendigkeit eines allgemeinen Congresses. *)

Unter dem Eindrucke der ersten und heftigen Erschütterung, welche der plötzliche Zusammensturz Oesterreich's
und der Gedanke an so viele, mit Beraubung und Untergang bedrohte Verwandte seines erhabenen Herrn hervorgerufen, hatte der russische Kanzler in der That dies eigentliche Wort der Situation fallen lassen. So ergeben er
auch seinem ehemaligen Frankfurter Collegen, so verblendet
er auch von dessen Genie war, so hatte Fürst Gortschakow
doch nicht so sehr den alten Adam abgelegt, er, der einst
den Grafen Nesselrode nach Laibach und Verona begleitet
hatte, um ohne Weiteres zuzugeben, dass eine so gewaltige
Umwälzung im öffentlichen Recht hinter dem Rücken Europa's und ohne Zustimmung desselben geschehen könne.
Warum nahm das Tuileriencabinet den russischen Kanzler
nicht beim Wort? Warum versuchte es nicht im Angesichte einer so drohenden Störung des Gleichgewichtes ein
Zusammengehen der Mächte zu provociren? Wie mochte
es nicht einsehen, dass es durch eine Separatverhandlung
mit Herrn von Bismarck nur dem Sieger in die Hände ar-

---

*) Dies war übrigens nur eine flüchtige Anwandlung des Für-
sten Gortschakow, ein leicht hingeworfenes Wort, von dem wir nur
eine einzige authentische Spur in einer dunkeln Phrase aus einer
Depesche des französischen Gesandten in Berlin antreffen. (S. BENE-
DETTI, *Ma mission en Prusse,* pag. 226.)

beitete? Trotz aller seiner Triumphe, trotz seiner Kühnheit selber, wäre der preussische Minister in nicht geringer
Verlegenheit gewesen, wenn er vor dem Areopag der Mächte
die beinahe vollständige Aufhebung der Verträge von 1815,
die Entthronung des alten Welfengeschlechts oder die Ver-
drängung Oesterreich's aus Deutschland hätte fordern müssen.
Wir werden in der Folge sehen, welche Gewandtheit er
aufgeboten, um sich einer solchen Controle zu entziehen
und Frankreich in der Lahmlegung Europa's zum Mitschuldigen zu machen. Sonderbare Ironie des Schicksals!
Der Träumer von Ham hatte sein Lebenlang Congresse
vorgeschlagen, hatte sie bei den unwichtigsten Gelegenheiten, unter den unvortheilhaftesten Verhältnissen auf's
Tapet gebracht, und nun versäumt er es, dies so viel
gerühmte und anempfohlene Universalmittel in dem einzigen
Falle anzuwenden, wo es vom gesunden Menschenverstande
und dem guten Recht geboten war, in der einzigen Krisis,
wo es nützlich, heilkräftig hätte sein können! Und das war
ein nicht minder überraschendes Glück für den preussischen
Minister, der nach des Grafen Usedom Worten „vom Congresse gerettet" worden, und zwar zweimal im Zeitraume
von einigen Wochen: im Juni, Dank der Gefälligkeit des
Fürsten Gortschakow und im Juli, Dank der Thorheit der
französischen Regierung. Man kannte in den Tuilerien
sicherlich die Anwandlung, die in einem glücklichen Augenblick über den russischen Kanzler gekommen war, aber
man hatte in Auxerre die Verträge von 1815 in so beredten Worten „verflucht," man hatte in solch Aufsehen erregender Weise „das wichtige Ereigniss" (das befreite Venetien) angekündigt, und in Paris illuminiren lassen! Man
hielt wie früher auf den Glanz, auf den Ruhm, als der
„Neptun Virgil's," wenn auch nur in den Augen der Pro-

fanen zu erscheinen und dann hoffte man mehr als je,
einen guten Bissen abzubekommen, wenn man sich „das Piemont Germanien's" noch einmal verpflichtete. Herr Benedetti erhielt demnach den Befehl, sich in's Hauptquartier
nach Mähren zu begeben, um Herrn von Bismarck die französische Mediation anzubieten, um ihn zugleich über die
Vortheile „auszuholen," die er billigerweise dem diensteifri-
gen Friedensvermittler gewähren müsste.

Geradezu ergötzlich ist die Sprache, die der preussische Minister gegen den französischen Gesandten bei den
ersten Unterredungen in Mähren führte. Herr von Bismarck
begann wieder mit seinen Phantasieen von Biarritz, und es
ist ein wahrhaft umgekehrtes Tilsit, das er in jenem Brün-
ner Hauptquartier zum Besten gab: Der Sohn Friedrich
Wilhelm's III. gab sich den Schein, als wolle er mit dem
Neffen Napoleon's I. die Welt theilen, und zwar zum
Schaden Russland's und England's. „Er versuchte mir zu
beweisen," meldete Herr Benedetti am 15. Juli, „dass Oesterreich's Niederlagen Frankreich und Preussen gestatteten, ihren
Territorialbesitz zu modificiren und sofort die meisten Schwierigkeiten zu lösen, die den Frieden Europa's ferner bedrohen könnten. Ich erinnerte ihn daran, dass noch Verträge existirten, und dass der Krieg, dem er vorzubeugen
wünsche, das nächste Resultat einer solchen Politik sein
müsse. Herr von Bismarck erwiederte, dass ich mich täusche, dass Frankreich und Preussen, gemeinsam entschlossen,
ihre respectiven Grenzen zurechtzurücken und durch feierliche Verträge mit einander verbunden, fortan in der Lage
wären, diese Fragen unter einander zu regeln, ohne einen
bewaffneten Widerstand weder von englischer noch von
russischer Seite befürchten zu müssen . . ." Mit anderen
Worten — und auch diese Worte finden sich in dem Be-

richt des Herrn Benedetti — der preussische Minister hielt
darauf, „der Verpflichtung, die Controle Europa's erdul-
den zu müssen, sich zu entziehen," und zwar Dank einer
besonderen Verständigung mit Frankreich. Das Mittel, eine
so kostbare Verständigung herbeizuführen, war höchst einfach: Frankreich brauche sein Glück nur längs der Maas
und Schelde zu suchen. „Ew. Excellenz erfahren nichts
Neues," schrieb Herr Benedetti einige Tage später aus Nikolsburg, „wenn ich die Mittheilung mache, dass Herr von
Bismarck der Ansicht ist, wir sollten Compensationen in
Belgien suchen, und dass er mir angeboten, sich deshalb
mit uns zu verständigen." Er wies auch den Gedanken
nicht ganz und gar von sich, Frankreich sein Theil am
Rhein zu geben, nicht etwa auf preussischem Gebiete, wo
es sehr schwierig wäre, den König zum Verzicht auf irgend
einen Bruchtheil seiner Besitzungen zu bewegen; aber „man
könnte vielleicht etwas in der Pfalz finden," d. h. in Baiern.
Man war stets „viel mehr Preusse als Deutscher;" auch
mit der Walhalla konnte man schliesslich sich abfinden.

Die französische Regierung ging vollständig in die ihr
gestellte Falle und half von vornherein Preussen, „sich jeder
Controle Europa's zu entziehen," indem es an den am
26. Juli unterzeichneten Präliminarien von Nikolsburg mit-
wirkte, welche die Ausschliessung Oesterreich's aus Deutschland und die Bildung eines Norddeutschen Bundes unter
der Hegemonie Preussen's festsetzten. Nachdem so diese
schwere Verletzung des öffentlichen Rechts und des allgemeinen Gleichgewichts zugegeben und der Krieg im Princip
beendigt war, fing man wieder an, von Compensationen zu
reden. In einem an Herrn von Goltz aus Vichy vom 3. August adressirten Briefe erklärte Herr Drouyn de Lhuys, dass
der Kaiser, sein erhabener Herr, „die Schwierigkeiten eines

Werkes von europäischem Interesse nicht habe vermehren
wollen, indem er vorzeitig mit Preussen über territoriale
Fragen verhandelte;" der Augenblick aber scheine ihm gekommen, diese Fragen zu berühren, um so mehr als man
bedeutende Annexionen im Norden des Main vorhabe. „Der
König," hatte Herr von Bismarck am 10. Juli Herrn von
Goltz geschrieben, „legt weniger Gewicht auf die Gestaltung
eines norddeutschen politischen Bundes und hält vor allen
Dingen auf Annexionen; er würde lieber abdanken, als auf
einen bedeutenden Landerwerb verzichten . . ." *) Ausser
den Elbherzogthümern, deren Aufgeben in Nikolsburg stipulirt worden war, beanspruchte Preussen auch die Einverleibung der freien Städte, von Kurhessen, Hannover,
sogar Sachsen, und in den Tuilerien gedachte man die Ansprüche Frankreich's nach der Seelenzahl und den Quadrat-
meilen abzumessen, die der König von Preussen für sich
fordern würde. „Der grosse Krieg um die deutsche Nationalität," den der Cäsar von Volkes Gnaden in Biarritz
empfohlen, lief so auf einen „Handel mit Menschenvieh"
hinaus, der dem Wiener Congress, den „verfluchten" Verträgen von 1815 so sehr zum Vorwurf gemacht worden.
Es muss zugegeben werden, dass Frankreich hier eine seiner unwürdige Rolle spielte, es verleugnete nicht nur das
neue wie das alte Recht, das Princip des Nationalwillens
wie das der fürstlichen Legitimität, es wollte auch noch einen
unerlaubten und im Grunde nichtssagenden Gewinn aus
einem universellen Zusammensturz ziehen, oder, um mit dem
englischen Humoristen zu sprechen, den Ausbruch des Ve-
suv zum Sieden eines Eies benutzen. Herr von Bismarck

---

*) Chiffrirte Depesche, die von den Oesterreichern aufgefangen
worden und in ihrem Generalstabs-Bericht über den Krieg von 1866
abgedruckt ist.

liess damals ein grausames Wort fallen, das nicht ganz unverdient war: „Frankreich," sagte er zu einem ehemaligen Bundestagsgesandten, „treibt eine Trinkgeld-Politik..."

Ein Brief des Herrn Rouher vom 6. August 1866, der in die Sammlung der Papiere aus den Tuilerien übergegangen,*) zeugt von den sonderbaren Illusionen, mit denen die französische Regierung sich damals trug und die der preussische Gesandte in Paris nach Kräften unterhielt. „Herr von Goltz findet unsern Anspruch principiell berechtigt," meldete der Staatsminister; „er ist der Ansicht, es müsse dem einzigen Wunsche unseres Landes Befriedigung werden, um so zwischen Frankreich und Preussen eine nothwendige und vielverheissende Allianz zu begründen. Nur über das Maass der zu stellenden Forderungen ist man in Verlegenheit. Die Kaiserin möchte viel oder nichts verlangen, um unsere definitiven Ansprüche nicht zu gefährden. Herr Rouher denkt, die öffentliche Meinung werde sich befriedigt erklären und die rechte Fühlung gewinnen, wenn man ihr morgen anzeigen könne, dass Preussen uns die Wiedererlangung der Grenze von 1814 zugestehe und so die Folgen der Schlacht bei Waterloo verwische." Wohlverstanden gab der Staatsminister nicht zu, „dass diese Grenzberichtigung den Werth einer

---

*) *Papiers et correspondance de la famille impériale,* Bd. II, pag. 225—228. — Die Herausgeber behaupten, dieser Brief sei an Herrn von Moustier gerichtet gewesen, was durchaus unzulässig ist, da Herr von Moustier sich damals in Constantinopel befand. Wir sind vielmehr zu der Annahme geneigt, dass er für Herrn Conti bestimmt war, der damals den Kaiser nach Vichy begleitet hatte. Man erinnert sich, dass Napoleon III., der damals sehr reizbar und leidend war, sich am 27. Juli nach Vichy begab, wo ihn Herr Drouyn de Lhuys einen Augenblick besuchte ; das Staatsoberhaupt konnte indessen seinen Bade-Aufenthalt nicht ausdehnen und war schon am 8. August in Paris zurück.

Quittung für alle Zukunft haben solle." — „Ohne Zweifel müssen neue Thatsachen eintreten, ehe wir neue Ansprüche erheben, diese Thatsachen aber werden sicher kommen. Deutschland ist kaum bei der ersten der zahllosen Schwankungen angelangt, die es nothwendig durchmachen muss, ehe es zu einer bleibenden Constituirung gelangt ist. Seien wir künftig besser auf die Ereignisse vorbereitet, es wird uns an Gelegenheiten, unsern Vortheil wahrzunehmen nicht fehlen. Die Staaten südlich vom Main müssen jedenfalls in wenigen Jahren zum Zankapfel werden. Herr von Goltz verhehlte schon heute ein Gelüste nach jener Bundesgruppe nicht . . ." In dem Augenblick also, da man sich rühmte, die Südstaaten zu „retten," jenseits des Rheins eine neue politische Combination zu verwirklichen, die der Staatsminister mit der famosen Benennung der drei *Tronçons* drapiren und als eine herrliche Sicherstellung Frankreich's erklären sollte, behielt man sich schon vor, diese Combination aufzugeben, sie „für einen angemessenen Preis zu verschachern!"

Naiv genug war es denn doch, zu glauben, dass nach Sadowa und Nikolsburg, nach dem Ruin Oesterreich's, nach der vollständigen Unterwerfung Deutschland's, nach der Beseitigung jeder europäischen Intervention und der aller Welt verrathenen militärischen Schwäche des damaligen Frankreich, *) man Preussen geneigt finden werde, auf etwas einzugehen, was es vor seinen ungeheuren Siegen,

---

*) „Es wird seit einiger Zeit viel zu viel herumgeschwatzt, Frankreich sei nicht bereit." (Vertrauliche Note des Herrn Magne vom 20. Juli. *Papiers et correspondance de la famille impériale*, Bd. 1, pag. 241.) Herr von Goltz hatte dieses Geheimniss seit lange durchschaut und deshalb fortwährend Herrn Bismarck Frankreich gegenüber eine feste Haltung angerathen.

unter den grössten Schwierigkeiten und Aengsten einer
Krise nicht thun wollte, die man übereinstimmend als äusserst gefährlich angesehen! Noch am 8. Juni, am Vorabend
des Krieges, gab Herr Benedetti folgende Schilderung von
der Stimmung, die in Preussen gegen Frankreich herrschte:
„Die Befürchtungen, die wir überall in Deutschland einflössen, bestehen noch immer und werden einstimmig und
laut zum Ausdrucke gelangen, so wie wir die geringste
Veranlassung zu der Vermuthung geben, dass wir uns nach
Osten hin ausdehnen wollen. Der König würde eben so
wenig, wie der geringste seiner Unterthanen es in diesem
Augenblicke dulden, dass man die Eventualität eines Opfers
am Rhein nur durchschimmern liesse. Der Kronprinz, der
von den Gefahren der herrschenden Politik tief durchdrungen ist, erklärte kürzlich einem meiner Collegen mit grosser
Gemüthserregung, dass er einer Abtretung, und wäre es
auch nur der kleinen Grafschaft Glatz, den Krieg vorziehe . . .“ *) Und derselbe Diplomat, der vor dem böhmischen Feldzuge die Lage in dieser Weise beurtheilt hatte,
war derselbe Gesandte, der es jetzt auf sich nahm, Herrn
von Bismarck die Forderungen des Tuileriencabinets vorzulegen, der so weit ging, ihm am 5. August den Entwurf
zu einem geheimen Vertrage zu unterbreiten, in welchem

---

*) *Ma mission en Prusse*, pag. 171—172. — Herr Drouyn de
Lhuys, der von Oesterreich schon für jeden Fall die Abtretung Venetien's in der Tasche hatte, bestand in diesem Augenblick mehr als
je darauf, dass man ebenfalls von vornherein sich von Preussen
Sicherheit geben lasse. Herr Benedetti redete stets von einem
solchen Schritte ab, weil er fürchtete, Preussen könne in dem Falle
von jedem Kriegsgedanken gegen Oesterreich abstehen und diese
Depesche vom 8. Juni war im Grunde nur eine neue Vertheidigung
des bedingungslosen *laisser-aller*, das man Herrn von Bismarck gewähren müsse.

die Abtretung des ganzen linken Rheinufers an Frankreich,
mit Einschluss der grossen Festung Mainz enthalten war!
„Im Angesichte so bedeutender Gebietserwerbungen Preussen's," sagte Herr Benedetti, „war ich der Ansicht,
dass jetzt eine Territorialveränderung für unsere Sicherheit
nöthig sei. Ich habe nichts provocirt, noch weniger den
Erfolg garantirt; ich habe mir nur erlaubt, eine Hoffnung
laut werden zu lassen, vorausgesetzt, dass unsere Sprache
eine feste, unsere Haltung eine entschlossene sei." Hat
man es an Festigkeit fehlen lassen oder deren nur zu viel
gezeigt? „Sehr gut," habe Herr von Bismarck auf die dringenden Vorstellungen des Gesandten geantwortet, „dann haben
wir den Krieg! Aber lassen Sie Se. Majestät den Kaiser wohl
bedenken, dass ein solcher Krieg bei gewissen Eventualitäten
ein Krieg *à coups de révolution* werden könnte und dass
die deutschen Dynastieen revolutionären Gefahren gegenüber
beweisen würden, dass sie auf festeren Grundlagen ruhen,
als die Dynastie Napoleon's." *)

Dies war jedoch nicht das letzte Wort des preussischen Ministers. Vollkommen entschlossen, keine Discussion hinsichtlich des Rheins zuzulassen, wollte er den französischen Gesandten doch nicht ganz entmuthigen und fuhr
fort, ein Spiel mit ihm zu treiben, das er später in seiner
Circulardepesche vom 29. Juli 1870 mit dem im Wörter-
buch der Diplomatie bisher unbekannten Namen „dilatorische Unterhandlungen" belegen sollte. Er sprach von
seiner Zuneigung zu Napoleon III. und wie es sein Ehrgeiz
sei, mit ihm gemeinsam die wichtigen Probleme der Zukunft zu lösen. „Preussen braucht die Allianz einer Grossmacht," dies war seine innerste Ueberzeugung, er predigte

---

*) Benedetti, *Ma mission en Prusse*, pag. 177 und 178. —
Preussischer Reichsanzeiger vom 21. October 1871.

dies unaufhörlich dem König, seinem erhabenen Herrn, —
und welche Allianz konnte im Geiste des Fortschritts und
der Civilisation wünschbarer sein, als die mit dem französischen Kaiserreiche? In solcher Weise kam er auf seine
letzten Herzensergüsse von Brünn und Nikolsburg zurück,
und flocht die Bemerkung ein, „man könne andere Arrangements treffen, die geeignet wären, die respectiven Interessen der beiden Länder zu befriedigen." *) So bestärkte
er Herrn Benedetti in seinem Entschlusse, nach Paris zu
reisen und die Lage am rechten Orte darzustellen.

In Paris war der Kampf um den Einfluss bei Hofe
zwischen dem Minister der auswärtigen Angelegenheiten
und dem preussischen Gesandten, Herrn von Goltz, heftig
entbrannt. Letzterer wurde von der Actionspartei, die durch
Herrn Benedetti's Ankunft (11. August) eine wesentliche
Verstärkung erhalten hatte, kräftig unterstützt. Herr
Drouyn de Lhuys war von der „preussischen Undankbarkeit,"
wie Herr Benedetti in einer seiner letzten Depeschen
sich ausdrückte, **) keineswegs überrascht; und dennoch

---

*) *Ma mission en Prusse,* pag. 181. Diese Angabe des Herrn
Benedetti findet ihre volle Bestätigung in der unter den Papieren
der Tuilerien gefundenen Note, von welcher weiter unten die Rede
sein wird.

**) „Preussen würde das Gebot der Gerechtigkeit und der Vor-
sicht verkennen und uns zugleich einen Maassstab für seine Undankbarkeit geben, wenn es uns die Garantieen verweigerte, welche wir
durch die Ausdehnung seiner Grenzen zu fordern uns genöthigt
sehen." (Depesche des Herrn Benedetti vom 5. August 1866, welche
im Schlosse Cerçay unter den Papieren des Herrn Rouher gefunden
und im Preussischen Staatsanzeiger vom 21. October 1871 veröffentlicht worden.) — Um dieselbe Zeit sprach man auch von der Undankbarkeit Italien's. „Die nicht zu rechtfertigende Undankbarkeit
Italien's erbittert die ruhigsten Gemüther," schrieb Herr Magne am
20. Juli in seiner vertraulichen Note an den Kaiser. Das Florentiner
Cabinet erhob damals in der That unerhörte Ansprüche an Frank-

gratulirte er sich jetzt, — eine Logik, die wir freilich nicht
begreifen — die französischen Forderungen endlich formu-
lirt zu sehen: „Man könnte sie ja zu rechter Zeit wieder
aufnehmen." Er ahnte nicht, welchen Gebrauch man bald
an den Ufern der Spree von dem Vertragsentwurfe vom
5. August machen werde. Ausserdem hoffte er, dass die
in Berlin empfangene abschlägige Antwort den eifrigen
Förderern gefährlicher Verbindungen zu denken geben, dass
sie in Zukunft gewisse Abmachungen verhindern werde,
die er besonders fürchtete; aber auch hierin geht sein Urtheil vollständig irre. Herr von Goltz meldete ihm plötzlich, dass er mit dem Kaiser über die von König Wilhelm
in Norddeutschland zu machenden Annexionen sich geeinigt
habe und ein am 12. August vom Staatsoberhaupte an den
Marquis de Lavalette gerichtetes Schreiben machte allem
Streit mit Preussen ein Ende. „Aus meiner Unterredung
mit Benedetti," schrieb Napoleon III. an den Minister des
Innern, „geht hervor, dass wir ganz Deutschland wegen
eines geringen Vortheils gegen uns hätten; es ist wichtig,
dass die öffentliche Meinung in dieser Frage nicht irre geführt werde." Unglücklicherweise aber liess die kaiserliche
Regierung in jenem bedenklichen Augenblicke sich selber in
ihrer Meinung irre führen, und wurde von nun an Belgien
das Object ihrer ebenso trügerischen als verhängnissvollen

---

reich, und zwar aus Empfindlichkeiten, die mindestens sehr übel an-
gebracht waren. Nachdem sie zu Land und zur See, bei Custozza
und bei Lissa eine Niederlage erlitten, nachdem sie dafür das herrliche Venetien als Belohnung erhalten, erhoben die Italiener noch
Ansprüche auf Tyrol! Einen Augenblick dachte der Kaiser daran,
„auf das ihm gemachte traurige Geschenk zu verzichten und officiell
zu erklären, dass er Oesterreich sein Wort zurückgebe." (S. die
merkwürdige Note Herrn Rouher's an den Kaiser, *Papiers et correspondance de la famille impériale,* II. pag. 229 und 23.)

Unterhandlungen, deren schwere Verantwortlichkeit sie später, zu Anfang des Krieges von 1870, vergebens von sich abzuwälzen strebte.

Dass Herr von Bismarck bei jenen Anschlägen auf die Maas- und Scheldeprovinzen von Anfang an der grosse Versucher der kaiserlichen Regierung und sogar der lange Zeit zurückgewiesene Versucher gewesen, das ist heute eine nicht mehr zu bezweifelnde Wahrheit; die in den letzten Jahren veröffentlichten authentischen Dokumente genügen, um den Ungläubigsten zu überzeugen. Nicht nur in seinen Gesprächen mit General Govone hatte der preussische Ministerpräsident wiederholt und sehr deutlich Belgien und gewisse Theile der Schweiz als die Territorien bezeichnet, die sich am Besten zu einer „Schadloshaltung Frankreich's" eigneten: schon vor dem Frühling des Jahres 1866, sogar schon vor dem Besuche in Biarritz hatte Herr von Bismarck es versucht, „das Fell des Bären zu verkaufen," wie Napoleon III. ihm eines Tages in's Gesicht sagte. Der General La Marmora, der viel davon erzählen kann, fügt hinzu, „der Bär lebte weder in den Alpen noch in den Karpathen, er befand sich sehr wohl *(stava benone)*, und hatte weder Lust zu sterben noch in den Käfig zu gehen.*)" Solche Einflüsterungen waren nicht dazu angethan, die Actionspartei zu erschrecken; sie fanden bei ihr sogar eine günstige Aufnahme. Von Herrn Drouyn de Lhuys jedoch verächtlich zurückgewiesen, vom Staatsoberhaupt als räuberische Anschläge behandelt, mussten sie jene Stunde „patriotischer Beängstigungen" abwarten, die mit der Ankunft des Herrn Benedetti eintrat, um endlich in ernste Erwägung gezogen zu werden.

---

*) LA MARMORA, *Un pó più di luce,* pag. 117. — Bericht des Generals Govone, 3. Juni 1866. Ebendas. pag. 275.

Gewiss hatte der französische Gesandte am Berliner
Hofe in jenem Jahre 1866 eine sehr schwierige und peinliche, fast hätten wir gesagt pathetische Stellung. Er hatte
mit Eifer, mit Leidenschaft an dem Abschluss des *connubio*
Italien's und Preussen's gearbeitet, weil ihm dasselbe als
ein ungeheures Glück für die kaiserliche Politik, als ein
glänzender Sieg des „neuen Rechts“ und der napoleonischen
Ideen über die alte Ordnung der Dinge galt. In der übrigens sehr begründeten Furcht, dies Werk scheitern und
Preussen zurücktreten zu sehen, wenn man mit diesem von
eventuellen Compensationen und vorher zu bestimmenden Verpflichtungen redete, hatte er seiner Regierung von jedem
in dieser Richtung zu machenden Versuche abgerathen und
sich stets auf den empfindlichen, aller Zurede unzugänglichen
Patriotismus des Hauses Hohenzollern berufen, und zwar in
dem Grade, dass er manchmal im Hôtel am Quai d'Orsay
in Verdacht kam, die Farben etwas dick aufzutragen und
den Teufel schwärzer und deutscher zu machen, als er
wirklich war. Sein Werk war endlich über jede Erwartung, bis zum Furchteinjagen, ja so weit gelungen, um
plötzlich Herrn Benedetti zu überzeugen, „dass eine Territorialveränderung für die Sicherheit Frankreich's jetzt nothwendig sei.“ Diese Veränderung hatte er einen Augenblick
sich geschmeichelt, am Rhein zu erlangen; „er hatte den
Erfolg nicht garantirt, er hatte sich nur erlaubt, eine Hoffnung laut werden zu lassen.“ Mit Festigkeit, wo nicht
mit Stolz abgewiesen, nachdem er nun „das Maass der
preussischen Undankbarkeit“ eingesehen, hatte er sogleich
wieder Hoffnung geschöpft, als der preussische Minister ihm
zugeraunt, „man könne andere Arrangements treffen, die
geeignet wären, die respectiven Interessen der beiden Länder
zu befriedigen,“ und sich mit um so fieberhafterer Energie

an das Auskunftsmittel geklammert, dass man vor seinen
Augen erglänzen liess, als er darin einen neuen Triumph
für das moderne Recht und die seiner Partei so theuren
Grundsätze erkannte. Im Eifer, die Folgen einer Politik
wieder gut zu machen, zu deren Sieg er mehr als jeder
Andere persönlich beigetragen, zugleich im Bewusstsein, wie
schwierig, ja wie unmöglich es für den Berliner Hof war,
den kleinsten Bruchtheil deutschen Gebietes abzutreten, und
dabei stets von dem aufrichtigen Willen des Herrn von
Bismarck überzeugt, „Frankreich schadlos zu halten,"*)
wurde er in dieser entscheidenden Stunde Napoleon III.
gegenüber der Dollmetscher der Ideen, die er im Hauptquartier zu Brünn in sich aufgenommen und vertheidigte
er nun mit Wärme jene „nothwendige und vielverheissende"
Allianz mit Preussen, die, schon lange vorher vom Palais-
Royal angepriesen, das Glück gehabt, ganz kürzlich noch
den sonst so klaren Verstand des Herrn Rouher zu bestechen.

Es wurde dabei natürlich nicht an ein unmittelbares
Vorgehen gedacht, was übrigens die militärische Lage des
Landes kaum gestattete; es handelte sich nur um eine zu
erlangende Verständigung und Solidarität für künftige Ereignisse, für den mehr oder weniger entfernten Augenblick
z. B., wo Preussen daran dächte, sein Werk zu krönen, den
Main zu überschreiten, seine Herrschaft von der Ostsee bis
zu den Alpen auszubreiten; es handelte sich darum, sich
kühn auf den Standpunkt der Nationalitäten zu stellen! . . .

---

*) „Alle Bemühungen, die er (Herr von Bismarck) fortwährend
erneuerte, um eine Verständigung mit uns zu finden, beweisen zur
Genüge, dass er von der Nothwendigkeit überzeugt war, Frankreich
schadlos zu halten." (*Ma mission en Prusse*, pag. 192.) So dachte
der französische Ex-Gesandte noch im Jahre 1871.

„Wenn Frankreich sich kühn auf den Standpunkt der Nationalitäten stellt," sagt eine in den Tuilerienpapieren gefundene merkwürdige Note, welche unbestreitbar die in
jenem Augenblicke geltenden Ideen der Actionspartei zu-
sammenfasst,*) „so ist es wichtig, von jetzt ab festzuhalten, dass es keine belgische Nationalität giebt, und sich
über diesen wichtigen Punkt mit Preussen zu verständigen.
Da das Berliner Cabinet andrerseits geneigt scheint, mit
Frankreich Arrangements zu treffen, die Frankreich für
passend hielte, mit ihm einzugehen, so wäre es an der
Zeit, über einen geheimen Vertrag zu unterhandeln, der
beide Theile binden soll. Ohne zu behaupten, dass dieser
Vertrag eine vollständig sichere Garantie böte, hätte er
den doppelten Vortheil, Preussen zu compromittiren und
für dasselbe ein Pfand der Aufrichtigkeit der Politik oder
der Absichten des Kaisers zu sein . . . Um sicher zu
gehen, dass wir in Berlin ein Vertrauen finden, welches zur
Aufrechthaltung eines innigen Einverständnisses nothwendig
ist, müssen wir Alles aufbieten, um die Befürchtungen zu
zerstreuen, die man daselbst stets genährt, die durch unsere
letzten Eröffnungen erweckt und sogar übertrieben worden
sind. Dies Resultat kann nicht durch Worte erlangt werden,
dazu bedarf es eines Vertrages, in dem das weitere Schicksal Belgien's mit Preussen zu vereinbaren wäre. Indem
damit in Berlin bewiesen wird, dass der Kaiser entschieden
anderswo als am Rhein die für Frankreich seit den neuesten
Ereignissen nothwendig gewordene Ausdehnung sucht, erlangen wir mindestens die relative Gewissheit, dass die

---

*) *Papiers et correspondance de la famille impériale,* I. pag.
16 und 17. Die Herausgeber glaubten in dieser Note die Handschrift
des Herrn Conti, des Cabinetschefs des Kaisers, erkannt zu haben.
Wäre es nicht vielmehr die Handschrift des Herrn Benedetti?

preussische Regierung unserer Vergrösserung nach Norden hin kein Hinderniss in den Weg setzen wird."

Mit der Mission, über einen geheimen Vertrag zu unterhandeln, welcher die beiden Parteien in dem eben angegebenen Sinne bände, verliess also Herr Benedetti gegen Mitte August Paris. Der Vertrag sollte ein Offensiv- und Defensiv-Bündniss zwischen beiden Staaten stipuliren und als Lohn für die Anerkennung der vollbrachten oder in Deutschland noch zu vollbringenden Thatsachen, dem Kaiser Napoleon III. die diplomatische Mitwirkung Preussen's zum Zwecke der Erwerbung Luxemburg's und seine bewaffnete Mitwirkung für den Zeitpunkt sichern, den Frankreich für geeignet fände, zur Einverleibung Belgien's zu schreiten. Nachdem er auf seinen Posten zurückgekehrt, machte sich der französische Gesandte entschlossen an's Werk; er führte die Unterhandlung ohne Wissen seines unmittelbaren Vorgesetzten*) und referirte darüber

---

*) „Bei meiner Abreise von Paris, gegen Mitte des Monats August," sagt Herr Benedetti in seinem Buche: *Ma mission en Prusse*, pag. 194, „hatte Herr Drouyn de Lhuys seine Entlassung eingereicht und ich hatte Grund zu der Annahme, dass Herr von Moustier, der damalige Gesandte in Constantinopel, sein Nachfolger sein werde. Es gab also in jenem Augenblicke keinen Minister der auswärtigen Angelegenheiten. Unter solchen Verhältnissen hielt ich es für passend, an den Staatsminister Herrn Rouher den Brief zu richten, in welchem ich über meine Unterredung mit Herrn von Bismarck Bericht erstattete und dem der Vertragsentwurf bezüglich Belgien's beigelegt war." — Herr Drouyn de Lhuys hatte gegen Mitte August nicht seine Entlassung eingereicht; mit Recht oder Unrecht glaubte er zu jener Epoche „durch sein Bleiben einen Act der Redlichkeit und Uneigennützigkeit" zu vollziehen; sein Portefeuille wurde ihm erst am 1. September 1866 abgenommen. Bis zu diesem Datum hatte Herr Drouyn de Lhuys das Departement des Auswärtigen geleitet. Der Gesandte citirt in seinem Buche selber mehrere mit ihm am 21. und 25. August (pag. 204 und 223) über ernste Fragen gewechselte

nur an den Kaiser und den Staatsminister. Er bat den preussischen Ministerpräsidenten, die Vorschläge vom 5. August bezüglich des linken Rheinufers als ungeschehen zu betrachten, als einen tollen Einfall, den Herr Drouyn de Lhuys während der Krankheit seines erhabenen Herrn gehabt, und legte ihm einen neuen Entwurf in 5 Artikeln bezüglich Belgien's vor. Es ist gleichgültig, ob der französiche Gesandte das Original mitgebracht oder es im Cabinet des preussischen Ministers auf dessen Bitte und „gewisser-

---

Depeschen und Herr Benedetti macht sich sonderbare Vorstellungen von seinen hierarchischen Pflichten, wenn er meint, dass es für einen Agenten passend sei, sich der Controle seines unmittelbaren Vorgesetzten zu entziehen, weil er dessen nicht fernen Rücktritt voraussieht. Die Fortsetzung der aus dem Buche des Herrn Benedetti angeführten Stelle ist nicht minder merkwürdig: „Herr Rouher," sagt er, „hat die Correspondenz, die ich einige Tage lang mit ihm gepflogen, nicht auf dem Ministerium niedergelegt, dessen Leitung er niemals übernommen. Wenn ich sie hier wiedergäbe, so könnte ich den Leser nicht behufs Vergleichung des Textes auf das Archiv verweisen, wie ich dies für alle Actenstücke thue, die ich ihm vor Augen lege." Wie gar gewissenhaft! Da Herr Benedetti einmal den Entschluss gefasst, Enthüllungen zu machen, so hätte er auch jene Correspondenz mit Herrn Rouher über einen so bestrittenen Gegenstand mittheilen dürfen und dabei dem Leser im Voraus sagen können, dass die Originale nicht im Archiv vorhanden seien. (Man weiss, dass diese Originale mit einer grossen Zahl anderer wichtiger Dokumente in dem Herrn Rouher gehörenden Schlosse Cerçay gefunden worden.) — Da wir unsererseits im Zuge sind, „etwas mehr Licht" über alle diese keineswegs natürlichen Mysterien zu verbreiten, so fügen wir hier die Bemerkung bei, dass die berühmte Depesche des Herrn von Bismarck vom 29. Juli 1870 zu Anfang des Krieges mit Unrecht, aber in leicht zu errathender Absicht, dem geheimen Vertragsentwurfe, betreffs Belgien, ein viel späteres Datum, das Jahr 1867, die Epoche nach Regelung der Luxemburger Angelegenheit, zugeschrieben. Diese Angabe kann bei einer ersten Prüfung und Vergleichung der der Oeffentlichkeit übergebenen Actenstücke nicht bestehen. Die lichtscheuen Unterhandlungen wegen Belgien's fanden, wie Herr Benedetti es sagt, in der zweiten Hälfte des Monats August statt.

maassen nach seinem Dictat“ geschrieben; sicher ist, dass
Herr Benedetti nach Instructionen aus Paris gehandelt*)
und dass Herr von Bismarck seinerseits solche Eröffnungen
keineswegs zurückgewiesen. Er hatte sogar über den einen
und andern in der Redaction gebrauchten Ausdruck Bemerkungen gemacht und mehrere im Text anzubringende Veränderungen gefordert. Der so amendirte Entwurf wurde
nach Paris und dann wieder zurück mit den vom Kaiser
und Herrn Rouher gemachten Berichtigungen nach Berlin
gesandt. An den Ufern der Seine, in den kleinen Kreisen
der in das Geheimniss Eingeweihten, war man voller Erwartung und Freude; man debattirte über die Frage, wer
Herrn Drouyn de Lhuys im Amte folgen solle und die Ansichten waren getheilt zwischen Herrn von Lavalette und
Herrn Benedetti; man tauschte Ideen aus, die bald genug
ein traurig berühmtes Actenstück in die Oeffentlichkeit
bringen sollte; man freute sich, „die Verträge von 1815
zerrissen, die Coalition der drei nordischen Mächte gebrochen
und Preussen unabhängig und gefestet genug zu sehen, um
sich von seinen Traditionen losmachen zu können.“**) Plötzlich wirft eine lamentable Depesche des französischen Gesandten am Berliner Hofe (29. August) Verwirrung in die
Gemüther und von neuem erheben sich schwere Befürchtungen wegen der so „nothwendigen und vielverheissenden“
Allianz, die man zu erreichen sich geschmeichelt hatte.

Die Besprechungen waren bis in die letzten Tage des

---

*) Der Preussische Staatsanzeiger vom 21. October Nr. 181 giebt
nach den auf Schloss Cerçay gefundenen Dokumenten Auszüge aus der
von Paris, 16. August, an Herrn Benedetti wegen des geheimen Vertrags
gesandten Instruction. Eine Stelle derselben enthält „die Bezeichnung
der Personen, denen allein diese Unterhandlung bekannt sein soll.“

**) Ausdrücke in der Circulardepesche des Herrn von Lavalette,
vom 16. September 1866.

August fortgesetzt worden und Herr von Bismarck hatte
sich willig zu dilatorischen Unterhandlungen her-
gegeben. Unterdessen aber war der Prager Frieden, der
schliessliche Frieden mit Oesterreich, am 26. August unterzeichnet worden, die Südstaaten waren einer nach dem andern den Nikolsburger Stipulationen beigetreten und hatten
feierlich den Norddeutschen Bund, ebenso die Gebietserwerbungen Preussen's anerkannt. Der geheime Vertrag,
Belgien betreffend, war in den Händen des Ministers Wilhelm's I., er brauchte nur noch reinlich abgeschrieben und
unterzeichnet zu werden; in diesem Augenblick aber stiess
Herr Benedetti auf ein sonderbares, unerklärliches Misstrauen, das ihn natürlich tief verletzen musste. Herr von
Bismarck hatte jetzt manche Bedenken, sprach von der Befürchtung, „Kaiser Napoleon möchte sich einer solchen Unterhandlung bedienen, um Preussen mit England zu über-
werfen." Der französische Gesandte war auf das Aeusserste
betroffen. „Welchen Grad von Vertrauen können wir unsererseits Personen schenken, die solchen argwöhnischen Berechnungen zugänglich sind?" fragte er sich in seiner Depesche vom 29. August.*) Dies Verfahren schien ihm
unqualificirbar und um der Versuchung, es zu qualificiren,
aus dem Wege zu gehen, hielt er es für gerathen, „sich
auf 14 Tage nach Carlsbad zu begeben, von wo er auf das
erste Telegramm des Herrn von Bismarck sofort nach Berlin
zurückkehren werde." Von diesem Zwischenfall einigermaassen aufgeregt, hielt der Hof der Tuilerien nichts desto
weniger an seinem Glauben an den geheimen Vertrag fest, der
sicher in Berlin vorbereitet werde: er entliess Herrn Drouyn

---

*) Diese wie die folgenden Details sind den in Cerçay gefun-
denen und im preussischen Staatsanzeiger vom 21. October 1871
veröffentlichten Papieren entnommen.

de Lhuys, und lange vor der Ankunft seines Nachfolgers, Herrn von Moustier, aus Constantinopel, beeilte man sich, die famose Circulardepesche vom 16. September zu veröffentlichen, welche die Unterschrift des interimistischen Ministers, Herrn von Lavalette, trug und die ein weiteres Pfand für den Sieger von Sadowa sein sollte. Dies Manifest feierte die Theorie der staatlichen Agglomerationen und behauptete, dass „das vergrösserte, künftig von jeder fremden Solidarität befreite Preussen die Unabhängigkeit Deutschland's sicher stelle;" die im geheimsten Herzenswinkel genährten Hoffnungen berührte man kaum anspielungsweise in den verhüllten Worten: Frankreich kann nur solche Gebietsvergrösserungen für sich wünschen, die seine mächtige Cohäsion nicht stören würden . . ." Dies half aber Alles nichts und Herr Benedetti wartete vergebens unter den Ulmen und schönen Tannen von Carlsbad: Herr von Bismarck gab kein Lebenszeichen von sich. Er war auf seine Güter gegangen, von wo er erst im Monat December zurückkehrte. Die dilatorischen Unterhandlungen hatten seit dem Monat August ihre Früchte getragen und die französische Regierung wäre zu glücklich gewesen, wenn alle diese in Dunkel gehüllten Schliche nur auf eine einfache Enttäuschung hinausgelaufen wären; sie wurden ihre Strafe.

Und Herr Benedetti hatte behauptet, seinen Mann zu kennen, ihn seit fünfzehn Jahren nicht aus dem Auge gelassen zu haben! Jedenfalls hatte er ihn im Frühling während der Unterhandlungen beobachtet, die den Vertrag zwischen Preussen und Italien herbeiführten; er hatte damals dem herrlichen Gefecht „zwischen der Viper und dem Charlatan" zugeschaut und sehr richtig die Lage charakterisirt, als die Bevollmächtigten der beiden Länder sich in

Wundern punischer Treue überboten. „Herr von Bismarck und der General Govone trauten und trauen einander noch nicht," hatte Herr Benedetti in seiner Depesche vom 27. März 1866 geschrieben. „In Florenz fürchtet man, dass Preussen, wenn es im Besitze eines Actenstückes sei, das gewissermaassen Italien in seine Hände liefere, den Inhalt desselben in Wien zur Kenntniss bringe und das österreichische Cabinet durch Einschüchterung bestimme, ihm die ersehnten Concessionen auf friedlichem Wege zu machen. In Berlin fürchtet man, dass Italien, wenn man sich darauf einlässt, auf diesen Grundlagen zu unterhandeln, Oesterreich unmittelbar davon unterrichte und so versuche, die Abtretung Venetien's zu erlangen . . ." Wie konnte nur Herr Benedetti nach einer solchen Erfahrung *in anima vili* sein compromittirendes Autograph, betreffs Belgien, auf dem Tische des Ministerpräsidenten in Berlin zurücklassen, ein Actenstück, das gewissermaassen Frankreich in Preussen's Hände lieferte? Wie mochte er sich darüber wundern, seinen Mitunterhändler „solchen argwöhnischen Berechnungen zugänglich" zu sehen, und warum machte er nicht im Gegentheil dieselben Berechnungen zu seinem eigenen Vortheil und Nutzen? Es lag ja doch sehr nahe, Herrn von Bismarck den Willen zuzutrauen, Anderen das zu thun, was er wollte, dass sie ihm nicht thäten! Und der französische Gesandte hätte sich schwerlich getäuscht, wenn er seinem Gegenüber diesen christlichen Gedanken zugetraut hätte, denn das Komische oder vielmehr das Traurige an der Sache — der wahre Humor an dem ganzen Imbroglio, wie Shakespeare's Bardulf sagen würde — ist, dass der preussische Minister das Manöver eben ausgeführt hatte, dessen er Napoleon III. zu beargwöhnen sich den Schein gab und dass das Taschenspielerkunststück schon gemacht war, als er fragte, ob man auch Nichts in den Händen oder Taschen verberge. Man hatte zwei geheime und sehr gefährliche Actenstücke in seinen Händen gelassen, die beiden Vertragsentwürfe wegen des Rhein's und wegen Belgien's, *) und er versäumte nicht, sich derselben sofort den interessirten Parteien gegenüber zu bedienen, die er Ursache hatte, sich zu verbinden . . .

Man erinnert sich, dass die Nikolsburger Präliminarien stipulirt hatten, die Südstaaten sollten ausserhalb des von Preussen geleiteten Bundes bleiben, könnten hingegen unter sich einen engeren Bund bilden. Dies war der grosse von der französischen Mediation erlangte Erfolg, die segensreiche Combination von den „drei *Tronçons*," die, wie behauptet wurde, für Frankreich viel vortheilhafter sei, als der alte Bund, die unglückselige Schöpfung von 1815. Unter den in das Geheimniss der Benedetti'schen Mission eingeweihten Personen betrachtete man freilich die „Gruppe der Bundesglieder" nicht mehr als ein „Object diplomatischer Vereinbarungen zu gelegentlichem Vortheil;" indessen „rettete" man noch immer den Süden und Herr Drouyn de Lhuys bemühte sich in jenem Monat August 1866 redlich, den unglücklichen Bevollmächtigten Baiern's, Württemberg's, Hessen's u. s. w. beizustehen, die sich wegen Ab-

---

*) Die beiden Vertragsentwürfe sind seither durch die preussischen Zeitungen vom 29. Juli und 8. August 1870 veröffentlicht worden. Die preussische Regierung ist jetzt im Besitz von zwei französischen Autographen des Projectes gegen Belgien: eines, das Herr Benedetti im August 1866 bei Herrn Bismarck zurückgelassen; ein anderes, gleichfalls von der Hand des Herrn Benedetti, mit Randbemerkungen Napoleon's III. und Herrn Rouher's. Das letztere Dokument ist in Cerçay gefunden worden. Wegen der Beschreibung und anderer Einzelnheiten s. den Preussischen Staatsanzeiger vom 21. October 1871 und den Artikel der Norddeutschen Zeitung betreffs des Zwischenfalls La Marmora.

schluss des definitiven Friedens nach Berlin begeben hatten. Herr von Bismarck hatte sie Anfangs durch seine Geld- und Gebietsanforderungen erschreckt; sie hatten die Unterstützung des Kaisers der Franzosen angerufen und erhalten, und in den Tuilerien schmeichelte man sich in der That, den Minister des Königs Wilhelm zu billigeren Ansprüchen bewogen zu haben. Noch am 24. August schrieb Herr Drouyn de Lhuys an seinen Agenten in Baiern: „Ich bin glücklich bei dem Gedanken, dass unser letzter Schritt nicht ohne Einfluss auf das Resultat einer Unterhandlung gewesen ist, die auf befriedigendere Weise zum Abschluss gelangt, als das Münchener Cabinet es Anfangs gehofft," und sogar Herr Benedetti schrieb sich bei alledem die schöne Rolle des Moderators zu.*) Die Wahrheit ist, dass, wenn Herr von Bismarck schliesslich sich maassvoller und sogar sehr freundschaftlich gegen die Südstaaten benahm, er dabei von anderen Motiven geleitet wurde, als von dem Wunsche, dem Tuileriencabinet angenehm zu sein. Er hatte einfach den Bundesstaaten den Vertragsentwurf vom 5. August gezeigt, er hatte ihnen nachgewiesen, dass die französische Regierung zu der Zeit sogar, wo sie dieselben zu beschützen schien, sich mit Preussen auf ihre Kosten zu verständigen suchte und Theile von der Pfalz und Hessen für sich verlangte. Anstatt von ihnen die Opfer zu fordern, die sie befürchteten, erbot sich der Minister König Wilhelm's, sie gegen den Erbfeind zu vertheidigen. Da war die Entscheidung nicht zweifelhaft, die Südstaaten fügten sich und Preussen schloss mit ihnen zwischen dem 17. und 23. August geheime Offensiv- und Defensiv-Bündnisse ab. Die Contrahenten garantirten sich gegenseitig die Un-

---

*) Privatbrief des Herrn Benedetti an den Herzog von Gramont vom 22. August 1866. *(Ma mission en Prusse,* pag. 192.)

verletzlichkeit ihrer respectiven Gebiete und die Südstaaten
verpflichteten sich, im Kriegsfalle ihre gesammten Streitkräfte dem König von Preussen zur Verfügung zu stellen. *)
Das „Object diplomatischer Vereinbarungen,“ auf welches
Herr Rouher gezählt hatte, war von nun an nicht mehr
zu haben; die Mainlinie war überschritten, ehe sie noch auf
der officiellen Karte Europa's eingezeichnet worden und
Herr von Bismarck konnte seit dem Monat August 1866
auf die bewaffnete Mitwirkung ganz Deutschland's zählen.

Das Geheimniss der Militärconventionen mit den Südstaaten wurde lange streng bewahrt und erst im Frühjahr
des folgenden Jahres hielt Herr von Bismarck es für gelegen,
sie als Antwort auf eine Rede des Staatsministers über die
drei *Tronçons* in höhnischer Weise zu veröffentlichen. Bis
dahin hatte Herr Benedetti wie die übrigen Sterblichen
nichts davon gewusst. Klarer sah er in einem anderen
Ereignisse von ausserordentlicher Wichtigkeit, das zu derselben Zeit stattfand, als die Verträge mit dem Süden abgeschlossen wurden; er erkannte von vornherein die ominöse
Bedeutung der Mission des Generals Manteuffel nach
St. Petersburg im August 1866. Man darf ja nicht vergessen, dass hinter der „neuen Politik,“ die man in jenem
Monat in den Tuilerien durch ein herzliches Einverständniss mit Preussen einzuweihen gedachte, ein russisches
Problem sich regte. Wird die brandenburgische Monarchie,
„die nun gefestet genug geworden, um sich von ihren Traditionen loszusagen, die in Zukunft von jeder fremden Solidarität befreit war,“ sich dazu entschliessen, die alten,
noch nie gelockerten Bande zu zerreissen, die sie an das
Czarenreich knüpften? Darin lag die wahre Lebensfrage

---

*) Albert Sorel, *Histoire diplomatique de la guerre franco-
allemande,* I. pag. 29—30.

für die Zukunft. „Preussen braucht eine Allianz mit einer Grossmacht," wiederholte Herr von Bismarck unaufhörlich zu jener Zeit. Da nun Oesterreich vernichtet war und Britannia sich seit lange zur Wittwenschaft verurtheilt hatte, so blieben nur noch Frankreich und Russland übrig, zwischen denen der glückliche Sieger von Sadowa wie Don Juan zwischen Donna Anna und Donna Elvira stand. Im Finstern überrascht, in einem Moment fatalen Missverständnisses missbraucht, liess die stolze und leidenschaftliche Donna Anna ihre Bravour- und Rachearien ertönen, noch öfter aber warf sie ihm in der Erinnerung an die letzte Umarmung schmachtende, gluthsprühende Blicke entgegen, die das heimlich fortbrennende Feuer verriethen, ja deutlich genug sagten, dass man so gern verzeihen, ja noch mehr thun möchte, vorausgesetzt, dass Alles wieder gut gemacht, durch die Ehe gut gemacht würde, und wäre es auch nur durch eine heimliche Ehe. Russland war die Donna Elvira, die alte, die legitime Gattin, die über die neuliche Vernachlässigung böse geworden, sich sogar in ihren Familieninteressen schwer geschädigt fühlte, aber stets voll Liebe, stets unter dem Zauber des Angebeteten, nur auf ein einziges süsses Wörtchen wartete, um Alles zu vergessen und dem Ungetreuen in die Arme zu stürzen. Um sie nicht ganz zu übergehen, erwähnen wir noch der Zerline, Italien's, der schelmischen, muthwilligen Soubrette, die überall hindurchtänzelt; auch sie, die Aermste, ist in den unwiderstehlichen Verführer vernarrt, und obgleich oft genug von oben herab angesehen, ist sie doch glücklich, einmal heimlich gekniffen zu werden, sich von einem so vornehmen Herrn beschützt zu wissen.

Da nun die Dinge in jenem entscheidenden Monate schon bedenklich genug für ihn lagen, so empfand der französische

Gesandte am Berliner Hofe etwas wie einen heftigen Stoss, als er die plötzliche Abreise Herrn von Manteuffel's, des Generals und Diplomaten, mehr Diplomaten als Generals, des engsten Vertrauten des Königs Wilhelm, des Mannes der intimen Missionen erfuhr. „Ich habe Herrn von Bismarck gefragt," beeilte sich Herr Benedetti nach Paris zu schreiben, „was ich von dieser Mission zu halten hätte, die so plötzlich einem im Felde stehenden Truppencommandanten anvertraut worden. Nachdem er behauptet, dass er glaube, mit mir darüber schon gesprochen zu haben, versicherte mich Herr von Bismarck, er habe Herrn von Goltz informirt, dass er Sie davon in Kenntniss setze." Genau genommen konnte man es natürlich finden, dass es dem König am Herzen lag, seinem kaiserlichen Neffen gegenüber die mildernden Umstände einer so schmerzlichen Lage geltend zu machen, die ihn zwänge, das Gut und die Kronen mehrerer sehr naher Verwandten des Hauses Romanow einzuziehen; der französische Gesandte aber war namentlich von dem Umstande betroffen, dass die Reise des Herrn von Manteuffel beschlossen worden einen Tag nachdem er seinen Vertragsentwurf übergeben. — „Ich fragte den Ministerpräsidenten," heisst es in seiner Depesche weiter, „ob dieser General von unserer Eröffnung Mittheilung erhalten; er antwortete mir, er könne mir nicht dafür bürgen, dass ihm der König nicht etwa von der Substanz derselben Kenntniss gegeben. Ich muss hinzufügen, wie ich Ihnen dies schon durch den Telegraphen gemeldet, dass ich Herrn von Bismarck eine Copie unseres Entwurfs am Sonntag Morgen überreicht, und dass der General von Manteuffel, der eben erst sein Hauptquartier nach Frankfurt verlegt hatte, in der Nacht darauf nach Berlin gerufen wurde." Gegen Ende August, als Herr von Bismarck zum ersten

Male seine Bedenken wegen Unterzeichnung des geheimen
Vertrages bezüglich Belgien's merken liess, kam Herr Benedetti in einem Briefe an den Staatsminister Rouher auf die
Mission zurück, die Herrn von Manteuffel noch immer in
St. Petersburg beschäftigte. „Man hat anderswo Zusicherungen erhalten, weshalb man auf uns nicht mehr zu zählen
braucht" — heisst es jetzt — „wenn man unsere Allianz
ausschlägt, so bedeutet das, dass man schon anderweitig
versehen ist, oder es doch bald sein wird." *)

General Manteuffel blieb mehrere Wochen in St. Petersburg, er blieb lange genug, um gewisse Verstimmungen
über das Missgeschick der Häuser Hannover, Kassel, Nassau
u. s. w. zu beseitigen, sämmtlich Blutsverwandte der kaiserlichen Familie; er blieb lange genug, um über Projecte und
Autographen zu sprechen, durch welche man es auf perfide
Weise versucht hatte, das Haus Hohenzollern von seiner
aufrichtigen, unerschütterlichen Zuneigung zu dem nordischen
Verwandten abzuziehen. Dank all' diesen Maassregeln und
Aufmerksamkeiten wurde die gute Harmonie zwischen den
beiden Höfen vollkommener als je; man verständigte sich
leicht über das Vergangene, man verständigte sich über die
Zukunft, und der französische Gesandte am Berliner Hofe
täuschte sich ebenfalls nicht, als er von diesem Augenblick
an den „Bären" bezeichnete, dessen Haut der General und
Diplomat an den Ufern der Newa verkauft hatte. Um mit
dem Marquis La Marmora zu reden: es war ein Bär aus
dem Balkan, der schon seit langer Zeit nicht fest auf den
Beinen stand und den der Kaiser Nicolaus schon vor zwanzig
Jahren krank erklärt hatte. Man wird später sehen, dass
Alexander Michailowitsch sein Wild darum nicht weniger

---

*) In Cerçay gefundene Papiere. Preussischer Staatsanzeiger
vom 21. October 1871.

bei dem grossen Treibjagen 1870 fehlte, dass er ihm kaum eine Hand voll Haare ausraufte, die gerade zu einer Helmzier reichen mochten: dies thut jedoch dem Scharfblick keinen Abbruch, den der unglückliche Unterhändler des geheimen Vertrags wegen Belgien's bei dieser Gelegenheit offenbarte. Herr Benedetti ahnte früh die traurige Wahrheit, die für Herrn Thiers erst spät aus dem „russischen Carton" hervorschaute, dessen Prüfung ihm Herr von Bismarck an einem Abend in Versailles mit einer Grossmuth gestattete, die gewiss nicht frei von Malice war.

Durch den Versuch, nach der schrecklichen Niederlage im böhmischen Feldzuge von Preussen bald am Rhein, bald an der Maas, Compensationen zu erlangen, hatte Kaiser Napoleon III. in den Monaten Juli und August 1866 Herrn von Bismarck die zwei grossen politischen Combinationen nur erleichtert, die ihm nachher 1870 von wunderbarem Nutzen waren: die bewaffnete Mitwirkung der Südstaaten und der moralische Beistand Russland's in einem etwaigen Kriege mit Frankreich. Der Hauptfehler jedoch, den die napoleonische Politik sich am Tage nach der Schlacht bei Sadowa zu Schulden kommen liess, war der, dass es Preussen in seinem Wunsche, sich der Controle Europa's zu entziehen, so gut gedient und von vornherein seine Zustimmung zu einem so ungeheuren Umsturz des politischen Gleichgewichts gegeben, ohne dass die Angelegenheit vor den Areopag der Nationen gebracht wurde. — Dieses Aufgeben aller Pflichten gegenüber der grossen christlichen Staatenfamilie wurde nur zu schnell und nur zu grausam gerächt, und Fürst Gortschakow befolgte 1870 nur das ihm eben gegebene Beispiel, als er Frankreich und Deutschland ihren Streit unter sich auskämpfen liess, als er jedes gemeinsame Handeln der Mächte, jedes europäische Einverständniss verhinderte. „Ich sehe kein Europa!" sollte Herr von Beust in einer berühmt gebliebenen Depesche ausrufen, und Niemand trat vor, um diesen Schmerzensruf zu verneinen. Wenige nur erlaubten sich die traurige Bemerkung, dass die Verdunkelung schon seit einigen Jahren dauere, dass sie mit den Präliminarien von Nikolsburg und dem Prager Vertrage begonnen habe.

Achtes Kapitel.

Orient und Occident.

Grosse Entmuthigung des Herrn Benedetti. — Die luxemburgische
Angelegenheit (Frühling 1867). — Der Aufstand in Creta. —
Frankreich's und Oesterreich's Entgegenkommen gegen Russland
in der orientalischen Frage. — Merkwürdige Depesche des Herrn
von Beust vom 1. Januar 1867; das Schwarze Meer, eine Frage
der Eigenliebe. — Französisches Project, Creta mit dem Königreich Griechenland zu vereinigen. — Die Aufnahme, welche Fürst
Gortschakow den Eröffnungen der Herren von Beust und von
Moustier zu Theil werden lässt. — Er sucht die beiden Mächte zu
compromittiren, hält aber seine eigene Freundschaft zu Preussen
aufrecht. — *In magnis voluisse.* — Chimärische Hoffnungen der
Slawophilen in Moskau und St. Petersburg: der Occident Deutschland, und der Orient Russland. — Programm des Herrn Katkow.
— Der Moskauer Congress (Frühling 1867). — Umtriebe der panslavistischen Partei in den Donau- und Balkanländern (1867—68.)
— Fürst Gortschakow zu Gunsten der revolutionären Partei in
Rumänien und Griechenland. — Ultimatum der Pforte an die
hellenische Regierung und Pariser Conferenz wegen des griechisch-
türkischen Zwistes (Januar 1869). — Einhalten der slavischen
Agitation im Laufe des Jahres 1869. — Testament Fuad-Paschas:
seine Befürchtungen für die Zukunft des ottomanischen Reiches.

„Man ist anderweitig versehen," schrieb in den letzten
Augusttagen der französische Gesandte bei König Wilhelm I. in seiner Niedergeschlagenheit, als er Preussen so
plötzlich die dilatorischen Verhandlungen wegen Belgien's abbrechen sah, und es muss billigerweise anerkannt
werden, dass er von da an die Lage richtig beurtheilte und

die Aufmerksamkeit seiner Regierung mit Beziehung auf
das nach der Mission des Generals Manteuffel erfolgte
innige Einverständniss zwischen den Höfen von Berlin und
St. Petersburg beständig wach erhielt. Wenn er trotzdem
noch eine Zeit lang darauf bestand, eine Compensation für
sein Land zu suchen — eine sehr bescheidene Compensation
freilich, die der neuen Lage Frankreich's entsprach — wenn
er sich namentlich in den ersten Monaten des Jahres 1867
mit der Hoffnung schmeichelte, von dem Wohlwollen des
Herrn von Bismarck die Erlaubniss zum Ankaufe Luxemburg's zu erlangen, wenn er sogar eines Tages auf einem
schnellen Abstecher nach Paris so weit ging, in vertrautem
Gespräche zu behaupten, er habe die Festung an der Alzette
schon „in der Tasche," so hielt er es deshalb doch nicht
für möglich, auf den schönen Traum im Generalquartier zu
Brünn zurückzukommen und jene „nothwendige und vielverheissende Allianz" zu Stande zu bringen, mit der sich
einige sanguinische Gemüther einen Augenblick an den
Ufern der Seine getragen. Er war nur überzeugt, dass der
Sieger von Sadowa die geringe Genugthuung mit Luxemburg Frankreich nicht missgönnen, dass er es sogar für
klug halten werde, den Kaiser Napoleon um so billigen
Preis „schadlos halten" zu können, dass, um mit dem
Dichter zu reden, „der Löwe bei einem gar so kleinen
Brocken nur gähnen werde." Der Löwe aber brüllte,
schüttelte wild seine Mähne und erklärte kurzweg, dass es
mit der „Trinkgeld-Politik" ein für alle Mal ein Ende habe.
Dies bestätigte Herrn Benedetti nur in seiner Annahme, dass
man anderswo versehen und künftig vor aller Sorge gesichert
sei. Er urtheilte richtig, dass Herr von Bismarck seiner
Stütze, in jedem Falle seines ehemaligen Frankfurter Collegen ganz sicher sein müsse, wenn er Frankreich sogar dies

bescheidene Erbtheil versagte und ihm so den „Maassstab für seine Undankbarkeit" gäbe.

Mit der Luxemburger Angelegenheit waren auch die Ereignisse in Creta für das Wiener und das Tuilerien-Cabinet Beweis genug, wie weit Fürst Gortschakow seinerseits Herrn von Bismarck gegenüber engagirt, wie entschlossen er war, seiner Freundschaft zu Preussen selbst die glänzendsten Aussichten zu opfern. Für denjenigen, welcher die Noten aufmerksam durchliest, zu denen die Unruhen in Creta Veranlassung gegeben, wird es augenscheinlich, dass die österreichische und die französische Regierung vom November 1866 bis zum März 1867 die Stimmung des Petersburger Hofes zu sondiren gesucht und auf gewiss sehr bezeichnende Weise Schritte zur Annäherung an Russland gethan. Wie man sich erinnert, war die Erhebung der Candioten im Herbst 1866 eine plötzliche Ueberraschung für das kaum wieder beruhigte Europa. Von mehr oder weniger dabei interessirten Publicisten über die Maassen vergrössert, beschäftigte endlich die Insurrection, nachdem sie in Russland lebhafte Sympathieen erregt, die Staatskanzleien in ernsthafter Weise und einen Augenblick war es, als sollten die europäischen Cabinette wieder mit dem ganzen Jammer der orientalischen Frage heimgesucht werden. Manche Regierungen schienen sogar vor dieser Eventualität nicht allzusehr zu erschrecken: anstatt sich an die alten Traditionen der Diplomatie in den ottomanischen Angelegenheiten zu halten, anstatt die Sache zu vertuschen oder doch so viel als möglich ihre Bedeutung und ihre Tragweite zu verringern, dachte Herr von Moustier, man müsse „ein Mittel finden, den Orient zu beruhigen," und er kam auf den Gedanken, „eine Art ärztlicher Consultation zu veranstalten, um eines Jeden Ansicht über das anzuwendende

Heilmittel kennen zu lernen." *) Noch viel erstaunlicher
war die Sprache der Wiener Regierung, jener Macht, die
bis dahin und jederzeit sich damit begnügt hatte, die Türkei *per fas et nefas* zu unterstützen, ohne irgend etwas,
weder für die unmittelbaren Unterthanen des Sultans, noch
für die tributpflichtigen Provinzen zu verlangen. Entschlossen mit der Vergangenheit brechend, schrieb der eben
zur Leitung des Auswärtigen in das österreichische Ministerium berufene Herr von Beust am 10. November 1866
an seinen Gesandten in Paris, dass wenn auch von dem
Wunsche beseelt, dem Sultan seinen Thron zu bewahren,
„Oesterreich in gewissem Maasse seine Sympathieen und
seinen Schutz den christlichen Völkerschaften der Türkei
nicht versagen könne, die manchmal gerechte Reclamationen
zu erheben haben und mit einigen Völkern des österreichischen Kaiserthums durch die engen Bande der Religion
und der Abstammung verbunden sind." Als er einige Tage
darauf (28. November) vom russischen Gesandten am Wiener
Hofe darüber interpellirt wurde, zauderte der österreichische
Minister nicht mit der Antwort, dass er geneigt sei, bei
den Christen des Orients „die Entwickelung ihrer Autonomie und die Einsetzung einer durch Lehenspflicht beschränkten Selbstregierung" zu begünstigen. In einer bemerkenswerthen an den Fürsten Metternich gesandten
Adresse vom 1. Januar 1867 ging endlich Herr von Beust
so weit, „eine Revision des Pariser Vertrages vom 30. März
1856 und der Nachtragsacte" vorzuschlagen, indem er von
vornherein den Wunsch aussprach, in dem zu treffenden
Uebereinkommen Russland möglichst zu berücksichtigen.
Der Beweis wurde ihm nicht schwer, dass „die Mittel, mit

*) Depesche des Grafen Mülinen an den Baron von Beust,
30. December 1866.

Hülfe deren man im Laufe der letzten Jahre gesucht, den *status quo* im Orient aufrecht zu halten, zu den Schwierigkeiten in keinem Verhältniss standen, die von Tag zu Tage grösser geworden." — „Die Gesammtphysiognomie des Orients," fuhr die Depesche fort, „erscheint heute unter einem wesentlich andern Lichte, als 1856, und die Stipulationen aus jener Epoche, die in mehr als einem wichtigen Punkte von den Ereignissen überholt worden, entsprechen nicht mehr den Anforderungen der gegenwärtigen Lage." In einem Wort, Herr von Beust erstrebte nichts Geringeres, als eine Collectiv-Intervention der europäischen Mächte in die Angelegenheiten der Türkei, ohne sich dabei zu verhehlen, dass es bei einer solchen Conjectur „gerathen sein werde, in gebührendem Maasse die natürliche Rolle in Anschlag zu bringen, welche die Gemeinsamkeit der religiösen Institutionen Russland im Orient sichere," und indem er zugleich in klaren Worten auf die Nothwendigkeit hinwies, das Czarenreich von den lästigen Beschränkungen zu befreien, die ihm im Schwarzen Meere auferlegt worden, „um so durch eine versöhnliche Haltung die redliche Mitwirkung dieser Macht in den Fragen des Orients zu erzielen."

Der Plan war sicherlich kühn und verfehlte auch nicht, die Gemüther in Frankreich gewaltig zu erregen. Hiess dies in der That nicht, mit einem Federzug einen Zeitraum von zehn Jahren streichen, die ganze Frucht des Orient-krieges auf einmal verlieren? Man mochte sich ohne Widerwillen nicht eingestehen, dass der Vertrag von 1856 seit lange nicht mehr existirte, seit dem Tage nicht, da die französische Regierung durch ihre nutzlosen Gefälligkeiten gegen Russland das Band der drei occidentalen Grossmächte zerrissen, das allein vermögend war, die wirksame Ausführung jenes Vertrages zu sichern. Seit jener Zeit

war derselbe stückweise dahingefallen, in der Mehrzahl
seiner Stipulationen verletzt worden, und die Pariser Conferenz, die nominell mit Ueberwachung der Aufrechthaltung
des Vertrages betraut worden, hatte sich immer darauf beschränkt, wie die österreichische Depesche hervorhob, „nachträglich ihre Zustimmung zu vollendeten Thatsachen zu
geben, die ohne ihr Zuthun geschehen waren und in Widerspruch zu den unter ihre Obhut gestellten Conventionen
standen." Gleich nach der Schlacht bei Sadowa hatte
übrigens Fürst Gortschakow nicht verfehlt, die nächste Gelegenheit zu ergreifen, um gewissermaassen dem Pariser
Vertrage eine Grabschrift zu widmen. „Unser erhabener
Gebieter," sagte der russische Kanzler in einem Dokument
vom 20. August 1866, das den Stempel einer feinen Ironie
trägt, „unser erhabener Gebieter hat nicht die Absicht, auf
eine allgemeine Verbindlichkeit von Verträgen zu bestehen,
die ihren Werth nur aus der Uebereinstimmung herleiteten,
welche unter den Grossmächten zum Zwecke ihrer Beach-
tung vorhanden war, und die heute wegen Abwesenheit
dieses Gesammtwillens zu häufige und zu schwere Ver-
letzungen erduldet haben, um nicht entkräftet zu sein..."
Gerade diesen Gesammtwillen gedachte Herr von Beust
durch seinen Antrag auf Revision des Vertrages von 1856
neu zu beleben und ernster zu gestalten. Seiner Anschauung nach hatte der Pariser Vertrag seinen Zweck nicht
erreicht, der dahin ging, die Integrität und den Fortbe-
stand des ottomanischen Reiches zu sichern. Einerseits
hatten die Westmächte Russland im Schwarzen Meere Beschränkungen seiner Souveränitätsrechte auferlegt, die ein
grosses Reich auf die Länge nicht ertragen konnte, und
nach deren Beseitigung es früher oder später trachten
musste. Andererseits begnügte man sich bezüglich der christ-

16

lichen Völkerschaften des Orients mit Einregistrirung eines Firmans, welcher Reformen versprach, und überliess die Türkei sich selber, anstatt Europa ein Mittel vorzubehalten, kraft dessen es fortwährend einen sanften Druck auf die ottomanische Regierung ausüben konnte, auf dass diese ihre Pflichten gegen die Rajas erfülle und durch eine verständige und redliche Verwaltung sich unabhängig mache und erstarke. Der Pariser Vertrag hatte nach der Ansicht des österreichischen Ministers Russland gerade das zurückgegeben, was der Krieg in der Krimm ihm vor allen Dingen hätte entziehen sollen: das Monopol des Einflusses auf die Rajas; dieses Monopol wurde von Russland nach wie vor, freilich nur im Verborgenen, ausgebeutet, aber in um so gefährlicherer Weise, als es ohne Concurrenten war. Herr von Beust wollte die Concurrenz oder vielmehr eine allgemeine Uebereinstimmung herstellen, „um die christlichen Völkerschaften des Orients dem gesammten Europa zu Dank zu verpflichten, indem man dieselben durch die Fürsorge aller gewährleistenden Höfe mit autonomen Einrichtungen je nach ihrer Religion und Nationalität ausstattete." *) Er war um so eher geneigt, diesem weittragenden Gedanken den Artikel des Pariser Vertrages bezüglich der Neutralisation des Schwarzen Meeres zum Opfer zu bringen, als Oesterreich von Anfang an diesen Artikel bekämpft, erst im letzten Augenblicke, den Westmächten zu Gefallen und um dem Kriege ein Ende zu machen, demselben zugestimmt hatte und dessen vollständige Unwirksamkeit durch die Ereignisse nachgewiesen war. Unter dem Eindrucke des Tages von Sinope waren Frankreich und England auf den Gedanken gerathen, die Seemacht des

---

*) Depesche des Herrn von Beust an den Baron von Prokesch in Constantinopel, 22. Januar 1867.

Czaren im Schwarzen Meere zu beschränken. Durch diese
Maassregel glaubten sie, Constantinopel vor einem russischen Handstreiche sicher zu stellen; in dieser Beziehung
aber, wie in so mancher andern, hatte die Physiognomie
des Orients sich wesentlich geändert. Russland dachte nicht
mehr an einen Handstreich, es schritt langsamer, aber
sicherer seinem Ziele entgegen. Die Pacification des Kaukasus,*) die unheilbare Schwäche der Pforte und die von
Tag zu Tag zunehmende Unzufriedenheit der Rajas, die
das türkische Joch ebenso ungeduldig trugen, als sie ihrem
einzigen Beschützer, dem Czaren, ergeben waren, dies Alles
hatte für diesen einen grösseren Werth, als sämmtliche
Schiffe des Schwarzen Meeres. „Hat man übrigens Constantinopel vor jeder Gefahr von jener Seite her sicher gestellt?" fragte der österreichische Minister. „Nehmen wir
an, Russland entschlösse sich, im Asow'schen Meere Schiffe
zu bauen, würde man ihm den Krieg erklären, um es daran
zu verhindern?" Das Wiener Cabinet fasste dann seinen
Gedanken in folgende charakteristische Worte zusammen:
„Eine Frage der Eigenliebe kann den ungeheuren Interessen
gegenüber, die hier auf dem Spiele stehen, nicht entscheidend sein." In der That kann man diese Wahrheit nicht
genug betonen: Die Clausel wegen des Schwarzen Meeres
war seit langer Zeit nur noch eine „Frage der Eigenliebe"
zwischen den Westmächten und Russland; ebenso wenig kann
geleugnet werden, dass Herr von Beust in seiner Depesche

---

*) „Was mich am meisten beunruhigt, ist die bedeutende Ver-
änderung, welche durch die Pacification des Kaukasus in der Lage
Russland's entstanden ist. Es steht für mich ausser Zweifel, dass
bei künftigen Eventualitäten die ernstesten Angriffe Russland's gegen
unsere Provinzen in Klein-Asien gerichtet sein werden." So sprach
zu Anfang 1869 Fuad-Pascha in seinem an den Sultan gerichteten
politischen Testament.

vom 1. Januar 1867 weit und richtig gesehen.*) Am Tage
nach der Schlacht bei Sadowa suchte er Europa zu recon-
stituiren, es wieder zu entdecken, wenn wir uns so ausdrücken dürfen, und er verstand es, den dazu nöthigen
Preis zu bestimmen.

Frankreich seinerseits bestrebte sich in anderer Richtung, den Ansichten des Petersburger Cabinets zu dienen,
indem es alle seine Anstrengungen auf die momentan brennende Frage, auf den candiotischen Aufstand concentrirte,
für den die öffentliche Meinung in Russland sich sogleich
erhitzt hatte. Herr von Moustier schlug dem Fürsten Gortschakow „eine Verständigung über die im Orient zu er-

---

*) Ohne Zweifel lief der Plan des österreichischen Ministers
auf eine B e v o r m u n d u n g der europäischen Türkei hinaus; aber
ist dies nicht auch die Conclusion, zu welcher neun Jahre später der
strengste Vertheidiger der Integrität des ottomanischen Reiches, der
Mann gelangen sollte, den man bisweilen den eigentlichen Urheber
des Krimmkrieges genannt hat? Es ist von Interesse, die Depesche
des Herrn von Beust vom 1. Januar 1867 mit dem Manifest zu vergleichen, das Lord Stratford de Redcliffe, der ehemalige und berühmte Gesandte Grossbritannien's bei der hohen Pforte, am letzten
Tage des Jahres 1875 über die orientalischen Angelegenheiten veröffentlichte, und worin man folgende Stelle liest: „Man kann gegen
die nothwendigen Maassregeln Einwendungen erheben, ihrer Nothwendigkeit wegen müssen sie jedoch zu den geringeren Uebeln gezählt und deshalb mit diesen hingenommen werden. Die in Frage
stehenden Maassregeln sind eine gemischte Organisations-Ueber-
wachung im Innern und ein vertragsmässig von aussen ausgeübter
Druck. Die Schwierigkeiten, denen dieses doppelte Arrangement
begegnen würde, wären weit entfernt unüberwindlich zu sein, und
ihre Nachtheile würden durch die Erfolge ausgeglichen. Diese in
ein System gebrachten Maassregeln laufen zweifellos auf eine V o r-
m u n d s c h a f t hinaus; das türkische Reich ist aber dem Wesen
nach schon lange in diesem Zustande, der wenn er ohne Umschweife
ihm als ein Recht auferlegt worden wäre, die Pforte aus ihren gegenwärtigen Verlegenheiten gerettet hätte.“ (Brief von Lord Stratford
de Redcliffe an den Director der *Times*, 31. December 1875.)

wartenden Ereignisse" vor, und nachdem er schon von einer
ärztlichen Consultation gesprochen, ging er in einer an den
französischen Gesandten in Constantinopel gerichteten Depesche (7. December 1866) so weit, von „heroischen Heil-
mitteln" zu reden. Unter diesem stets medicinischen Euphemismus verstand man die Annexion der Insel Creta durch
Griechenland, „der einzig mögliche Ausweg," hatte Fürst
Gortschakow am 16. November 1866 behauptet, „wenn die
Mächte die Umwege und Palliativmittel vermeiden wollen,
die bisher nur dazu gedient, die Schwierigkeiten des Augenblicks der Zukunft zuzuschieben." Die Verheirathung des
jungen Königs der Hellenen mit der Grossfürstin Olga
Constantinowna war damals eine entschiedene Sache und den
Tuilerien war es ganz recht, die Insel Creta der·russischen
Prinzessin als Mitgift zu schenken. Man hätte auch nichts
dagegen eingewendet, wenn diese Mitgift durch die Provinzen
Epirus und Thessalien bereichert worden wäre. Dies war
weit gegangen, viel weiter sogar als Russland es wünschen konnte, weil es kein Interesse dabei hatte, Griechenland „eine so bedeutende Ausdehnung zu gestatten, dass
es ein mächtiger Staat hätte werden können." *) Gewiss ist
jedenfalls, dass aus der Annäherung Frankreich's und Russland's der Plan zu einem gemeinsamen Schritte hervorging,
darauf hinzielend, von der türkischen Regierung die Ausführung der Reformen im Innern und die Abtretung Creta's zu fordern, welch' letztere sich hinter dem Vorschlage
einer Volksabstimmung verbarg. Dieser Schritt geschah
wirklich in Gemeinschaft mit Oesterreich, Preussen und

---

*) Worte des Kaisers Nicolaus an Sir Hamilton Seymour. —
Was die Gerüchte bezüglich Thessalien's und des Epirus betrifft,
s. besonders die Depesche Fuad-Pascha's an die Gesandten in Paris
und London, 27. Februar 1867.

Italien im März 1867. Ohne Zweifel herrschte noch immer eine grosse Zerfahrenheit in der Lage, deren Umrisse damals deutlicher hervortraten, und es mag wohl bedauert werden, dass Frankreich und Oesterreich nicht zu einer vorläufigen Verständigung über die Natur der Anerbietungen gelangt waren, die sie Russland zu machen beabsichtigten; die Anerbietungen aber waren reelle und bedeutende, das kann nicht geleugnet werden, und es hing nur von dem Nachfolger des Grafen Nesselrode ab, sie recht in's Auge zu fassen und sie zum Vortheil und Ruhm seines erhabenen Gebieters auszubeuten. Gegenüber dem Gesammtwillen Frankreich's, Russland's und Oesterreich's in den orientalischen Angelegenheiten konnte England kein ernstes Hinderniss aufstellen; es war sogar schon darauf gefasst, nachgeben zu müssen, und wenn die Frucht, welche dem Fürsten Gortschakow im Frühling 1867 entgegenwinkte, auch nicht den Reiz der verbotenen Frucht hatte, so war sie deshalb doch noch saftiger und gesünder als diejenige, welche er vier Jahre später aus der Asche von Sedan herauslesen sollte.

Freilich dachten die französische und die österreichische Regierung nicht daran, ein freiwilliges Geschenk zu machen; es war selbstverständlich, dass sie zum Ersatz für diese bedeutende Concession auf orientalischem Boden die Unterstützung des Petersburger Cabinets in den drohenden Wirren des Occidents erwarteten, und viele Umstände schienen zu Gunsten einer solchen Combination zu sprechen. Denn genau genommen hatte Russland, abgesehen von der am undankbaren Habsburgischen Reiche genommenen Rache, des Bismarckischen Werkes sich nicht sonderlich zu freuen. Ohne von den verschiedenen Verwandten der kaiserlichen Familie zu sprechen, die ihres Thrones verlustig geworden, waren die am Main und an der Elbe durchgeführ-

ten Maassregeln von einer revolutionären Färbung ange-
haucht, die nur wenig an einem Hofe gefallen konnte,
den die Manen des Kaisers Nicolaus noch umschwebten.
Noch schwerer fiel der Umstand in's Gewicht, dass der
Sieg bei Sadowa das über ein Jahrhundert alte System der
russischen Politik Deutschland gegenüber plötzlich erschüttert hatte und von Grund aus umzustürzen drohte.

Seit Peter dem Grossen, seit Katharina II. besonders,
hatte Russland stets daran gearbeitet, sich einen überwiegenden Einfluss bei den verschiedenen deutschen Höfen zu
erwerben, seine Czaren haben mehr als einmal in den deutschen Wirren das grosse Wort geführt und ihre schwere
Hand fühlen lassen. „Der Romanow geniesst bei uns das
von seinen Brüdern, unsern Bundesfürsten, anerkannte Recht
der Erstgeburt," hatte einmal ein berühmter überrheinischer
Publicist mit Bitterkeit ausgerufen, und die Haltung der
Mittelstaaten während des Krimmkrieges hat die Richtigkeit dieses Urtheils sicher nicht entkräftet. Russland sah
nun die Arbeit mehrerer Regierungsperioden und einen unwandelbar verfolgten Gedanken durch die unvorhergesehenen
Resultate des böhmischen Feldzuges in Frage gestellt. Schon
entging der Norden Deutschland's seinem Einflusse und die
Naiven allein konnten sich über das dem Süden in nächster
Zukunft vorbehaltene Schicksal Illusionen hingeben. „Schon
seit dem Monat September 1866 hatte das Berliner Cabinet
in einer absichtlich der Oeffentlichkeit übergebenen Circulardepesche für den Norddeutschen Bund und die Südstaaten
allein, mit Ausschluss sämmtlicher übrigen Mächte, Oesterreich nicht ausgenommen, das Recht in Anspruch genommen, ihre gegenseitigen Beziehungen so eng zu gestalten,
als sie es für passend erachten würden, und so dem Artikel 4 des Prager Vertrages eine Auslegung gegeben, die

ihm nicht zukam. In den Reden, die er in den preussischen Kammern und im Norddeutschen Parlament gehalten,
hatte der König selber, indem er an Deutschland, an die
verbrüderten Völker, an das Land von den Alpen bis zur
Ostsee sein Wort richtete, Anspielungen fallen lassen, bei
denen nach dem Ausdruck der officiösen Zeitungen allen
guten Patrioten das Herz wärmer schlug." *) Herr von
Bismarck hatte in demselben Parlament mit Anwendung
eines ihm geläufigen und für sein Temperament bezeichnenden Bildes ausgerufen: „Unser Einsatz ist in Folge unserer Siege grösser geworden; wir haben jetzt mehr zu verlieren, aber die Partie ist noch weit entfernt, gewonnen zu
sein!" Ohne ein entschlossenes Zusammenhalten Europa's
war das vollständige Aufgehen Deutschland's in Preussen
nur noch eine Frage der Zeit und genau genommen fand
Russland noch weniger als Frankreich seine Rechnung dabei. Frankreich sah im Grunde nur eine Föderation von König-
reichen und Fürstenthümern, die ihm schon vorher feindlich gesinnt waren, zu einem festeren Bunde sich zusammen-
schliessen. Russland im Gegentheil verlor eine ganze
Staatenliga, auf deren Treue und Ergebenheit es stets hatte
zählen können, die nach dem wenig sympathischen Westen
hin einen weiten Damm gebildet hatte; an ihre Stelle trat
nun eine furchtbare, unternehmende und schon ihrem Ursprunge nach erobernde Macht, die früher oder später durch
die historische Nothwendigkeit, durch den Rassenunterschied
berufen war, die germanische Idee der slavischen Idee ent-
gegenzuhalten. Zu jeder andern Epoche des Czarenreichs,
in der guten alten Zeit des Grafen Nesselrode z. B., als
man noch eine Politik des Conservatismus und des Gleich-

---

*) BENEDETTI, *Ma mission en Prusse*, pag. 249.

gewichts statt einer Politik des Hasses und der Propaganda
an den Ufern der Newa trieb, da wäre unter solchen Verhältnissen die Politik eines russischen Kanzlers nicht zweifelhaft gewesen: eine Coalition Russland's, Frankreich's und
Oesterreich's wäre zum Schutze Europa's nach der Schlacht
bei Sadowa erstanden, und es ist nicht zu viel gesagt, wenn
wir behaupten, dass Fürst Gortschakow im Frühling des
Jahres 1867 die Geschicke der Welt in seinen Händen hielt.

Demnach zur Entscheidung eingeladen, hütete der russische Kanzler sich wohl, das Entgegenkommen Frankreich's
und Oesterreich's in der orientalischen Frage zurückzuweisen;
er beeilte sich vielmehr, demselben einen lauten Wiederhall
zu geben, und erhob sich bei dieser Gelegenheit bisweilen
zu einer Lyrik, die im Kanzleistyl wenig gebräuchlich ist.
Ueber den neuen österreichischen Minister war er entzückt und er öffnete zu seiner Verherrlichung sämmtliche
Schleusen eines etwas erzwungenen Enthusiasmus: „Herr
von Beust," schrieb er an seinen Gesandten in London,
„eröffnet eine neue Aera für die Politik Oesterreich's, eine
Aera grosser und hoher Gedanken; er ist der erste Staatsmann dieses Landes und unserer Epoche, der muthig es
versucht, den Boden kleinlicher Eifersüchteleien zu verlassen." Frankreich gegenüber war er besonders beflissen,
recht zu betonen, dass die Initiative von diesem Staat aus-
ging, und „indem er Kaiser Napoleon III. bat, sich der
Unterredungen zu erinnern, die Kaiser Alexander in Stuttgart mit ihm gehabt" (1860), schien er den gegenwärtigen
Eröffnungen eine ganz ausserordentliche Bedeutung beilegen
zu wollen. „Se. Kaiserliche Majestät," fuhr der russische
Kanzler in seiner Depesche vom 16. November 1866 an
Herrn von Budberg fort, „hat mit Befriedigung die Eröffnungen entgegengenommen, die der Marquis von Moustier

zum Zweck einer Verständigung zwischen dem französischen
Cabinet und uns über die im Orient auftauchenden Eventualitäten uns gemacht. Die allgemeinen Principien, die
der französische Minister der auswärtigen Angelegenheiten
entwickelt, die Zusicherungen, die er uns gegeben hat,
haben in den Augen unseres erhabenen Gebieters einen ganz
besondern Werth, weil sie unmittelbar den Ideen des
Kaisers Napoleon entspringen und Herr von Moustier diese
Frage auf ausdrücklichen Befehl Sr. Majestät aufgenommen
hat." Die Beredtsamkeit und Begeisterung des russischen
Kanzlers verstiegen sich immer höher, zuletzt sprach er
sogar Latein und erdrückte den armen türkischen Botschafter
mit einem classischen Citat: „Folgendes," schrieb er
im Februar 1867, „habe ich Comnenos-Bey eröffnet: Die
Insel Creta ist für Sie verloren; nach sechs Monaten er-
bitterten Kampfes ist eine Versöhnung nicht mehr möglich.
Angenommen sogar, dass Sie daselbst die Autorität des
Sultans auf einige Zeit wieder herstellen, so geschähe dies
nur auf einem Trümmer- und Leichenhaufen. Schon vor
Jahrhunderten hat Tacitus gesagt, wie unsicher das Reich
des Schweigens ist, das nach der Verwüstung eintritt: *so-
litudinem faciunt, pacem appellant . . .*"

Unglücklicherweise brauchte es nicht lange zu der Erkenntniss, dass der russische Kanzler bei allem Jubel über
die von Frankreich und Oesterreich ausgeführte orientalische Schwenkung und bei seinem Bestreben, sie in dieser
Richtung möglichst zu compromittiren, doch die äusserste
Sorgfalt darauf verwandte, seine innige Uebereinstimmung
mit dem ehemaligen Frankfurter Collegen aufrecht zu halten und dessen Pläne auf den Occident in keiner Weise zu
durchkreuzen. Für die Sache des Plebiscits in Creta sehr
eingenommen, legte er dagegen eine vollständige Gleich-

gültigkeit an den Tag, als es sich um das Gleiche an der
Eider handelte, was hier bei Weitem mehr Berechtigung
hatte, weil es durch feierliche Verträge garantirt war*)
und in so hohem Grade das edle und unglückliche Vaterland der zukünftigen Czarin interessirte. Er beobachtete
ein ebenso bezeichnendes Schweigen gegenüber der von
Herrn von Bismarck im März 1867 vollzogenen Veröffentlichung der mit den Südstaaten abgeschlossenen Conventionen, welche Preussen die Militärkraft Deutschland's unter-
stellten und faktisch „die internationale unabhängige Stellung" aufhoben, welche die Präliminarien von Nikolsburg für
Baiern und Württemberg festgestellt hatten: **) Fürst Gortschakow nahm es ebenso leicht mit Württemberg wie mit
Dänemark, mit dem Throne der Königin Olga wie mit der
Wiege der Prinzessin Dagmar.

Mittlerweile trat der Zwischenfall mit Luxemburg ein,
und die französische Regierung konnte jetzt den Grad des
Wohlwollens messen, das sie dem Petersburger Cabinet durch
ihre für die Türkei bestimmten „heroischen Heilmittel" ein-
geflösst. Der russische Kanzler war in seinen Friedensbe-
strebungen sicherlich sehr aufrichtig, doch erwies er Frank-

---

*) Die Präliminarien von Nikolsburg, sowie der Prager Ver-
trag hatten die Wiederabtretung der nördlichen Bezirke Schleswig's
an Dänemark nach vorhergegangener Volksabstimmung stipulirt. Man
weiss, dass Preussen bis zum heutigen Tage die Ausführung dieser
Verpflichtung umgangen hat.

**) Herr von Beust schrieb über diese Militärconventionen mit
resignirter Schärfe: „Eine Allianz zwischen zwei Staaten, von denen
der eine schwach, der andere stark ist; eine Allianz, die keinen besondern Inhalt hat, sondern jederzeit für alle Kriegseventualitäten
aufrecht erhalten werden muss, ist nicht dazu angethan, uns an eine
internationale, unabhängige Existenz des schwachen Staates glauben
zu lassen." (Depesche an den Grafen Wimpffen in Berlin, 28. März
1867.)

reich nicht die Rücksichten, die England sogar ihm zu bezeugen für billig erachtete; er schien vorzugsweise besorgt, seinem berühmten Freunde in Berlin nicht im Wege zu stehen. Während die russische Regierung Herrn von Beust wegen seines kühnen Versuches, „mit den alten kleinlichen Eifersüchteleien zu brechen," in den Himmel hob, verfehlte sie nicht, zu gleicher Zeit auf die gefährlichste und verletzendste Weise die starke slavische Opposition im Habsburgischen Reiche vermittelst jenes berühmten Moskauer Congresses zu ermuthigen, von welchem weiter unten die Rede sein wird. Andere, dem Publikum minder bekannte, aber nicht weniger schmerzliche Erfahrungen traten wahrscheinlich zu diesen Enttäuschungen hinzu; denn Oesterreich sowohl wie Frankreich zögerten nicht, ihren Rückzug von dem schwankenden Boden des Orients anzutreten und sich wieder England zu beharrlicher Unterstützung der Rechte des Sultans anzuschliessen. Die „ärtzliche Consultation" war entschieden zu Ende und dem legendenhaften Kranken ging es deswegen nicht schlimmer; doch war damit auf den Gang der bevorstehenden Ereignisse ein helles Licht geworfen.

„Es existirt eine Uebereinkunft zwischen St. Petersburg und Berlin," warnte ein Jahr darauf (15. Januar 1868) Herr Benedetti von Neuem, indem er stets die oft erwähnte Sendung des Generals Manteuffel als den Ausgangspunkt jener Uebereinkunft betrachtete, die fortwährend seinen Geist beschäftigte. „Ist es nicht dieser Moment," frägt er sich, „von dem aus die beiden Höfe deutlicher mit ihrer Politik hervortreten: Russland im Orient und den slavischen Provinzen Oesterreich's, Preussen in Deutschland, ohne dass je eine Wolke zwischen ihnen sich erhoben? Fortwährend in sämmtlichen Fragen einig, haben sie jeder für sich ihre

Ziele mit einem Vertrauen verfolgt, das von den gegenseitig stipulirten Garantieen ein vollkommenes Zeugniss ablegt." Der Gesandte fügt hinzu, dass diese Ueberzeugung viele Gemüther zu beschäftigen beginne, Lord Loftus namentlich, seinen englischen Collegen, der in dieser Beziehung lange sehr ungläubig gewesen. „Seine Anschauungsweise hat sich sichtlich geändert und er ist nicht minder als andere Mitglieder des diplomatischen Corps überzeugt, dass eine eventuelle Uebereinkunft zwischen König Wilhelm und Kaiser Alexander besteht. Ich für meinen Theil habe den permanenten Beweis dafür, wenn ich mich so ausdrücken darf, in dem festen, bisher nie wankend gewordenen Entschlusse des Berliner Cabinets gefunden, die deutsche Einheit vorzubereiten, bis es dieselbe durch eine ausschliesslich auf preussischen Vortheil berechnete Einheit ersetzen darf, ohne sich dabei einen Augenblick durch die Eventualität eines Conflictes mit Frankreich irre führen zu lassen. Ich habe auch einen Beweis dafür in der Vorsicht gesehen, mit der Herr von Bismarck es vermeidet, sich über die orientalische Frage auszusprechen. Befrägt man ihn darüber, so antwortet er, er lese nie die Correspondenzen des königlichen Gesandten in Constantinopel, und Ew. Excellenz haben gewiss nicht vergessen, wie gefällig er stets den Ansichten des Fürsten Gortchakow entgegengekommen." Herr Benedetti zieht auch die Aufmerksamkeit des Ministers auf den „neuen Anstoss, der seit letztem Sommer der panslavistischen Propaganda gegeben worden," er bezeichnet sehr genau die grossen Pläne und Zukunftshoffnungen des mit Preussen in vollem Einverständnisse handelnden St. Petersburger Cabinets und giebt jedenfalls eine höhere und richtigere Idee von der damaligen russischen Politik, als gewisse schlecht berathene Panegyriker unserer Tage, die, um den Beweis

zu leisten, dass Fürst Gortschakow seine Rolle so vollständig wie möglich mit allem wünschbaren Erfolg ausführte,
nichts Besseres zu ersinnen wissen, als diese Rolle zu ver-
unglimpfen und zu schmälern.

Jede conventionelle Sprache bringt es mit sich, dass
sie zu Uebertreibungen und selbst zu Täuschungen verleitet;
im Weihrauch ist Wohlgeruch und Asche, hiess es bei den
Alten, und es hat auch seine zwei Seiten, wenn man den
russischen Kanzler wegen seines „Triumphes" in der Frage
des Schwarzen Meeres beglückwünscht. Will man behaupten,
dass Fürst Gortschakow die kühnen Pläne Preussen's nur in
der Absicht unterstützte, um Russland von seinen lästigen
Beschränkungen im Schwarzen Meere zu befreien, dass er
Herrn von Bismarck die Welt überlieferte, in der blossen
Hoffnung eines Tages den Vertrag von 1856 zerreissen zu
dürfen, so heisst dies seinem Genie wie seinem Patriotismus wenig Ehre erweisen. Der hervorragende Staatsmann,
dessen „prophetischen Blick" die Enkel Washington's im
Jahre der Schlacht bei Sadowa in St. Petersburg verherr-
lichten, indem sie zum ewigen Gotte, „der die Sonne um
Josua's willen in ihrem Laufe aufgehalten," das Gebet erhoben, ebenso den Lauf des Lebens Alexander Michailowitsch's innezuhalten, „auf dass die Blicke zweier Welten
lange auf ihn geheftet blieben,"*) der vollendete Diplomat,
der im Frühling 1867 so wenig Werth auf die bedeutenden Avancen des Wiener- und des Tuileriencabinets legte,
— dieser Minister hätte sicherlich in jenem Augenblicke
die alberne Hypothese mit einem verächtlichen Lächeln
zurückgewiesen, wonach Russland bei der bevorstehenden

---

*) Rede des Unterstaats-Secretärs Fox bei dem vom englischen
Club in St. Petersburg der ausserordentlichen Mission der Vereinigten Staaten im Jahre 1866 gegebenen Bankett.

Umwälzung Europa's als einzigen Sieg und Gewinn die Aufhebung eines verletzenden Vertragsartikels im Auge gehabt
hätte, den die Ereignisse schon längst umgestossen. Nicht
gegen ein solches Linsengericht, um mit Herrn von Bismarck zu reden, dachte er ein gewisses „Erstgeburtsrecht"
der Romanow dem Hause Hohenzollern abzutreten; nicht
um einen so lächerlichen Preis war er gewillt, den Occident aufzugeben: er zielte höher und rechnete darauf, den
Löwenantheil bei der Abrechnung zu bekommen. Das Schicksal hat seine Hoffnungen betrügen, seine Berechnungen um-
werfen und ihn unter manche unausweichliche Nothwendigkeiten beugen können; doch wenn es kindisch ist, ihm alle
diese harten Nothwendigkeiten zu Tugenden anrechnen zu wollen und ihm aus dem Blitz und Donner des Krieges von 1870
eine Aureole zu schmieden, so muss die unparteiische Geschichte nichts desto weniger dem Fürsten Gortschakow
seine Absichten zu Gute schreiben, die sich auf der Höhe
der Ereignisse hielten, und ohne seinen Misserfolg zu verhehlen, ihm doch das volle Verdienst des *in magnis voluisse*
anrechnen.

Man wiegte sich in der That während der aufgeregten,
fieberhaften Epoche, die zwischen Sadowa und Sedan liegt,
in Moskau wie an der Newa mit grossen, riesenhaften Ent-
würfen; man wiegte sich in zauberhafte Träume, man theilte
die Welt unter Slaven und Germanen und der „nationale"
Minister entsprach im Ganzen den leidenschaftlichen Wünschen der gesammten Nation, wenn er die Allianz mit
Preussen zum Angelpunkt seiner Politik machte und in derselben die absolute Bedingung, das sichere Unterpfand einer
glorreichen, heilbringenden Zukunft für Russland sah. Man
muss sich im Geiste in die allgemeine Aufregung zurück-
versetzen, welche die Gemüther in Folge der ebenso wun-

derbaren wie unvorhergesehenen Siege Preussen's 1866 ergriffen hatte; man muss sich der zahllosen, phantastischen
Pläne erinnern, die damals plötzlich zum Wiederaufbau vergangener Reiche, zur Neubelebung erstarrter Rassen auf-
tauchten; man muss all' der gerüsteten Minerven gedenken,
welche der Hammer des germanischen Vulkans aus so
vielen tollen Gehirnen erstehen liess, die sich sämmtlich
für olympische Häupter hielten, — der völligen Umgestaltung nicht zu vergessen, die unsere arme Geschichtsphilo-
sophie wie im Handumdrehen erlitt, — um die sonderbare,
unabweisliche Gedankenrichtung billig zu beurtheilen, die
sich damals des russischen Volkes bemächtigt hatte. „Eine
unwiderstehliche Macht treibt die Völker, sich durch Aufhebung der Mittelstaaten zu grossen Agglomerationen zu
vereinigen und dieser Drang wird vielleicht von einer providentiellen Vorahnung der Geschicke der Welt hervorgerufen." So drückte sich bald nach der Schlacht bei Sadowa ein officielles Actenstück von unbestreitbarer Autorität, ein diplomatisches Manifest aus, welches *urbi et orbi*
die erhabenen Ideen der kaiserlichen Regierung Frankreich's
verkündete. *) Darf man sich da noch verwundern, dass
die Kinder Rurik's ähnliche Betrachtungen anstellten und
sich redlich fragten, ob die Schlacht bei Königgrätz nicht
ganz entschieden Centraleuropa den Hohenzollern und das
östliche Europa den Romanow überliefert habe? Nach
kurzem Schwanken und sprachlosem Erstaunen war der
moskowitische Patriotismus entschlossen, den Ehrgeiz des
Königs Wilhelm nicht mit argwöhnischen Augen zu verfolgen, sondern sofort zu proclamiren, dass Russland ebenfalls eine Mission zu erfüllen, eine „Idee" zu verwirklichen

---

*) Circulardepesche des Herrn von Lavalette, 16. Septbr. 1866.

habe, und dass die Sonne der nationalen Einheit und der grossen Agglomerationen über alle Welt leuchte.

Es existirte in der ehemaligen Hauptstadt des Czarenreiches ein berühmtes Blatt, das allmählig gesunken, jetzt den Rang einer gewöhnlichen, wenn auch immer noch wichtigen Zeitung einnimmt, damals aber von der Dwina bis zum Ural einen überwiegenden, tyrannischen Einfluss ausübte; zeitweise und ohne boshafte Hintergedanken nannte man dies Blatt „die erste Macht im Staate nach dem Kaiser." Seit der unseligen polnischen Insurrection war die „Moskauer Zeitung" in der That der Moniteur der Volksleidenschaften des heiligen Russland, die Officin, aus der die Losungsworte für die öffentliche Meinung im grossen nordischen Reiche, oft sogar formelle Vorschriften für die leitenden Minister in St. Petersburg ausgingen. Auch diesmal war das mächtige Organ des Herrn Katkow tonangebend für die Nation und schrieb es gebieterisch das Programm der Zukunftspolitik vor. Schon kurze Zeit nach Abschluss des Prager Friedens behauptete das Moskauer Blatt „als eine unbestreitbare Wahrheit, dass der Gang der Ereignisse Interessen in's Leben gerufen, die Russland und Preussen zu einer noch wirksameren Allianz als vorher aufforderten;" es erklärte ausserdem, dass in diesem Sinne von Herrn von Bismarck Eröffnungen gemacht worden seien, „um so annehmbarere Eröffnungen, als Preussen keine eigenen Interessen im Orient zu wahren hat; über diese Frage kann das Berliner Cabinet in Gemeinschaft mit Russland jede Haltung annehmen, die es für passend erachtet." Dieses Thema wurde seither wieder aufgenommen und in mancher Form, manchem Artikel entwickelt, bis ein Leitartikel vom 17. Februar 1867 ihm die Weihe eines speculativen und humanitären Princips verlieh.

„Die neue Aera" — heisst es darin — „nimmt endlich eine bestimmte Form an, und für uns Russen ist sie
von besonderer Tragweite. Diese Aera ist die unsere, sie
ruft eine neue, bis dahin in stiller Erwartung ihrer Bestimmung im Hintergrunde gebliebene Welt, die gräco-slavische Welt in's Leben. Nach Jahrhunderten stummer
Ergebung und Knechtschaft begrüsst diese Welt endlich
ihren Auferstehungstag; was so lange vergessen und nie-
dergehalten war, tritt neu an's Licht und bereitet sich zum
Handeln vor. Die gegenwärtigen Geschlechter werden
grosse Veränderungen, grosse Thaten, grosse Neugestaltun-
gen erleben. Schon streben unter dem morschen Boden
der ottomanischen Tyrannei drei Gruppen lebensfähiger
starker Nationalitäten auf der Balkaninsel empor: die hellenische, die slavische und die rumänische Gruppe. Eng
unter einander verbunden durch gemeinsamen Glauben und
gemeinsame historische Aufgaben, sind diese drei Gruppen ebenso mit Russland durch jedes Band religiösen und
nationalen Lebens verknüpft. Sind dieselben erst wieder
aufgerichtet, so wird sich Russland unter einem ganz neuen
Lichte offenbaren. Es wird in der Welt nicht mehr allein
stehen, aus einer finstern asiatischen Macht, als welche es
bis jetzt gegolten, wird es eine moralische, für Europa unentbehrliche Macht werden, eine gräco-slavische Civilisation
zur Ergänzung der latino-germanischen Civilisation darstel-
len, die ohnedies in ihrer unfruchtbaren Ausschliesslich-
keit unvollkommen bliebe . . ." Bald darauf von diesen
etwas abstracten Höhen auf den practischen Boden der
Mittel und Wege niedersteigend, schreibt der ungestüme
Apostel der neuen Aera am 7. April: „Wenn Frankreich
durch seine Waffen und seinen politischen Einfluss die Wiedergeburt der lateinischen Völker unterstützt, wenn Preussen

ebenso Deutschland gegenüber handelt, warum sollte Russland als einzige unabhängige slavische Macht nicht die slavischen Völker unterstützen und die fremden Mächte nicht hindern, ihrer politischen Entwicklung Hemmnisse zu bereiten? Russland muss alle seine Kräfte aufbieten, um bei seinen Nachbarn im Süden eine ähnliche Umgestaltung hervorzurufen, wie diejenige, die in Central- und Westeuropa durchgeführt worden, es muss ohne das geringste Bedenken den Slaven gegenüber die Rolle ergreifen, welche Frankreich gegenüber den lateinischen Völkern und Preussen in der deutschen Welt gespielt. Die Aufgabe ist eine edle, denn sie ist frei von jedem Egoismus; sie ist eine wohlthätige, denn sie wird dem Princip der Nationalitäten die Krone aufsetzen und dem modernen Gleichgewicht Europa's eine solide Unterlage geben; sie ist Russland's und seiner Grösse würdig, sie ist ungeheuer, und wir haben die feste Ueberzeugung, dass Russland sie erfüllen wird."

Unter dem Anreiz solcher Theorieen, Hoffnungen und Leidenschaften wurde im Frühling 1867 die merkwürdige ethnologische Ausstellung in Moskau*) veranstaltet, die sogleich den Vorwand zu einer grossen Demonstration nach aussen gab, die den Schein der Harmlosigkeit hinreichend wahrte, um jede diplomatische Verlegenheit zu beseitigen und doch schlau genug berechnet war, um auf naive und leicht zu entflammende Gemüther ihre Wirkung nicht zu verfehlen, um unglückliche, enterbte Völker zu blenden, die jedenfalls reicher sind an Phantasie als an Cultur. Die wahre Wissenschaft hat gewiss wenig Nutzen gezogen aus der in der Reitschule zu Moskau aufgestellten Sammlung aller slavischen „Typen" mit ihren Costümen,

---

*) S. unsere Studie in der *Revue des Deux Mondes* vom 1. September 1867: *le Congrès de Moscou et la propagande panslaviste.*

Waffen, Hausgeräthen und Früchten des Landbaues; das
Unternehmen wurde trotzdem der Protection der allerhöch-
sten Herrschaften würdig erachtet. Der Kaiser und die
Kaiserin steuerten bedeutende Summen zur Deckung der
Kosten bei, der Grossfürst Wladimir übernahm das Ehren-
präsidium, die hohen Würdenträger des Hofes und der Geist-
lichkeit nahmen sich der Oberleitung an. Warme Aufrufe
wurden an die Slaven Oesterreich's und der Türkei, an ihre
verschiedenen historischen, geographischen und sonstigen
gelehrten Gesellschaften erlassen, mit der Bitte, durch zahlreiche Sendungen die Pracht der Ausstellung zu erhöhen,
und ein Schwarm von Emissären überzog die Donau- und
Balkanländer, auf Beitrittserklärungen, Proben und „Typen"
ausgehend. Comités entstanden auf verschiedenen Punkten
des Reiches zu würdigem Empfang der „slavischen Gäste,"
die nicht ermangeln würden, zum „National-Jubiläum" her-
beizuströmen, und bald war von einem Congress die Rede,
auf dem man sich über die Bedürfnisse und Interessen so
vieler „Brudervölker," über die Hoffnungen und Klagen
des grossen gemeinsamen Vaterlandes, des idealen Vaterlandes aussprechen würde. Es muss erinnert werden, dass
dies der Moment war, wo der noch immer andauernde, von
Griechenland geschürte und von zu wenig oder zu gut un-
terrichteten Zeitungen übertriebene Aufstand in Creta die
christlichen Völkerschaften der Türkei in Athem erhielt;
es war zugleich der Moment, wo die böhmischen Czechen,
mit fast sämmtlichen Slaven Oesterreich's in ihrem Schlepptau, gegen die cisleithanische Verfassung protestirten und
sich weigerten, im Reichsrath ihren Sitz einzunehmen. So
wurde der Kremlin zum *mons sacer* der Unversöhnlichen
an beiden Ufern der Leitha, der Moskauer Congress gab
sich ganz den Anschein eines Gegenparlaments im Ange-

sichte des Wiener Reichsrathes und die von den autorisirten Organen des St. Petersburger Cabinets geführte Sprache war nicht dazu angethan, die Empfindlichkeit der interessirten Regierungen zu dämpfen oder von provocirenden Manifestationen abzurathen. Die *Correspondance russe,**) ein hochministerielles Blatt, kam ebenfalls auf die frommen „Pilger" Oesterreich's und der Türkei zu sprechen, die sich bereiteten, Moskau zu besuchen, „das heilige Mekka der Slaven," und drückte sich darüber im Monat April 1867 folgendermaassen aus: „Man kann vernünftigerweise nicht von uns verlangen, dass wir unsere Vergangenheit verleugnen. Wir werden also unseren Gästen den Glauben lassen, dass sie zu einer Schwesternation gekommen sind, von der sie Alles zu erwarten und nichts zu befürchten haben; wir werden ihre Beschwerden anhören und die Erzählung ihrer Leiden kann die Bande nur befestigen, die uns mit ihnen verknüpfen. Wenn es ihnen nun gefällt, einen Vergleich zwischen ihrem politischen Zustande und dem unsern zu machen, so werden wir nicht so albern sein, ihnen zu beweisen, dass sie unter den günstigsten Bedingungen der slavischen Entwicklung leben. Diese Bedingungen halten wir im Gegentheil für schlecht, wir haben dies hundertmal gesagt und können es wohl noch einmal sagen ..."

Ohne Zweifel waren die russischen Umtriebe in den Donau- und Balkanländern nicht gerade neuester Erfindung; sie gingen weit in die Vergangenheit zurück, sie datirten von der Regierung Katharina der Grossen her. Unter der Hand, ganz im Stillen, war die panslavistische Propaganda seit einem Jahrhundert ermuthigt oder beschützt worden;

---

*) Sie ging direct vom Ministerium des Innern aus, war in französischer Sprache redigirt und dazu bestimmt, das Ausland über das Thun und Treiben der russischen Regierung „aufzuklären."

aber erst im Sommer 1867 nahm die russische Regierung
offen die Verantwortlichkeit einer solchen Propaganda auf
sich und liess sie in ihren Staaten das Banner des heiligen
Cyrillus und des heiligen Methodus entfalten. In ihrem
Reiche, wo Alles von oben her überwacht, geregelt und
befohlen wird, wo Nichts von sich aus geschieht, wo Alles
angeordnet und gewollt ist, wurden „ausländische Slaven,"
Unterthanen zweier benachbarter und „befreundeter" Staaten,
zugelassen, aufgefordert ihre Beschwerden darzulegen, gegen
die betreffenden Regierungen Anklagen zu erheben, Beistand
und Befreiung im Namen eines ganz neuen Völkerrechts,
des neugeborenen Princips der grossen Agglomerationen und
der nationalen Einheiten anzusprechen. Man war „nicht so
albern," diese fremden „Deputirten" höflich abzuweisen, ihnen
Vernunft und Ergebung zu predigen; man sprach ihnen im
Gegentheil von einem „nahen bessern Loose," man führte
sie durch alle Städte des Reiches unter begeisterten Manifestationen, die von Obersten und Archimandriten geleitet
wurden, man erdrückte sie unter Freundschaftsbeweisen,
Festen und Freudenbezeigungen, an welchen die Armee, die
Behörden, kurz alle Tonangeber der officiellen Welt sich
betheiligten. Generäle, Admiräle und Minister führten den
Vorsitz bei Banketten, an denen die Schlacht bei Sadowa
als ein providentielles, ein glückliches Ereigniss für die
Unterthanen des Kaisers Franz Joseph gefeiert, wo der Czar
aufgefordert wurde, „die Jahrhunderte alte Schmach vom
Weissen Berge und von Kossowo zu rächen und das Banner
Russland's an den Dardanellen und auf der Sophienkirche
aufzupflanzen."

Die Aufregung, welche durch ein solches Treiben in
eine ganze Rasse, eine ganze religiöse Welt geworfen wurde,
war tief und lang anhaltend, und gewiss haben die zeitge-

nössischen Annalen selten eine vom Standpunkte des internationalen Rechts und der Gebräuche der Staatskanzleien
so wenig „correcte“ Periode gekannt, wie diejenige, die
mit dem Moskauer Congress begann und mit der Pariser
Conferenz wegen Griechenland's abschloss. Seltsam war
sie in der That, diese Periode, mit Ministerpräsidenten
wie Ratazzi, Bratiano, Kumonduros, mit Obergenerälen wie
Garibaldi, Petropulaki und „Philipp der Bulgare,“ mit
den Expeditionen von Mentana, Sistow, dem *Arcadion* und
dem *Enosis*, mit ihren deutschen, italienischen, czechi-
schen, croatischen, rumänischen, serbischen, bulgarischen,
griechischen und panslavistischen Umtrieben. Ohne in die
unerfreuliche Geschichte dieser verwickelten, noch keineswegs aufgeklärten Ereignisse, näher einzutreten, genügt es,
zur Würdigung des allgemeinen Charakters derselben und
zum Verständniss ihres gemeinsamen Ursprungs, mit vollkommenster Aufmerksamkeit den schon erwähnten Bericht
des französischen Gesandten am Berliner Hofe, vom 5. Januar 1868, nachzulesen. „Herr von Bismarck,“ schreibt
Herr Benedetti, „braucht ein unruhiges, mit Frankreich
fortwährend in Zwiespalt lebendes Italien, um uns zu zwingen,
mehr oder weniger bedeutende Streitkräfte im Kirchenstaate
zu halten, um im Nothfalle ein Mittel zur Hand zu haben,
mit Hülfe der revolutionären Partei einen vollständigen
Bruch zwischen der Regierung des Kaisers und derjenigen
Victor Emanuel's herbeizuführen, um mit einem Worte unsere Freiheit am Rhein zu neutralisiren . . . Es würde mich
auch nicht wundern, wenn Herr von Bismarck der Anstifter
der seit letztem Sommer immer kecker hervorgetretenen
panslavistischen Propaganda wäre; er findet dabei den unmittelbaren Vortheil, Oesterreich durch Russland zu beunruhigen. Letzteres würde sonst nicht so unternehmend

auftreten und Preussen es nicht ermuthigen, die orientalische
Frage wieder zu erwecken (aus dem ganz einfachen Grunde,
weil es selber dabei keinen Vortheil finden kann), wenn es
nicht diesen Preis für die in Deutschland beanspruchte
Actions-Freiheit für unumgänglich nothwendig betrachtete.
Die Unsicherheit der Lage trägt nur dazu bei, das Bündniss zwischen Preussen und Russland täglich mehr zu befestigen und die ehrgeizigen Pläne des Einen in Deutschland wie die des Andern im Orient durch wechselseitige
Verpflichtung zu unterstützen."

Ein permanentes Comité für die Interessen der slavischen Einheit hatte sich bald nach dem Moskauer Congress unter den Auspicien eines Grossfürsten gebildet und
liess seine Wirksamkeit bald unter den Ruthenen, den
Czechen, den Croaten Oesterreich's spüren; ebenso chro-
nisch wie gefahrvoll aber wurden die Umtriebe namentlich
in den der ottomanischen Pforte gehörenden tributpflichtigen oder unterworfenen Provinzen. Auf den unglücklichen Türken schlug eben Jeder los; eines Tages ist es
der Vladika von Montenegro, der in drohendem Tone einen
Hafen im Adriatischen Meere verlangt, ein ander Mal ist
es der Fürst von Serbien, der die Räumung einer Festung
fordert und sein Anliegen durch ausserordentliche Rüstungen
unterstützt. Zahlreiche Waffentransporte gelangen aus
Russland nach den Donauprovinzen unter der falschen Bezeichnung von Materialien zum Eisenbahnbau,*) während
griechische Kriegsschiffe ihr Möglichstes thun, die erlöschende
Insurrection auf der Insel Creta wieder anzufachen, deren
Herd übrigens stets ein sehr beschränkter gewesen. Es

---

*) S. hierüber die englischen, französischen und österreichi-
schen parlamentarischen Actenstücke vom Jahre 1868, namentlich
die Berichte der österreichischen Agenten in Bukarest und Jassy.

war die Epoche der „Hülfscomités" und der „Befreier,"
die bald mit dem Rufe *Roma o morte!* in die päpstlichen
Staaten, bald in Thessalien einbrechen, „um die zürnenden
Manen Phocion's und Philopömen's zu rächen," oder fünf
Mal im Laufe eines einzigen Jahres die Donau überschreiten,
um im Balkangebirge „den Löwen mit der goldenen Mähne
zu erwecken!" — „Heute ist es an uns, Brüder, der europäischen Diplomatie zu beweisen, dass es noch Abkömm-
linge des furchtbaren Kriim giebt; der Löwe mit goldner
Mähne und die Kriegsdrommete rufen euch." So lautete
im August 1868 eine Proclamation vom Balkan, gezeichnet
„die provisorische Regierung."*) „Es ist eine Thatsache,"
meldete der österreichische Vertreter in den Donaufürsten-
thümern, Baron von Eder, am 6. Februar 1868 an den
Grafen von Beust, „dass es in verschiedenen Städten an den
Ufern der Donau bulgarische Comités giebt; ihr Zweck ist,
Unruhen in der Bulgarei hervorzurufen, sie zu unterstützen,
ihnen eine grössere Ausdehnung als letztes Jahr zu geben.
Ganz kürzlich noch war man hier überzeugt, dass mit Wie-
derkehr des schönen Wetters ernste Verwicklungen im west-
lichen Europa ausbrechen würden, die Russland in den Stand
setzen sollen, der Türkei den Krieg zu erklären, und in Voraussicht dieser Ereignisse hat man Vorbereitungen getroffen,
um die bulgarische Erhebung energisch zu unterstützen.
Obgleich die rumänische Regierung in den Händen einer
Partei (der Radicalen) sich befindet, die Russland traditionell feindlich gesinnt ist, so neigt sie seit einiger Zeit doch
zu dieser Macht hinüber und erwartet von ihr die Verwirklichung ihrer Anstrengungen und Hoffnungen. Die Journale der Opposition (der Conservativen) bekämpfen diese

---

*) Anhang zur Depesche des Consuls von Knappitsch an den
Baron von Prokesch in Constantinopel, Ibraïla 24. August 1868.

russenfreundlichen Tendenzen der Regierung; sie werfen ihr
vor, mit Preussen Hand in Hand zu gehen und Oesterreich für die Eventualität eines Conflictes zwischen Frankreich und Preussen Schwierigkeiten zu bereiten. Die Blätter
der Regierung erwidern darauf, dass die Nationalpartei
im Princip keiner Macht feindlich gesinnt sei und dass
man keine Ursache habe, Russland zu bekämpfen, seitdem
diese Macht das Recht der unterdrückten Nationalitäten
vertheidige."

Gewiss wäre es unbillig, auf Russland die Verantwortlichkeit für alle Unordnungen und Wühlereien abzuladen,
die zu jener Epoche in der slavisch-griechisch-rumänischen
Welt herrschten; es ist aber nicht minder wahr, dass Russland nichts that, um sie zu dämpfen oder nur zu desavoui-
ren. Wenn man die parlamentarischen Dokumente aus
jener Zeit, die verschiedenen blauen, rothen, grünen und
gelben Bücher der Jahre 1867—69 durchgeht, ist man erstaunt, bei jedem Schritt auf energische und vielfache Vorstellungen des Londoner, Pariser und Wiener Cabinets an
Serbien, Rumänien und Griechenland, wegen militärischer
Rüstungen, heimlicher Waffensendungen und Freischärler-
züge zu stossen, während die Cabinette von St. Petersburg
und Berlin sich sorgfältig solcher Schritte enthalten. In
Folge einer wunderlichen Umkehr der irdischen Dinge, über
welche die Nesselrode und Kamptz in ihrer himmlischen
Heimath sich wohl entsetzen mochten, waren es jetzt die
Westmächte, zu denen sich Oesterreich gesellte, die der
Welt die revolutionären Umtriebe der europäischen Demagogie zur Anzeige brachten, während Preussen schwieg und
Russland beharrlich die Thatsache leugnete oder doch die
mildernden Umstände in Anschlag brachte. Die Entschul-
digung für die griechische Regierung fand Fürst Gortscha-

kow einfach in der Hellenischen Verfassung. „Diese Verfassung," sagte er, „giebt allen Griechen volle Freiheit, ihr
eigenes Land zu verlassen und an jedem Conflicte, wie derjenige, der in Creta ausgebrochen ist, sich zu betheiligen." *)
Es war in der That ein originelles Schauspiel: der Minister
einer Autokratie macht einem alten Whig wie Lord Clarendon gegenüber die unerbittlichen Nothwendigkeiten einer
parlamentarischen Regierung geltend. Die Pforte, wie man
sich erinnert, wollte von einer Legalität nichts wissen, unter
der sie zu Grunde ging; sie verlor endlich die Geduld,
sandte der Regierung in Athen ein Ultimatum, und in
Paris versammelte sich eine Conferenz, „um nach Mitteln und
Wegen zu suchen, den zwischen der Türkei und Griechenland ausgebrochenen Zwist beizulegen." Fromme Seelen
befürchteten, der russische Kanzler werde vor einem solchen
Areopag ein recht verlegenes Gesicht machen; sie hielten
ihn selbst für fähig, den Arbeiten der Conferenz Hindernisse in den Weg zu legen. Dies hiess mit den Hülfsquellen eines ebenso gewandten wie classisch gebildeten
Geistes wenig bekannt sein, der die Gelegenheit benutzte,
sein berühmtes Wort über Saturn hier anzubringen. „Es
kommt mir zu Ohren," schrieb er am 13. Januar 1869
an Baron Brunnow nach London, „dass es Personen giebt,
die Russland anklagen, es suche die Conferenz zu hintertreiben. Man weiss wohl, dass die Conferenz ein Gedanke
des Kaisers ist. Die Fabel vom Saturn findet keine Anwendung auf die Politik des kaiserlichen Cabinets . . ."
Alexander Michailowitsch begnügte mit dieser kühnen
Wendung sich nicht, er wurde bitter, fast aggressiv, er
sprach von „Aufreizungen von aussen," von einem „Ten-

---

*) Depesche Sir A. Buchanan's an den Grafen Clarendon, 19. De-
cember 1868.

denzprocess," von dem „Misstrauen, das sich an jeden
Schritt Russland's hefte" und ging so weit, von einer grossen
Verschwörung der Westmächte gegen den Frieden der Le-
vante zu reden. „Man kann sich der Wahrnehmung nicht
verschliessen," sagte er am 17. Dec. 1868 in einer Depesche
an Baron Brunnow, „dass dieser Misston nicht der einzige
ist, der die Echos des Orients getrübt hat. So hat man
Anfangs Serbien zum Zielpunkt einer Bewegung genommen,
die durch die Presse allmählig die Diplomatie gewann;
Fürst Michael Obrenowitsch wurde verdächtigt, und es bedurfte seines tragischen Todes, um die gegen ihn angespon-
nenen Feindseligkeiten zu entwaffnen. Bald darauf richten
sich die Anklagen gegen die Regierung der vereinigten
Fürstenthümer: bulgarische Banden geben das Motiv zu
Beschuldigungen ab, es wird ihr vorgeworfen, sie habe
dieselben geduldet; sie wird angeklagt, sie ermuthigt zu
haben. Kaum ist dieser Handel beigelegt, so bricht ein
neuer Zwist zwischen der Türkei und Griechenland aus,
eine noch viel ernstere, für den allgemeinen Frieden viel
gefährlichere Krisis . . ." In Ermangelung der Fabel vom
Saturn fände die vom Wolf und Lamm entschieden eine bessere Anwendung auf die Politik des kaiserlichen Cabinets
von St. Petersburg.

Die Pariser Conferenz gelangte indessen zu einem
glücklichen Resultate, der griechisch-türkische Zwist wurde
beigelegt und schon im Frühling 1869 blies es weniger
heftig aus Norden in den Thälern der Donau und den
Schluchten des Balkan. Es war eine kurze Windstille eingetreten, Zündstoffe aber lagen stets noch in Massen da
und konnten durch die ersten Funken in lichte Flammen
auflodern. Nicht nur die Radicalen in Rumänien sahen
eine Angriffsbewegung Russland's gegen den Orient für

den Augenblick voraus, wo ernste Verwicklungen den Westen
Europa's beschäftigen würden; diese Ueberzeugung war eine
allgemeine und sie wurde in erster Linie von den Kindern
Rurik's getheilt. Das Ende des Jahres 1869 brachte noch
einen eigenen Zwischenfall, der nicht verfehlte, auf alle
ernsten Beurtheiler der Zeitereignisse einen tiefen Eindruck
zu machen. Man feierte in St. Petersburg das Säcularfest
der Einsetzung des Ordens des heiligen Georg, des grossen
russischen Militärordens, dessen erste Classe nur demjenigen
ertheilt wird, der einen glänzenden Sieg errungen. Kaiser
Alexander II. sandte diese Auszeichnung König Wilhelm I.,
dem Sieger der Schlacht bei Sadowa und alten Krieger
von 1814. „Empfangen Sie dieselbe," telegraphirte er ihm,
„als einen neuen Beweis der Freundschaft, die uns gegenseitig verbindet, einer Freundschaft, welche auf die Erinnerung an jene grosse Zeit sich stützt, da unsere vereinigten Waffen für eine heilige, uns gemeinsame Sache
kämpften." Und der König von Preussen antwortete sofort
durch den Telegraphen: „Tief gerührt und mit Thränen in
den Augen danke ich Ihnen für die mir erwiesene, mir
so unerwartete Ehre; was mich mehr noch erfreut, sind die
Ausdrücke, in denen Sie mir dieselbe angezeigt haben. Ich
sehe in der That in diesen Ausdrücken einen neuen Beweis Ihrer Freundschaft und Ihrer Erinnerung an die grosse
Zeit, da unsere vereinigten Waffen für dieselbe heilige Sache
kämpften." *)

Zu Anfang desselben Jahres, während in Paris die Con-
ferenz noch tagte, starb in Nizza ein treuer Diener der
Sultane, einer der letzten grossen Staatsmänner der Türkei.
Bevor er die Augen schloss, entwarf Fuad-Pascha noch mit

---

*) Officieller Russischer Reichsanzeiger, 12. December 1869.

zitternder Hand eine Denkschrift für seinen hohen Gebieter,
die er als sein politisches Testament bezeichnete. Das Dokument sollte geheim bleiben und gelangte auch wirklich
erst ganz kürzlich in die Oeffentlichkeit.*) „Wenn diese
Schrift Eurer Majestät vorgelegt wird," heisst es darin,
„werde ich nicht mehr sein. Sie können mich also ohne
Misstrauen anhören und müssen sich die grosse und schmerzliche Wahrheit tief einprägen, dass das Reich der Os-
manen in Gefahr ist..." Nachdem er die verschiedenen
Staaten des Continents gemustert und auf den mehr oder
weniger nahen, aber unvermeidlichen Conflict zwischen Frankreich und Preussen hingewiesen, schloss Fuad-Pascha mit
folgenden Worten: „Ein innerer aufreibender Kampf in Europa und ein Bismarck in Russland, und die Welt
bekommt eine andere Gestalt."

---

*) Dies merkwürdige Actenstück, das vom 3. Januar 1869 da-
tirt ist, findet sich in der interessanten Broschüre des Herrn J. Lewis
Farley, *The decline of Turkey*, London 1875, pag. 27—36.

Neuntes Kapitel.

Der französische Krieg.

Ueberraschender Scharfblick des Herrn Benedetti seit 1867. — Er macht fortwährend auf die absolute Einigkeit Russland's und Preussen's aufmerksam. — Sonderbare Illusionen in den Tuilerien über die Mission des Generals Fleury. — Zusammenkunft des Kaisers Alexander und des Königs Wilhelm in Ems, Juni 1870. — Herrn Benedetti's Urtheil über die Aufrichtigkeit des Herrn von Bismarck gegenüber dem Petersburger Cabinet: Russland eine Karte in seinem Spiel. — Die successiven Mitschuldigen des Herrn von Bismarck: Herr von Rechberg, Napoleon III. und Fürst Gortschakow. — Spanische Candidatur des Prinzen Hohenzollern. — Bezeichnende Ansicht des russischen Kanzlers über diese Candidatur. — Kriegserklärung (15. Juli). — Russland wird überrascht. — Es untersagt Oesterreich, sich Frankreich anzuschliessen. — Die ersten Niederlagen. — Die öffentliche Stimmung in Russland und die Zeitgemässheit eines Congresses. — Fürst Gortschakow und *die Liga der Neutralen.* — Vergebliche Anstrengungen Oesterreichs, eine Uebereinstimmung unter den Mächten herbeizuführen. — Der russische Kanzler lässt nur ein „vereinzeltes Handeln" zu. — Charakter dieses „Handelns." — Der Versailler Friede und das Telegramm Wilhelm's I. an Alexander II. (26. Februar 1871). Merkwürdige Aehnlichkeit der beiden Katastrophen von 1866 und 1870. — Der „Triumph" des Fürsten Gortschakow in der Frage des Schwarzen Meeres. — Was er hätte thun können. — *Il gran rifiuto.*

Nur Gott allein durfte sein vollendetes Werk betrachten und dazu sagen, „dass es gut war"; unserer armen Menschheit wird selten eine so reine Freude zu Theil und die Actionspartei in den Räthen des zweiten Kaiserreichs kannte seit den Ereignissen von 1866, zu deren Entstehen sie selber so mächtig beigetragen, diese Freude gewiss nicht. Der französische Gesandte am Berliner Hofe gehörte jedenfalls zur Zahl der von ihrem Irrthum Geheilten. Die Vollendung der italienischen Einheit konnte ihn nicht ganz über den harten Schlag trösten, den sein eigenes Land durch die Niederlage bei Sadowa erlitten. Sein Erwachen war bitter, aber auf einen von Natur gut angelegten Kopf wirkt nichts heilsamer als eine starke, schmerzliche Enttäuschung, und wenn Pascal von einer zweiten Unwissenheit gesprochen, die nach dem Wissen eintritt, so giebt es für gewisse Politiker auch ein zweites Wissen, so zu sagen ein Hellsehen nach einem vorübergehenden Schwindel. Man kann das ausgezeichnete Beobachtungstalent und treffende Urtheil nicht genug anerkennen, wovon Herr Benedetti während der letzten vier Jahre seiner Berliner Gesandtschaft Proben abgelegt; ein höchst unglücklicher, höchst unvorsichtiger Diplomat und Unterhändler in dem verhängnissvollen Jahre 1866, wurde er darauf ein ebenso fleissiger wie voraussorgender Berichterstatter und die Sicherheit Frankreich's nahm von nun an in seinem Herzen die Stelle ein, die nur zu lange die Leidenschaft für Italien darin besessen.

Seit 1867 setzte der Gesandte in der That seinen ganzen patriotischen Eifer daran, seine Regierung über den Stand der Dinge in Europa aufzuklären und ihr einen männlichen Entschluss anzurathen, nämlich: sich offen in's Unvermeidliche zu schicken, oder sich frühzeitig auf einen nahen und äusserst gefahrvollen Kampf vorzubereiten. Er schilderte Preussen als fortwährend damit beschäftigt, ganz Deutschland auf die Gefahr, einen Conflict mit Frankreich hervorzurufen, mit sich zu verschmelzen; betrachtete es ja doch oft genug einen solchen Conflict als das sicherste und directeste Mittel, zu seinem Ziele zu gelangen. Und

Herr Benedetti hütete sich wohl, dabei die geringsten Hoffnungen auf die süddeutschen Partikularisten zu setzen. „Bei Beginn eines Nationalkrieges werden die Eingefleischtesten derselben vollständig unter der grossen Masse verschwinden, die einen solchen Kampf, unter welchen Umständen er auch ausbrechen möge, als einen Angriffskrieg Frankreich's gegen ihr Vaterland betrachten werden, und wenn das Schicksal der Waffen ihnen günstig wäre, so würden ihre Ansprüche keine Grenze mehr kennen." Er warnte auch vor „der sehr rührigen Propaganda," welche Herr von Bismarck in den Staaten jenseits des Mains unterhalte: „Mit Ausnahme einiger Zeitungen, die im Solde der Regierungen (von München und Stuttgart) stehen oder der ultra-radikalen Partei angehören, unterstützt ihn die Presse in sämmtlichen Südstaaten." Er meldete auch nach Paris, dass der preussische Ministerpräsident seine Beziehungen zur revolutionären Partei in Italien fortsetze, dass er Agenten Garibaldi's empfange und dass sogar die eigentliche Regierung des Königs Victor Emanuel, des Freundes Napoleon's III. und seines Verpflichteten, soweit gegangen, zur Zeit des Zusammenstosses bei Mentana Preussen zu sondiren, um zu erfahren, „wie weit es ihr Beistand leisten könnte." *) Er war es auch, der den ersten Wink bezüglich der geheimen Umtriebe mit Prim und der spanischen Candidatur des Prinzen Hohenzollern gab. Endlich hat er von vornherein, wie man oben gesehen, den beunruhigenden Charakter

---

*) S. darüber die bemerkenswerthe Depesche vom 10. November 1867. Die Correspondenz Mazzini's mit Herrn von Bismarck während der Jahre 1868 und 1869, die mit dem Plane hervortrat, Victor Emanuel zu stürzen, wenn dieser sich mit Napoleon III. alliirte, ist erst später, nach dem Tode des berühmten italienischen Agitators, bekannt geworden.

und die wahre Tragweite der Mission des Generals Manteuffel nach Russland erkannt.

„Wie schwer es auch für ein grosses Land wie Frankreich sein mag, in der gegenwärtigen Lage eine Richtschnur für sein Verhalten im Voraus zu ziehen" — schrieb Herr Benedetti zu Anfang des Jahres 1868 an seine Regierung — „welch' grossen Platz man auch dem Unvorhergesehenen einräumen muss, so ist die Einheit Deutschland's unter einer kräftigen, militärischen Regierung, die in gewisser Hinsicht nur die äusseren Formen des Parlamentarismus besitzt, immerhin eine Thatsache, die unsere nationale Sicherheit zu nahe berührt, als dass wir es versäumen könnten, uns ohne Zeitverlust die Frage zu stellen und sie zu lösen: ist ein solches Ereigniss für die Unabhängigkeit oder die Stellung Frankreich's in Europa eine Gefahr, und kann diese Gefahr nur durch den Krieg beschworen werden? Wenn die Regierung des Kaisers der Ansicht ist, dass Frankreich von einer so radikalen Veränderung in den Beziehungen der central-europäischen Staaten zu einander nichts zu befürchten hat, so wäre es meiner Meinung nach im Interesse der Erhaltung des Friedens und der öffentlichen Wohlfahrt wünschbar, unsere Haltung vollständig und ohne Rückhalt dieser Ueberzeugung anzupassen . . . Im entgegengesetzten Falle aber bereiten wir uns unverzüglich auf den Krieg vor und versichern wir uns von vornherein, welchen Beistand uns Oesterreich leisten kann; machen wir unsere Berechnung so, dass wir nach einander die orientalische und die italienische Frage lösen können; wir werden an allen unsern gesammelten Kräften nicht zu viel haben, um am Rheine siegreich zu sein."

Besonders in der Beurtheilung des zwischen den Höfen von Berlin und St. Petersburg bestehenden Uebereinkommens hat Herr Benedetti von der wahrhaft ausgezeichneten Genauigkeit und Vorzüglichkeit seines Scharfblicks einen Beweis abgelegt. Es kommt ihm das Verdienst zu, jenes Uebereinkommen von der ersten Stunde an geahnt und bis zur letzten Stunde unerschütterlich daran geglaubt zu haben. Im September 1869 gefiel es dem französischen Herrscher, einen seiner intimsten Vertrauten, seinen ergebensten Gehülfen beim Staatsstreich vom 2. December, einen wegen seiner Tapferkeit und Intelligenz berühmten General, einen herrlichen Reiter, zum Botschafterposten beim Czaren zu berufen. Damit war hinreichend angedeutet, dass man in ebenso intime wie möglichst directe Beziehungen einzutreten suche, und trotz des Austausches von Telegrammen am St. Georgsfeste war man zu Anfang des Jahres 1870 schon voller Hoffnung.*) Der französische General, bei- alledem ein Mann von Geist, liess sich schnell durch die Bärenjagden, Schlittenfahrten und manche andere Zeichen höchsten Wohlwollens fangen, die er so bescheiden war, zur Politik seines Fürsten in Beziehung zu bringen, anstatt sie mit weit mehr Berechtigung seinen persönlichen, in der That sehr verführerischen Eigenschaften zuzuschreiben. Die Ueberzeugung des herrlichen Reiters wurde von seiner Umgebung, namentlich von seinen Adjutanten getheilt, die nicht zögerten, in confidentiellen Briefen nach Paris die durch ihren Vorgesetzten „erlangten grossen Resultate" zu rühmen und in sehr kräftigen, mehr militärischen als diplomatischen Ausdrücken von „seiner wachsenden Gunst beim Kaiser aller Reussen" zu sprechen.**) Ohne sich durch

---

*) Vertraulicher Brief des Herrn de Verdière, St. Petersburg, 3. Februar 1870. *(Papiers et correspondance de la famille impériale,* Bd. I, pag. 129.)

**) „Der Kaiser hat sehr grosses Gefallen am General gefunden; er nimmt ihn stets auf seine Bärenjagden mit und lässt ihn mit sich

diese gar so rosigen Berichte bestechen zu lassen, hielt
Herr Benedetti an seiner einmal gefassten Ueberzeugung
fest; noch am 30. Juni, am Vorabend des Krieges, drückte
er dies in einer lichtvollen Depesche aus, aus der wir mehr
als eine lehrreiche Stelle zu citiren haben werden. Von
der jüngsten Zusammenkunft (1. bis 4. Juni) des Kaisers
Alexander und des Königs von Preussen in Ems redend,
nimmt der Gesandte an, dass Herr von Bismarck sich einerseits hier wie gewöhnlich der orientalischen Politik der
russischen Regierung günstig gezeigt und dass er andererseits beflissen war, die Empfindlichkeit des Czaren in den
Fragen zu erregen, die das russische Nationalgefühl in Betreff Oesterreich's, Galizien's u. s. w. verletzen. „Während
der Minister es sich zur Aufgabe gemacht haben wird, den
Kaiser über den ersten der beiden Punkte zu beruhigen
und über den andern ihn aufzuregen, wird der König seine
ganze Liebenswürdigkeit, von der er stets einen so wunderbaren Gebrauch zu machen gewusst, entfaltet haben, um
die Sympathieen seines erlauchten Neffen zu gewinnen, und
ich zweifle nicht, dass Beide Eindrücke hinterlassen haben,
die ihren Wünschen entsprechen. Welches übrigens auch
die Mittel gewesen sein mögen, die sie angewandt, ihr
Zweck musste dahin gehen, den Kaiser in den Gesinnungen
zu befestigen, die sie seit so lange ihm einzuflössen verstanden, und sie werden ihren Zweck mehr oder weniger
erreicht haben.“

Herr Benedetti war indessen von der Annahme weit
entfernt, als bestehe ein officielles, in aller Form Rechtens

---

reisen ... in seinem einplätzigen Schlitten. Das ist wohl die höchste
Gunsterzeigung und ich denke, dass die Politik sich gut dabei stehen
wird.“ (Vertraulicher Brief des Herrn de Verdière, 25. Januar 1870.
Papiers et correspondance, I. pag. 127.)

abgeschlossenes Uebereinkommen zwischen den beiden Höfen, besonders entfernt von dem Glauben, als habe der preussische Minister in aller Aufrichtigkeit und Herzensunschuld die orientalische Erbschaft in die Hände seines ehemaligen Frankfurter Collegen vollständig abgetreten, und gerade hier erscheint der ungewöhnliche Scharfsinn des französischen Gesandten in hellstem Lichte. Herr von Bismarck konnte für die Bedürfnisse des Augenblicks den orientalischen Angelegenheiten gegenüber den Gleichgültigen spielen, behaupten, dass er „niemals die Correspondenz aus Constantinopel lese" und die Ansprüche Russland's, „eine gewisse Einheit in die intellectuelle Entwicklung der Slaven zu bringen," *) sogar gerechtfertigt finden. Die grosse Sorgfalt aber, mit der er zugleich die intimsten Beziehungen zu den Ungarn, seinen Alliirten von 1866, aufrecht erhielt, hätte die Schwärmer in Moskau schon über die Leere ihres Traumes von einer Theilung der Welt zwischen den Söhnen Teut's und den Söhnen Rurik's aufklären können. „Die Ungarn betrachten uns Preussen als ihre in Zukunft mittelbaren Beschützer gegen Wien," schrieb Baron von Werther im Juni 1867 in einer confidentiellen Depesche bei seiner Rückkehr von der Krönung zu Buda, um das Berliner Cabinet über den neulichen Enthusiasmus der mit ihrem „König" versöhnten Magyaren zu trösten; aber nicht blos gegen Wien, sondern mehr noch gegen Moskau und St. Petersburg, gegen jedes slavische Uebergewicht an der Donau, haben die Kinder Arpad's künftig in Berlin sich nach Hülfe umzuschen. „Preussen hat keine eigenen Interessen im Orient," sagte

---

*) Eine Redewendung der „Norddeutschen Zeitung," des Hauptorgans des Herrn von Bismarck, vom 20. Juli 1867, bei Besprechung des Moskauer Congresses.

Herr von Bismarck gern in den Jahren 1867—1870, und
das Organ des Herrn Katkow wurde nicht müde, diese so
oft commentirte Frage zu wiederholen; doch von dem Tage
an, wo Preussen sich mit Deutschland identificirte oder es
vielmehr in sich aufgehen liess, übernahm es bei Strafe
der Pflichtverletzung die Aufgabe, die deutschen Interessen,
den deutschen Einfluss in den Donau- und Balkanländern zu
wahren und sein Antheil wurde von da an ein grosser, ein
weit grösserer, als der Frankreich's und England's.

Dies Alles wurde vom französischen Gesandten am Berliner Hofe sehr wohl gefühlt und von Zeit zu Zeit in den
Depeschen, die er in den letzten Jahren seiner Botschaft
an seine Regierung sandte, scharf dargelegt. In seinem
Bericht vom 5. Januar 1868, in welchem Herr Benedetti
davon spricht, wie der Kanzler des Norddeutschen Bundes
stets den Zwecken des Fürsten Gortschakow bereitwillig gedient, fährt er indessen fort: „Er (Herr von Bismarck)
redet sich ohne Zweifel ein, dass andere Mächte ein vor-
wiegendes Interesse haben, das ottomanische Reich den Be-
gehrlichkeiten Russland's zu entziehen und er überlässt ihnen
diese Sorge; und doch weiss er, dass hierin ohne die Mit-
hülfe oder die Zustimmung Deutschland's, wenn Deutschland einig und stark ist, nichts definitives gethan werden
kann. Er glaubt also, dass er für den Augenblick ohne
Gefahr den Ehrgeiz des Petersburger Cabinets schärfen kann,
vorausgesetzt, dass er gegen diese Willfährigkeit eine wohlwollende Enthaltung in Allem, was er in Deutschland unter-
nimmt, eintauscht." — „Im Orient," schrieb der Botschafter
bald darauf (4. Februar 1868), „ist Herr von Bismarck
bedacht, eine Stellung zu behaupten, die ihn in keiner
Weise verpflichtet und ihm je nach den Anforderungen seiner eigenen Pläne gestattet, Russland die Hand zu reichen

oder sich den Westmächten zu nähern; diese Stellung aber
kann er nur bewahren, wenn er sich jeden Schrittes enthält,
der ihn bei den Freunden oder den Gegnern der Türkei
compromittiren könnte." — Die Richtigkeit dieses Urtheils
wurde sehr bald durch die Haltung Preussen's während der
Pariser Conferenz in Sachen Griechenland's (Januar 1869)
vollständig bestätigt: das Berliner Cabinet theilte den Un-
gestüm Alexander Michailowitsch's nicht, es vertheidigte
nicht, wie er, die verfolgte Unschuld in der Person des
„jungen Rumänien's" und der serbischen Omladina und hütete sich besonders, die grosse Verschwörung England's,
Frankreich's und Oesterreich's gegen den Frieden des Orient's
zu denunciren. Im Grunde der Seele wollte nämlich der
preussische Minister den Tod des gerechten Osmanli nicht,
noch weniger den Zusammensturz Ungarn's, des Vorpostens
„des germanischen Dranges nach Osten" und seine Sympathieen für „eine gewisse ideale Einheit" der Slaven kühlte
sich in dem Maasse ab, als die Stunde der wirklichen Einheit Deutschland's sich näherte.   „Jeder Conflict im Orient
würde ihn in das Schlepptau Russland's führen" — schrieb
Herr Benedetti den 27. Januar 1870, „er wird ihn deshalb
zu beschwören suchen, er hat dies letzte Jahr bei Beginn
des griechisch-türkischen Zwistes bewiesen. Russland ist
für die Eventualitäten, die am Rhein ausbrechen können,
eine Karte in seinem Spiel, und er hält entschieden
darauf, dass die Rollen nicht vertauscht werden, dass er
nicht selber eine Karte im Spiel des Petersburger Cabinets
werde."

Einige Monate später, kurz vor Ausbruch des Krieges
(30. Juni 1870), machte Herr Benedetti folgende Schluss-
betrachtungen, obgleich er der Ansicht war, dass die Verbindung zwischen Russland und Preussen bei der neulichen

Zusammenkunft in Ems nur an Intimität gewonnen haben konnte: „Man darf indessen nicht annehmen, dass Herr von Bismarck es für gerathen halte, seine Politik eng an diejenige des russischen Cabinets zu knüpfen. Meiner Ansicht nach ist er keine Verpflichtung eingegangen und auch zu keiner Verpflichtung geneigt, die Preussen bei Verwicklungen in der Türkei compromittiren, England und Frankreich nähern und ihm Schwierigkeiten am Rhein bereiten könnten. Die Gefälligkeiten des Kanzlers des Norddeutschen Bundes gegen Russland werden niemals der Art sein, um ihn in der Freiheit des Handelns zu beschränken; er verspricht im Grunde mehr als er zu halten beabsichtigt, oder mit anderen Worten, er wirbt um die russische Allianz, um sich deren Vortheil im Falle eines Conflictes im Occident zu sichern, doch mit dem festen Entschluss, niemals die Hülfsmittel oder Kräfte Deutschland's für den Orient zu verpfänden. Deshalb bin ich auch immer überzeugt gewesen, dass kein officieller Vertrag zwischen den beiden Höfen abgeschlossen worden, und es ist sicher der Gedanke erlaubt, dass man in Ems nicht daran gedacht hat."

Alles veranlasst in der That zu dem Glauben, dass es weder einen Vertrag noch vorgesehene Bedingungen gegeben; die Gemeinsamkeit der Anschauungen und die Eintracht der Herzen machten die Discussion der Details entbehrlich. Es wäre übrigens sehr schwierig, in allen Fällen unnütz gewesen, regelrechte Stipulationen für Eventualitäten aufzusetzen, deren Stunde man nicht kannte, deren entfernte Consequenzen, deren unmittelbare Folgen sogar schwer zu berechnen waren: man begnügte sich mit der Ueberzeugung, dass man keine widerstreitende, sondern im Gegentheil ähnliche, sympathische Interessen habe, und dass es selbstver-

ständlich sei, dass im günstigen Moment Jeder für sich
und Gott für Alle handeln werde. Man muss übrigens auch
zugeben, dass die Russen in ihren Absichten auf den Orient
nicht von gewissen Phantastereien frei sind; Europa schreibt
ihnen viel mehr Methode zu, als sie in Wirklichkeit besitzen: das Wünschen ist tief und ausdauernd, die Pläne aber
sind ebenso schwankend, wie verschieden und formlos. Man
möchte sagen, dies grosse Volk stehe in dieser Beziehung
viel eher unter einem Zauberbann, fast einem Verhängniss,
als dass es eine systematische Eroberung verfolge; es geht
dem Geist, von dem es verführt wird, nur entgegen, um
ihn stets zurückweichen zu sehen. Bemerkenswerth ist,
dass Russland sich niemals weiter von seinem Ziele entfernt, als wenn es versucht, die Lösung zu beschleunigen:
1829 waren seine Armeen nur um einige Tagemärsche von
Constantinopel entfernt und es befahl den Rückzug; 1854
verlor es sämmtliche Früchte des Feldzuges in Ungarn und
des in Folge der Februarrevolution gewonnenen Einflusses,
während seine Aussichten in die Zukunft nie glänzender
waren, als von dem Tage an, wo der Pariser Vertrag ihm
das Schwarze Meer zu verschliessen vermeinte: es verlor
Sebastopol, aber es gewann den Kaukasus und eine ganze
Welt an den Ufern des Amur und des Syr-Daria. In Voraussicht des furchtbaren Zusammenstosses, der seit 1867 in
Europa sich vorbereitete, war die Versuchung also sehr natürlich, die Ereignisse eher abzuwarten, als ihren Gang regeln und bestimmen zu wollen. Bei einem Kriege zwischen
den beiden stärksten Mächten des Continents, der ebenso
lang als erbittert zu werden versprach und auf die Dauer
die Kräfte der beiden Gegner erschöpfen und noch mehrere
andere Staaten in den Kampf verwickeln konnte — so
dachte man nämlich an den Ufern der Newa — würde es

noch immer Gelegenheit und Mittel geben, ein Wort dreinzureden und seinen Beutetheil abzubekommen. Diese Haltung schien einem Kanzler von vornherein vorgezeichnet, der schon so viel Glück gehabt, während er sich „sammelte;" sie empfahl sich ganz von selbst einer Politik, die mit ihren Bestrebungen so sehr in die Weite schweifte, weil ihr das Maass für die möglichen Ereignisse fremd war. Die Unendlichkeit der Wünsche hat in solchem Falle ihre Quelle in der Unbestimmtheit der Absichten und bisweilen ruft nichts so sehr die Illusion der Tiefe hervor, wie die Leere.

Es war eine grausame Ironie des Gründers der deutschen Einheit, dass er zu jeder seiner successiven Unternehmungen den zum Mitschuldigen wählte, der bei der folgenden Unternehmung sein Opfer werden sollte; seine grosse Ueberlegenheit bestand aber auch darin, dass er jedes Mal ein sehr deutliches Ziel, ein genau bestimmtes und begrenztes, so zu sagen greifbares Object hatte, während seine Genossen sich einer nach dem andern unter dem Eindruck abstrakter Principien, vager Wünsche und verschwommener Combinationen in das gefährliche Spiel hineinreissen liessen. Bei dem Einmarsch in die Herzogthümer und seinem ersten Angriffe auf das europäische Gleichgewicht, war Herr von Bismarck sicher nicht in Verlegenheit, sein Ziel anzugeben: die Beute lag ihm vor den Füssen, die Kieler Rhede breitete sich in ihrem vollen Glanze vor Jedem aus, der Augen hatte zu sehen; Herr von Rechberg aber müht sich noch heute ab, die Beweggründe für seine damalige Mitwirkung zu finden und sie annehmbar zu machen. „Es handelte sich darum, die demagogischen Leidenschaften zu beherrschen, der Revolution auf den Leib zu rücken" — mit solchen pomphaften, hohlen, der „Doctrin" entlehnten Phrasen musste der Minister später vor den österreichisch-

ungarischen Delegationen seine verhängnissvolle und erbärmliche Politik von 1863 decken. In Biarritz verlangte der
preussische Ministerpräsident in klaren Worten für sein
Land die Mainlinie, während der Träumer von Ham „den
grossen Krieg für die deutsche Einheit" empfahl und sein
mattes Auge bald über das rechte Rheinufer nach Mainz
hin, bald über die Grenzen von 1814 schweifen und es nur
auf dem geflügelten Löwen von San Marco fest verweilen
liess. Von 1867 bis 1870 bereitete der Kanzler des Norddeutschen Bundes mit aller Entschlossenheit die Einheit
Deutschland's und die Eroberung des Elsass und Lothringen's vor, während er seinem alten Frankfurter Collegen
alle Musse liess, „die Echo's des Orients zu erwecken" und
sie nach den Zukunfts-Schicksalen Russland's zu befragen.
Bei jeder dieser in die Ferne weisenden politischen Ver-
kettungen ist es immer derselbe grosse Realist, der die
Ideologen verschiedenen Grades und verschiedener Art am
Narrenseil führt, ist es stets derselbe Fortinbras Shakespeare's — der Armstark Germanien's — der seine Herrschaft da antritt, wo die doctrinären, melancholischen oder
schönrednerischen Hamlets in knabenhaften und nebulösen
Anschlägen ihre Zeit verdämeln und im Angesichte „einer
himmelschreienden Schlächterei" nichts Anderes zu sagen
wissen als: *the time is out of joint*, das Jahrhundert ist
aus den Fugen ! .

„Russland braucht aus der Macht Preussen's keine Besorgnisse zu schöpfen," *) antwortete Fürst Gortschakow

---

*) Dep. von Sir A. Buchanan, St. Petersburg, 9. Juli 1870. Was
die Details der Jahre 1870—71 betrifft, so können wir nichts besseres
thun, als den Leser auf das so lehrreiche Werk des Herrn ALBERT
SOREL, *Histoire diplomatique de la guerre franco-allemande*, Paris,
Plon, 1875, 2 Bde. verweisen. — Wir haben nur zwei Vorbehalte

auf die Vorstellungen, die ihm nach den ersten Erfolgen
des Hauses Hohenzollern wegen der Gefahr gemacht wurden, „die für Russland aus einer Vergrösserung Preussen's
und dessen Machterweiterung in Europa erwachsen musste.“
Was die spanische Candidatur des preussischen Prinzen betrifft, so erinnerte der Kanzler daran, dass „als Prinz Karl
von Hohenzollern 1866 mit Unterstützung Frankreich's
Fürst von Rumänien wurde, sich Russland auf Vorstellungen beschränkt und dann die vollendete Thatsache angenommen habe; er sehe nicht ein, warum Preussen heute für
die Berufung eines andern Mitglieds der königlichen Familie auf den spanischen Thron verantwortlicher sein solle.“
So sprach der Minister des Czaren schon bei Beginn des
Conflictes am 8. Juli 1870, vor der Verzichtleistung des
Prinzen Anton, vor jeder Zornesaufwallung des Tuileriencabinets und im Augenblicke, wo Europa der wohlbegrün-
deten Empfindlichkeit Frankreich's noch Recht gab. Als
bald darauf die Stunde der Verblendung und des Schwin-
dels anbrach und die Regierung Napoleon's III. jeglichen
Nutzen eines grossen diplomatischen Erfolges durch ihre
herausfordernde Sprache vor dem Gesetzgebenden Körper,
durch ihre Forderungen in Ems und ihre verhängnissvolle
Kriegserklärung vom 15. Juli verlor, da war es nicht mehr
gestattet, sich über die wahren Gesinnungen des St. Petersburger Cabinets den geringsten Illusionen hinzugeben. „Der
General Fleury nehme es nicht für ungut,“ schrieb Herr
von Beust am 20. Juli in gereiztem Tone an den Fürsten

---

in Beziehung auf ein Buch zu machen, das sich eben so sehr durch
gewissenhafte Forschung wie durch die Höhe des Standpunktes aus-
zeichnet: der Verfasser zeigt eine ausgesprochene Hinneigung zur
„Diplomatie von Tours“, und verkleinert zu sehr die Ziele des Fürsten Gortschakow in dessen Connivenz mit Preussen seit 1867.

Metternich, „Russland beharrt auf seiner Allianz mit Preussen und zwar in dem Grade, dass unter gewissen Voraussetzungen die Intervention der moskowitischen Armeen nicht blos als wahrscheinlich, sondern als gewiss betrachtet werden muss." Unmittelbar nach der Kriegserklärung vom 15. Juli hatte nämlich die russische Regierung die sehr klare und sehr kategorische Warnung nach Wien gesandt, dass sie Oesterreich nicht gestatten werde, gemeinsame Sache mit Frankreich zu machen; General Fleury musste sich sogar noch glücklich schätzen, so viel erlangt zu haben, dass die Clausel betreffs Oesterreich nicht ausdrücklich in der Neutralitäts-Erklärung erwähnt wurde, die Kaiser Alexander II. am 23. Juli veröffentlichen liess.*)

„Russland hat uns grossen Schaden gethan," stöhnt der Herzog von Gramont im Hinblick auf jenes an Oesterreich erlassene Interdict.**) Es übte ebenfalls einen Druck auf den Hof von Kopenhagen aus und zwang ihn zur Neutralität, trotz aller Begeisterung des unglücklichen scandinavischen Volkes für eine Allianz, an welche der französische Plan einer Landung im Norden sich knüpfte, ein Unternehmen von höchstem strategischem Interesse, erklärt General Trochu, der daran hätte theilnehmen sollen. „Russland," sagte der amerikanische Gesandte in St. Petersburg, „hat mehr als jede andere Nation zur Neutralität beigetragen; durch seine Drohungen hat es Oesterreich gezwungen, sich nicht zu rühren, und durch den Einfluss des Kaisers und des Erbprinzen ist es ihm gelungen, Dänemark von der Parteinahme für Frankreich

---

*) Depeschen Sir A. Buchanan's vom 20. und 30. Juli. VAL-FREY, *Histoire de la diplomatie du gouvernement de la défense nationale*, Bd. I. pag. 18.

**) *La France et la Prusse*, pag. 348.

abzuhalten." *) England, dies muss gerechterweise hinzugefügt werden, unterstützte dabei den russischen Kanzler in hohem Maasse; es war Dank den neulichen furchtbaren Enthüllungen des Herrn von Bismarck über die „dilatorischen Verhandlungen" vom August 1866 betreffs Belgien mehr als je gegen Frankreich aufgebracht. Augenscheinlich war, dass für den Fürsten Gortschakow und seine Pläne der Weltenbrand viel zu früh ausgebrochen war: die militärischen Vorbereitungen Russland's waren noch nicht fertig; sogar die rein „moralische" Einwirkung auf die slavische Welt hatte seit der Conferenz wegen Griechenland's einen Stillstand erlitten. Herr von Bismarck hatte nicht gerade nach der Stunde gefragt, die seinem Collegen an der Newa recht wäre; wie Herr Benedetti es vorhergesagt, war ihm wesentlich daran gelegen, dass die Rollen nicht vertauscht würden und er in Beziehung auf Zeit und Umstände nur seine eigenen Interessen zu berücksichtigen hätte; Alexander Michailowitsch war darum nicht weniger beflissen, die übernommene Rolle nach besten Kräften zu spielen. Ein feiner Beobachter, der schon erwähnte Gesandte der Vereinigten Staaten, berichtete um jene Zeit von St. Petersburg an seine Regierung: „Der öffentlichen Meinung hier scheint es, dass Russland, wenn es bereit wäre, den Krieg erklären und gewisse Vortheile daraus zu ziehen suchen würde . . . Die Regierung strengt sich auf's Höchste an, um den Ereignissen gewachsen zu sein: die Patronenfabriken arbeiten Tag und Nacht, eine Bestellung auf hundert Gattling-Kanonen ist soeben nach Amerika abgegangen." Man rüstete bei sich, man machte die wahrscheinlichen Alliirten Frankreich's abwendig oder schüchterte sie

---

*) Depesche des Herrn Schuyler an Herrn Fish, St. Petersburg, 23. August. — Général Trochu, *Pour la vérité*, pag. 90.

ein, in der Meinung, für den Augenblick die Chancen zwischen den zwei kriegführenden Mächten ausgleichen zu können, *) und man schmeichelte sich, bei den zahlreichen Wechselfällen eines Krieges, den Napoleon III. selber im voraus als „lang und mühevoll" angesagt, schon manche günstige Gelegenheit zu finden.

Die furchtbaren Niederlagen Frankreich's bei Beginn des Feldzuges geboten solchen Phantasieen einen plötzlichen Halt und vernichteten die herrliche Vision „einer neuen gräco-slavischen Welt," die seit 1867 die Gemüther an den Ufern der Moskwa und der Newa berückte. Mit der wunderbaren politischen und realistischen Anlage, welche die russische Nation kennzeichnet, begriff sie sofort, dass es momentan um jeden Kreuzzug nach dem Orient geschehen sei, dass die Geschicke der Welt am Fusse der Vogesen sich entscheiden würden, und dass man sich mit dem Dringendsten und dem Möglichen zu beschäftigen habe. Merkwürdig genug ist das Phänomen, dass die Balkanhalbinsel niemals so relativ still, so wenig von der „grossen Idee" erschüttert wurde, als während der Jahre 1870—71, während jenes „inneren Kampfes in Europa," den Fuad-Pascha in seiner Sterbestunde so sehr für das Reich der Osmanli gefürchtet. Gegen Ende des Monats August, noch vor der Katastrophe von Sedan, beschäftigte sich die öffentliche

---

*) Fürst Gortschakow war weit davon entfernt, von Anfang an ein absolutes Vertrauen in den Sieg Preussen's zu setzen; er hat Herrn Thiers mehr als ein pikantes Detail darüber erzählt. *(Déposition de M. Thiers devant la commission d'enquéte,* pag. 12.) In einer Unterredung (gegen Ende Juli) mit einer politischen Persönlichkeit, von der er wusste, dass sie zu Napoleon III. in Beziehung stand, soll er sogar das Wort haben fallen lassen: „Sagen Sie dem Kaiser der Franzosen, er möge maassvoll sein." VALFREY, I. pag. 79.

Meinung in Russland nur noch mit dem missliebigen Artikel des Pariser Vertrags in Sachen des Schwarzen Meeres. „Russland", sagte ein einflussreiches Petersburger Journal,*) „hat die erzwungene Einheit Deutschland's nicht gehindert und seinerseits denkt es nicht an die erzwungene Einheit der Slaven; doch ist es zu fordern berechtigt, dass seine Stellung im Schwarzen Meere und an den Ufern der Donau verbessert werde. Wir hoffen, dass seine legitimen Ansprüche auf dem europäischen Congress in Betracht gezogen werden, der wahrscheinlicherweise dem gegenwärtigen Kriege folgen wird." Ein europäischer Congress! dies war in der That der einzige logische und einigermaassen beruhigende Schlussact nach so gewaltigen, das europäische Gleichgewicht erschütternden Ereignissen und man muss den damaligen Russen ihrer Mehrzahl nach billigerweise zugestehen, dass sie eine richtige Auffassung von der Lage hatten und nach einer sowohl durch die Verhältnisse gerechtfertigten wie ehrenhaften Rolle strebten. Wohl wünschten sie ihrer Eigenliebe Genugthuung zu verschaffen; aber es fiel ihnen nicht ein, Frankreich und die allgemeinen Interessen des Continents deshalb zu opfern; die kleine Frage war in ihren Augen nur eine Folgerung der grossen. In Constantinopel prophezeihte man, dass die russische Regierung unzweifelhaft dies Benehmen einschlagen werde, wenn man dasselbe auch fürchtete. Schon am 2. September schrieb Herr Joy Moris, der amerikanische Gesandte bei der Pforte, an seine Regierung, man sei am Bosporus allgemein überzeugt, dass Russland die Krisis benutzen werde, um die Revision des Vertrages von 1856 zu fordern. „Es wäre seltsam, wenn ihm dies nicht gelänge, fügte der diplomatische Yankee

---

*) Der *Golos*, citirt in der Depesche des Herrn Schuyler, 27. August.

hinzu, da es sicherlich sich bemühen wird, ehrenvolle Friedensbedingungen für Frankreich zu erlangen und auch einen
überwiegenden Einfluss bei Feststellung des Wortlauts des
Friedenstraktats ausüben wird."

Unglücklicherweise und zum erstenmale während seiner
langen, volksthümlichen Herrschaft im Kanzleipalast, trennte
sich der „nationale Minister" diesmal von dem allgemeinen Nationalgefühl und anstatt „als guter Europäer" zu
handeln, um uns eines Lieblingswortes des Fürsten Talleyrand zu bedienen, strebte er vorzugsweise danach, sich als
einen guten Freund seines ehemaligen Frankfurter Collegen
zu erweisen. Er hütete sich wohl, auf die Frage der freien
Bewegung im Schwarzen Meere zu verzichten, er war nach
so grossen Rechenfehlern seinem Lande diesen kleinen Trost
schuldig; er entschloss sich aber, zwei Angelegenheiten
zu trennen, welche die öffentliche Meinung in Russland mit
einander zu behandeln wünschte, und zwar wünschte aus
einer Rücksicht, die viel mehr mit der Politik als mit der
Grossmuth verwandt war, mit einem Instinkt, der viel mehr
auf die Lebensinteressen der Zukunft als auf eine mehr
oder weniger vollständige Befriedigung des Augenblicks gerichtet war. Er glaubte der russischen Sache im Schwarzen
Meere nicht besser dienen zu können, als indem er die Sache
Deutschland's im Elsass und in Lothringen unterstützte und
bestrebte sich vor Allem, Frankreich und Preussen ihren
Streit allein auskämpfen zu lassen. Sogleich nach den ersten französischen Niederlagen bemächtigte er sich auf das
Eifrigste des sinnreich-perfiden Gedankens einer Liga der
Neutralen, eines ursprünglich italienischen Gedankens,
der in England vom Grafen Granville naturalisirt und bald
darauf in den Händen des russischen Kanzlers, wie dies
sehr fein bemerkt worden, das wirksamste Mittel zur Or-

ganisation „der Ohnmacht Europa's" wurde. Herr von
Beust, obgleich er den englischen Vorschlag (19. August)
im Princip annahm, hatte vergebens versucht, den Charakter
desselben zu ändern, ihn zum Ausgangspunkte einer gemeinsamen Intervention zu machen; er verlangte „gemeinsame,
nicht vereinzelte Anstrengungen zum Zwecke einer Mediation," anstatt einer lächerlichen Idee, nach welcher die
Staaten nur zusammenstanden, um jeden collectiven Schritt
zu verhindern. Die Combination, die der österreichische
Minister damals an die Hand gab, sagte ein scharfblickender Historiker, wiederholte er unaufhörlich während des
ganzen Krieges; wenn sie angenommen worden wäre, hätte
sie den Gang der Ereignisse ändern können; man darf
sagen, dass Europa sie eben deswegen nicht annahm. *)

Deshalb eben widersetzte sich Fürst Gortschakow vom
ersten bis zum letzten Tage diesem Vorschlage. Einen Augenblick lang wurde England sogar von einem Gewissens-
schauer überfallen und zeigte eine schwache Regung zu
Gunsten der Mediation. Dies war zu Anfang des Monats
October, nachdem eine Circulardepesche des Herrn von Bismarck Europa die Friedensbedingungen Deutschland's verkündet hatte — das Elsass und Lothringen. „Der preuss-
sische Gesandte überreichte der russischen Regierung diese
Depesche und Fürst Gortschakow enthielt sich, den Eindruck, den sie auf ihn gemacht, zu offenbaren. Sir A.

---

*) A. SOREL, *Histoire diplomatique*, I. pag. 254. — Citiren
wir noch eine Stelle aus einer anderen nach London adressirten Depesche des Herrn von Beust vom 29. September: „Fürchten wir
nicht, es zu sagen: was heute mächtig dazu beiträgt, den Kampf bis
zu den äussersten Greueln eines Vernichtungskrieges zu verlängern,
das sind einerseits die Illusionen und grundlosen Hoffnungen, andrerseits ist es die Gleichgültigkeit Europa's, das verächtlich dem
blutigen Kampfe zuschaut."

Buchanan sagte ihm darauf, dass man in London geneigt sei, sich in gewissem Maasse nach Russland zu richten. Der Kanzler antwortete einfach, dass er mit seiner Ansicht geschwiegen, weil Preussen sie nicht verlangt habe." *) Earl Granville hatte den für sein Temperament gewaltigen Muth, noch einen Angriff zu wagen, und Sir A. Buchanan las dem russischen Kanzler ein *Memorandum* vor, worin schüchtern gefragt wurde, „ob es für England und Russland nicht möglich wäre, zu einer Verständigung über die Bedingungen zu gelangen, unter denen der Frieden geschlossen werden könnte, und darauf in Gemeinschaft mit den andern neutralen Mächten an die Humanität des Königs von Preussen zu appelliren, indem man zu gleicher Zeit der französischen Regierung Mässigung anempfehle." Die Aufnahme dieser Eröffnungen von Seiten des Fürsten Gortschakow war eine trockene und geringschätzende. „Preussen," sagte er, „hat seine Friedensbedingungen angegeben; ein Sieg allein könnte sie ändern und dieser Sieg ist nicht wahrscheinlich; vertrauliche Unterredungen zwischen England und Russland wären also gegenstandslos, gemeinsame Vorstellungen hätten stets einen mehr oder weniger drohenden Charakter, die isolirte Einwirkung jeder der neutralen Mächte auf den König von Preussen ist vorzuziehen . . ." **) Die isolirte Einwirkung! Fürst Gortschakow liess sich davon nicht abbringen und für Russland lief diese Einwirkung auf mehrere persönliche Briefe des erhabenen Neffen an seinen königlichen Oheim hinaus, sehr schöne Briefe, welche Frieden, Gerechtigkeit, Humanität und Mässigung anempfahlen und auf die der Sieger von Sedan stets sehr liebreich, mit bewegtem Herzen und Thränen in den Augen antwortete, in-

---

*) A. SOREL, *Histoire diplomatique,* I. pag. 402.
**) Bericht Sir A. Buchanan's vom 17. October.

dem er sich auf die Pflichten gegen seine Bundesgenossen, seine Armeen, seine Völker und seine Grenzen berief.*) Diese „Politik der Euphemismen," wie der Geschichtsschreiber sie mit Recht genannt, wurde an den Ufern der Newa während des ganzen Krieges, gegen den General Fleury sowohl wie gegen Herrn Thiers und Herrn von Gabriac getrieben, und das letzte Wort wie der letzte Gedanke der sogenannten „Einwirkung" des Fürsten Gortschakow war, Frankreich seinem Sieger gegenüber allein zu lassen, allein bis zur Erschöpfung, *usque ad finem.* Man weiss, in welchen Ausdrücken dieses Ende in St. Petersburg angezeigt worden.

„Mit einem unaussprechlichen Gefühle und indem ich mein Herz dankend zu Gott erhebe," telegraphirte der deutsche Kaiser von Versailles an den Kaiser von Russland am 26. Februar 1871, „zeige ich Ihnen an, dass die Friedenspräliminarien soeben unterzeichnet worden sind. Niemals wird Preussen es vergessen, dass es Ihnen es zu verdanken hat, wenn der Krieg nicht die äussersten Verhältnisse angenommen. Gott segne Sie dafür. Für das Leben Ihr dankbarer Freund!"

„Lang und mühevoll," ach, war dieser Krieg, wie der unglückliche Cäsar dies wohl vorhergesagt, lang genug, um Europa die Tiefe seiner Erniedrigung ermessen zu lassen, „ihm vollauf Zeit zu geben, bis an die Haarwurzeln zu er-

---

*) Selbst zu der einfachen Anempfehlung eines Waffenstillstandes, ohne weitere Absicht, die Friedensbedingungen in irgend welcher Weise zu beeinflussen, wollte Fürst Gortschakow seine Mitwirkung nicht zusagen. Herr von Ubril, der russische Gesandte in Berlin, war im letzten Augenblicke ohne Instructionen darüber. „Es ist ziemlich sonderbar," schrieb Lord Loftus am 26. October, „dass Russland, nachdem es bei mancher Gelegenheit seine Friedensliebe bewiesen, sich so sehr abseits hält und eine isolirte Action der gemeinsamen vorzieht."

röthen," nach dem kräftigen Ausdruck des Poeten. Noch
demüthigender vielleicht als diese Erniedrigung ist der Gedanke an die vollkommene Aehnlichkeit der beiden furchtbaren Katastrophen, die in dem kurzen Zeitraum von kaum
vier Jahren auf einander folgten. Das Schicksal, indem es
eine zweite Tragödie so dicht auf die erste in Scene setzte,
behandelte unsere Generation ziemlich geringschätzig, da
es nicht einmal an der Mache etwas änderte und seine
Phantasie nicht im Geringsten dabei anstrengte: das Werk
von 1870 war der getreue Abklatsch des 1866 auf-
geführten Stückes. — Sie nehmen den Orient, hatte Herr
von Bismarck den General von Manteuffel in St. Petersburg sagen lassen, gerade so wie er auf dem Strande zu
Biarritz Kaiser Napoleon III. gesagt, er solle Belgien nehmen; so gab er jedes Mal ein Gut fort, das ihm nicht gehörte, verschenkte er nach Belieben die verbotene Frucht.
Die Schwärmer in Moskau glaubten an eine neue Aera, an
eine neue „griechisch-slavisch-rumänische Welt," ebenso
wie Napoleon III. dem Traum eines nach dem Nationali-
tätsprincip erneuten Europa's nachgehangen war. „Russland
braucht aus der Macht Preussen's keine Besorgnisse zu
schöpfen," erklärte Fürst Gortschakow, als die spanische
Thron-Candidatur eines Prinzen Hohenzollern an's Licht kam,
genau so wie die Eiferer des „neuen Rechts" kurz vor dem
böhmischen Feldzuge gesprochen. In den beiden fürchterlichen Jahren hatte man auf die Wechselfälle eines langen,
hin und her schwankenden Krieges gerechnet; man hatte
sich sogar lächerlicherweise darauf gesteift, die Chancen der
beiden Kriegführenden als gleich zu betrachten, und die
Ueberraschung, die Verblüffung war in St. Petersburg nach
den Schlachten bei Wörth und Sedan nicht minder gross,
als sie es in Paris nach Nachod und Sadowa gewesen. In

Russland fehlte es 1870, wie in Frankreich 1866, an den militärischen Vorbereitungen, und nach dem einen wie dem andern Schlage, die beide die Welt erschütterten, beschäftigte man sich mit kleinlichen, selbstsüchtigen Gedanken, verhinderte man absichtlich jede Gesammtintervention, half man Preussen, sich „jeder Controle Europa's zu entledigen," opferte man in einem Wort die Politik des Rechts, des Conservatismus und des Gleichgewichts einer eben so falschen wie niedrigen Berechnung, die der grosse Humorist von Varzin eines Tages mit dem Namen „Trinkgeld-Politik" belegte.

Der russische Kanzler, das muss freilich zugegeben werden, war nach Sedan glücklicher als Napoleon III. nach Sadowa: er erhielt sein Luxemburg, er durfte den Artikel 2 des Pariser Vertrages als aufgehoben erklären; es war ja auch nur „die Aufhebung eines theoretischen Princips ohne unmittelbare Anwendung," wie er selber in einem officiellen Actenstück erinnerte. *) Man kennt das Urtheil, welches damals von den Cabineten über diese im Grunde nur nominelle „Eroberung" abgegeben wurde, die in jedem Falle neben denen, die der russische Kanzler seinen ehemaligen Frankfurter Collegen vollenden liess, eine nichtssagende war. Es glückte ihm, nicht aber durch legitime Mittel, durch eine glänzende und zugleich anerkennungswerthe That, wie man dies in Russland gehofft, in Constantinopel gefürchtet hatte; er führte nicht die Revision des Vertrages von 1856 herbei, indem er „ehrenvolle Friedensbedingungen für Frankreich und einen überwiegenden Einfluss bei Feststellung des Wortlauts des Friedenstraktates" zu erlangen suchte. **)

---

*) Depesche des Fürsten Gortschakow an den Baron Brunnow in London, 20. November 1870.

**) Oben citirte Depesche des Herrn Joy Moris vom 2. September.

Er wählte gerade „den psychologischen Moment" der Niederlagen Frankreich's, der in Europa herrschenden Verwirrung
und der Erschütterung des öffentlichen Rechts, um Letz-
terem auch seinerseits einen demüthigenden Tritt zu versetzen, ein *telum imbelle*, doch nicht *sine ictu*. Er machte
sich aus eigener Machtvollkommenheit von einer Verpflichtung frei, die er gegen die andern Mächte eingegangen war,
wie er auch seinen Freund in Berlin von jeder Controle
Europa's befreit hatte. „Russland's Verfahren," sagte Earl
Granville in seiner bemerkenswerthen Depesche vom 10. November an Sir A. Buchanan, „vernichtet alle Verträge; nach
der russischen Doctrin unterwirft jede Partei Alles ihrem
eigenen Ermessen und hält sich nur sich selbst gegenüber
für verpflichtet."

Ein bedeutender Kopf, den das Unglück seines Vaterlandes bald dem politischen Leben zurückgeben sollte, das
ihm durch das zweite Kaiserreich verschlossen worden, erhob sich zu Anfang des Jahres 1868 mit leidenschaftlicher
Beredsamkeit gegen „die zunehmende Verachtung jenes elementaren Rechts, das sonst von dem Gebot der Ehre und des
gesunden Menschenverstandes als unumstössliches Recht der
Verträge heilig gehalten worden." — „Jeden Tag," sagte er,
„sehen wir vor unsern Augen eine nur zu fruchtbare Jurisprudenz entstehen, deren schnelle Entwicklung diejenigen nicht
überrascht, die wohl wissen, welche Kraft die falschen Grundsätze nach und nach den von ihnen begünstigten Leidenschaften verleihen und entlehnen. Vor wenigen Jahren noch
knüpfte man an die einseitige Aufhebung verbindender Verträge einige Bedingungen, die eine solche Aufhebung wenn

---

*) S. *La Diplomatie et les principes de la révolution française*,
par M. le prince Albert DE BROGLIE, in der *Revue des Deux Mondes*
vom 1. Februar 1868.

nicht legitimer, doch wenigstens seltener und gefährlicher
machten. Man mochte wohl noch zugeben, dass ein Staat,
um den Anspruch erheben zu können, einen von regelmässig beglaubigten Vertretern unterzeichneten Vertrag zu verleugnen, in seinem Innern eine jener grossen Umwälzungen
von Institutionen, Dingen und Personen erlebt haben müsse,
die man eine Revolution nennt. Eine Revolution war eine
Meldung durch den Gerichtsweibel, vermittelst deren eine
Nation den Betheiligten anzeigen liess, dass sie die Absicht
habe, sich fallit zu erklären und ihre Schulden nicht mehr
zu bezahlen. Dies Verfahren, wie mir scheint, war ungezwungen genug; der letzte Modus des neuen Rechts aber
findet auch dies noch nicht genügend. Die Formalität einer
Revolution ist unbequem und kostspielig; ein Ministerwechsel oder noch besser eine Parlamentsabstimmung ist
mit weniger Umständen verknüpft. In Zukunft braucht es
nichts weiter, um einen Vertrag, bei dem Gott, Ehre und
Gewissen noch letztes Jahr zu Zeugen angerufen worden,
schon nächstes Jahr mit Füssen zu treten."

Seit jener Zeit, wo ein empörtes Rechtsgefühl diese
Worte Herrn von Broglie in die Feder dictirte, haben wir
erlebt, dass diese sonderbare Jurisprudenz selbst ohne die
Formalität einer Revolution, ohne Ministerwechsel, ohne ein
Parlamentsvotum zur Geltung kam, dass sie einfach von
dem Minister einer regelmässigen, absoluten Monarchie, von
einem russischen Kanzler proklamirt wurde. Die Italiener
freilich beeilten sich ebenfalls, aus dem Unglücke Frankreich's Nutzen zu ziehen und eine gegen dieses Land ein-
gegangene feierliche Verpflichtung durch einen öffentlichen
Act zu brechen, darin sogar dem Fürsten Gortschakow auf
dem ihnen geläufigen Wege voranzugehen; der Nachfolger
des Grafen Nesselrode hätte aber nicht gerade eine erst

gestern entstandene Regierung sich zum Muster wählen sollen.
Es war eine Zeit, wo Fürst Gortschakow derselben Regierung vorwarf, „sie gehe mit der Revolution, um sie zu beerben."*) Seitdem ist er ebenfalls mit der Revolution gegangen — mit einer der verwegensten, stürmischsten Re-
volutionen, die jemals Throne und Königreiche umgestürzt
— er hat sie nicht beerbt, denn wie man wohl weiss, ist
sie noch frisch und gesund, er hat nur ein liebenswürdiges
Legat, eine Schenkung unter Lebenden, eine im Grunde geringe Gabe angenommen, die zu den geleisteten Diensten
zwar in keinem Verhältniss gestanden, aber doch mit Erb-
schleicherei behaftet war und das Recht Dritter, das Völ-
kerrecht verletzte.

Um wie viel beträchtlicher und ruhmvoller hätten die
„Eroberungen" des Fürsten Gortschakow sein können, wenn
der „nationale Minister" im October 1870, von dem berechtigten Ehrgeiz des russischen Volkes beseelt, ein Zu-
sammenwirken der europäischen Mächte zur Herbeiführung
des Friedens zwischen Frankreich und Preussen und zur Ordnung der Verhältnisse auf dem Continent hervorgerufen
hätte! „Wir sind stets der Ansicht gewesen," schrieb Herr
von Beust am 10. September nach St. Petersburg, „dass es
Russland's Aufgabe ist, die Initiative zu ergreifen." Sein
bedeutendes Ansehen nach aussen, seine Sicherheit im Innern, seine guten Beziehungen zum Sieger, wiesen ihm in
der That eine solche Initiative zu und gewiss hätte weder
Oesterreich, noch England, noch Italien gezögert, sich unter
sein Banner zu stellen. Es bedurfte durchaus keiner drohenden Intervention oder nur einer bewaffneten Neutralität,
wie sie von Herrn Disraeli empfohlen wurde;**) der von

---

*) Note an den Fürsten Gagarin in Turin, 10. October 1860.
**) Rede vom 1. August in der Kammer der Gemeinen.

sämmtlichen Continentalmächten ausgedrückte feste Wille
hätte vollkommen genügt. Man hätte damit die Verluste
Frankreichs einschränken, besonders dafür sorgen können,
dass Deutschland zu einer minder furchtbaren Organisation
gelangte, die den liberalen Bestrebungen unseres Jahrhunderts nicht so sehr widerspräche, und die grossen Va-
sallen des neuen Kaisers hätten gewiss nicht verfehlt, einem
solchen Werke ihre Mitwirkung zu leihen; eine allgemeine
Entwaffnung hätte der fruchtbringenden Arbeit eine grausam
genug geprüfte Generation wieder zugeführt, die selbst in
ihrer Unproductivität der Ruhe nicht geniessen kann. Und
wer wollte zweifeln, dass Russland von dem dankbaren
Europa nicht dafür die Aufhebung eines lästigen Artikels
des Vertrages von 1856 erlangt hätte? Von Seiten Frankreich's wären sicher keine Schwierigkeiten gekommen, Oesterreich hätte eben so wenig eine Klausel aufrecht halten wollen,
die es von Anfang an bekämpft hatte und von der es schon
vier Jahre vorher gesagt, dass sie nur „eine Frage der Eigenliebe" sei, deren Unterdrückung von den gewichtigsten
Interessen gefordert werde. Mit England aber, das weiss
man wohl, war seit einer gewissen Zeit eine Verständigung
nicht schwer, oder vielmehr England verstand sich zu
Allem.*) Wie viel Stärke hätte eine solche Wohlthat der
Sache der Ordnung und des Conservatismus verliehen, wenn
sie der Menschheit von einer monarchischen, ja einer absoluten Regierung geworden wäre! Wie sehr hätte sie das
monarchische Princip verjüngt, das russische Volk in sei-

---

*) Earl Granville in seiner herben Depesche vom 10. November
1870 erkannte bereitwilligst an, dass England sich nicht geweigert
hätte, in Gemeinschaft mit den Vertragsmächten gewisse Aenderungen
zu prüfen, denen der Vertrag von 1856 unterworfen werden konnte,
„wenn Russland nur eine andere Form angewandt hätte."

nem Ansehen erhoben! Welch' unvergänglichen Ruhmes-
glanz hätte sie an den Namen Alexander's II. geknüpft!
Der Ruf des Schicksals war sehr deutlich, die Rolle ebenso
klar vorgezeichnet wie leicht; doch der Nachfolger des
Grafen Nesselrode hat sich ihr entzogen. Es war nur eine
Unterlassungssünde, wenn man will; sie gehörte jedoch zu
der Gattung, welche der erhabene Richter Alighieri nicht
verzieh, wenn sie gegen sein Ideal, *justitia et pax*, begangen worden. Solche Sünde belegte er mit dem Namen *il
gran rifiuto*.

Zehntes Kapitel.

Eine zehnjährige Genossenschaft.

Reise des Kaisers Wilhelm I. nach Russland, im Frühling 1873. —
Zwölf Festtage in St. Petersburg. — Die beiden Kanzler am Ufer
der Newa. — Urtheil der Russen über die zehnjährige Genossenschaft. — Das Für und Wider. — Beruhigendes Wort des Herrn
von Bismarck. — Schwere Befürchtungen für die Zukunft.

Am 9. Januar 1873 verschied traurig Napoleon III.
auf fremder Erde zu Chislehurst und kurze Zeit darauf, am
27. März, begann Wilhelm I. das sechsundsiebenzigste Jahr
eines Lebens, das gewiss von der ausserordentlichsten Gunst
des Schicksals umstrahlt war. Deutschland feierte das Ge-
burtsfest seines neuen Kaisers mit um so lauterem und
aufrichtigerem Jubel, als der Monarch diesen Tag abgewartet hatte, um mit der Versailler Regierung ein letztes
Uebereinkommen abzuschliessen, kraft dessen die Vorausbe-
zahlung der fünften Milliarde der französischen Kriegssteuer
und die nahe Rückkehr der Besatzungstruppen, die noch
jenseits der Vogesen standen, gesichert ward. Nachdem
also die grosse Abrechnung mit dem „Erbfeind" definitiv
stattgefunden, durfte der Sieger von Sedan daran denken, seinerseits eine kleine Herzensschuld abzutragen: er
beschloss, Kaiser Alexander II. seine tiefgefühlte Dankbarkeit für die loyale Mitwirkung auszudrücken, die dieser ihm
während der Zeit schwerer Kämpfe und Prüfungen geleistet.
Lange Zeit vorhergesehen, nach und nach verkündet und

aufgeschoben, wurde endlich mit Beginn der schönen Jahreszeit die Reise angetreten, und Herr von Bismarck sorgte dafür, dass bei dieser Gelegenheit das Datum sowohl wie der Charakter der zwischen Russland und Preussen herbeigeführten innigen Interessenverbindung, die dem Occident so verhängnissvoll geworden, genau bezeichnet wurde. „Die Gemeinsamkeit der Anschauungen" — drückte sich das officielle Organ der deutschen Kanzlei*) aus — „welche 1863 die Allianz zwischen Preussen und Russland während der polnischen Insurrection herbeiführte, war der Ausgangspunkt der gegenwärtigen Politik beider Staaten, die bei Gelegenheit der grossen Ereignisse der letzten Jahre ihre Kraft bewährt hat. Von der Haltung Russland's in der Schleswig-Holstein'schen Frage an bis zu den wichtigen Sympathiebeweisen, welche Kaiser Alexander während des letzten Krieges Deutschland gegeben, hat Alles dazu beigetragen, diese Allianz noch mehr zu befestigen."

Durch eine Art historischer Fiction, an der die Vernunft einigermaassen irre wird, die jedoch ein souveräner Wille den Handlungen und sogar den öffentlichen Monumenten Russland's aufzudringen vermag, wird in den officiellen Sphären von St. Petersburg der Feldzug von 1870 stets als eine Fortsetzung des Werkes von 1814, als die Schlussepisode jener grossen Epoche gefeiert, „wo die verbündeten Armeen Russland's und Preussen's für eine heilige, gemeinsame Sache kämpften." **) Im Kremlin, in der vom

---

*) Provinzial-Correspondenz vom 1. Mai 1873.

**) Telegramm des Czaren an König Wilhelm I., vom 9. December 1869. — Ganz kürzlich, beim letzten St. Georg's-Bankette, sagte Kaiser Alexander II. noch: „Ich bin glücklich, bestätigen zu können, dass das innige Bündniss zwischen unsern drei Reichen und unsern drei Armeen, das von unsern erhabenen Vorgängern zur Verthei-

Kaiser Nicolaus dem Vaterland geweihten, kriegerischen
Ruhmeshalle, die den *Arc de l'Etoile* des heiligen Russland's ausmacht, bleibt der fremde Reisende erstaunt vor
einer Marmortafel stehen, von der die Namen Moltke, Roon
und anderer deutscher Feldherren, die in dem letzten Kriege
gegen Frankreich sich ausgezeichnet, ihm in goldnen Buch-
staben entgegenglänzen. *) So konnte sich der Sieger von
Sedan der Täuschung überlassen, er befände sich mitten
unter seinen Unterthanen, als er 1873 über die weiten moskowitischen Ebenen fuhr: von der russischen Grenze an bis
zum Golf von Finnland war die Reise eine ununterbrochene
Reihenfolge von Triumphen und Verherrlichungen. Auf jedem Bahnhofe, an dem der kaiserliche Zug hielt, wartete
eine Ehrenwache und ertönte die deutsche Nationalhymne.
Der Czar fuhr seinem hohen Gaste bis zur Gatschina entgegen und am 27. April hielten die beiden Kaiser ihren
Einzug in die Hauptstadt Peter's des Grossen. Der Himmel
war trüb und kalt, die Sonne sträubte sich, „die Stadt voll
feuchter Strassen und trockener Herzen," wie einer ihrer
Dichter sie genannt, zu beleuchten; der menschliche Erfin-
dungsgeist hatte jedoch sein Möglichstes geleistet, um der
Natur nachzuhelfen und die erbarmungslose Härte des Kli-
ma's zu verbergen. „Sämmtliche Treibhäuser der Hauptstadt, die der kaiserlichen Gärten nicht ausgenommen," sagt
ein Augenzeuge, **) „wurden buchstäblich verwüstet, um an

---

digung derselben Sache geschlossen worden, zur Stunde unerschüttert
fortbesteht." Officielle Zeitung des russischen Reichs, vom 12. December 1875.

*) Graf Tarnowski. Ein Besuch in Moskau. — *Krakauer
Revue*, November 1875.

**) *Aus der Petersburger Gesellschaft.* Die andern Schilderungen
sind dem *Journal de Saint-Pétersbourg* und dem *Russischen In-
validen* entliehen.

Fenstern und Thüren einen Frühling zu improvisiren, der
in unserm späten Norden erst mit dem Sommer beginnt,
und die an den Fenstersimsen aufgehängten oder längs
der Gebäude ausgespannten Teppiche gaben stellenweise
der nordischen Residenz das heitere Aussehen der Lagunen-
stadt . . . Die Perspective Ismailowsky, die Perspective
Wosnessensky, die grosse Morskaja bildeten eine fortlaufende,
mit russischen, deutschen und preussischen Fahnen ge-
schmückte Bahn. Auf zahlreichen Balkonen erblickte man
zwischen frischem Grün und bunten Blumen die Büsten
der beiden lorbeerbekränzten Kaiser. Die Façade der grossen
Reitschule Preobrajensky war mit einer Standarten-Pyramide
geziert, aus welcher ein kolossales Kreuz des St. Georg's-
Ordens sich erhob, dessen ältester Ritter und einziger Gross-
Comthur Se. Majestät Kaiser Wilhelm ist." Die Menschen-
menge drängte sich auf den Strassen, durch die die Berliner
Gäste fuhren; der mittheilsame Fürst von Bismarck und
der schweigsame Graf von Moltke waren es besonders, welche
Aller Blicke auf sich zogen.

Zwölf Tage lang folgten sich unaufhörlich Revüen,
Paraden, Zapfenstreiche, Illuminationen, Bälle, Raouts, Ban-
kette, Concerte und Gala-Vorstellungen. Unter den Letzteren heben die Berichterstatter die beiden glänzenden
Ballets *König Candaule* und *Don Quixote* hervor. Das
Volk hatte auch seinen Antheil an den allgemeinen Freuden, besonders am Abend des 29. April, beim riesenhaften
Festival auf dem Platze vor dem Palais. Beide Souveräne
hörten auf dem Balkon über der Schlossrampe das
Monstre-Concert mit an. „Bei ihrem Erscheinen erleuchteten fünf electrische Sonnen plötzlich den Platz mit solcher
Intensität, dass man die Züge sämmtlicher Anwesenden
unterscheiden konnte; das Orchester stimmte die preussische

Nationalhymne an. Die Gesammtzahl der Musiker war 1550, dazu 600 Trompeter und 350 Trommler. Nach der Hymne erscholl der **Marsch Friedrich Wilhelm's III.**, darauf folgte eine lange Reihe anderer kriegerischer Märsche, der **Steinmetzmarsch,** die **Wacht am Rhein,** der **Gardemarsch** von 1808, bei dessem Klange die russischen Regimenter nach dem Feldzug von Eylau nach St. Petersburg zurückkehrten, und der **Pariser Einzugsmarsch,** der den Alliirten auf ihrem Triumphzug durch die Hauptstadt Frankreich's erklungen war. Das kriegerische Gebet: **Wie gross ist Gott in Zion!** war ebenfalls von ungeheurer Wirkung." Man begreift nicht recht, wie mitten in diese dem Mars und Vulkan gewidmeten Klänge sich Weber's zarte Romanze **Lob der Thränen** verirren mochte, es müsste denn eine discrete Huldigung an das bekanntlich leicht zu erregende Gemüth des greisen Hohenzollernfürsten gewesen sein, wovon mancher Brief, manche Rede und telegraphische Botschaft ein authentisches Zeugniss ablegt. Dieser allen Gefühlseindrücken offene Charakter des deutschen Kaisers verleugnete sich auch nicht in St. Petersburg; er kam besonders zum Ausdruck, als die beiden Monarchen in den kaiserlichen Säälen des Bahnhofes der Gatschina von einander Abschied nahmen. Um der inneren Bewegung nicht zu unterliegen, musste Wilhelm I. jählings den Salon verlassen; „gebückten Hauptes, mit schmerzergriffenen Zügen, ging er eiligen Schrittes davon und stieg in den Wagen, **ohne sich umzuwenden.**"

Wenn übrigens während dieses Aufenthaltes der preussischen Gäste an den Ufern der Newa alle Ehren an den Oheim des Czaren gerichtet waren, so galt die athemlose, fast fieberhafte Neugier des Publikums vorzugsweise dem ausserordentlichen Minister, dessen imposante Gestalt durch die

weisse Kürassieruniform noch mehr gehoben wurde, dem
deutschen Kanzler, der in dem kurzen Raum eines Lustrums
ein Reich auf den Ruinen zweier anderer Reiche zu gründen
verstanden. Die letzten Jahre hatten dafür gesorgt, dass
in Petersburg der missvergnügte Diplomat nicht vergessen
wurde, der von 1859 bis 1862 die russische Gesellschaft
durch seine böse Zunge, seine Scherze über „die Potsdamer
Perrücken" und die „Spreephilister" entsetzt und belustigt
hatte, und dem es damals manchmal begegnet war, das
grosse Wort des Herrn Prudhomme, des französischen Herrn
Zwückauer, gelassen auszusprechen: *wenn iich die Regürung
wöre!* . . . um selber darüber in ein helles Gelächter aus-
zubrechen. Zur Stunde war er die Regierung, er war sogar
der Gebieter in Europa, und sein Stern hatte den eines Habsburg und Napoleon verdunkelt! Zu mancher interessanten
Vergleichung, mancher pikanten Rückerinnerung bot sich
hier die Gelegenheit, auch zu manchen niedern Anspielungen,
zu dem *plerisque vana mirantibus*, von dem der unster-
bliche Geschichtsschreiber gegenüber jedem wunderbaren
Schicksalswechsel spricht. In Gegenwart des Fünfmilliarden-
Mannes erinnerten sich die grossen Damen im Winterpalast
einer gewissen Gesandtin, die vor zehn Jahren keck erklärte,
dass sie keine vierzig Rubel Silber für die ersten Spargeln
bezahlen könne; die an einem andern Tage ganz unbefangen
eingestand, dass sie ihre neuen Diamant-Ohrringe gegen eine
kostbare Tabaksdose, ein Geschenk des Herzogs von Darm-
stadt, eingetauscht habe. *) Die Gesandtin war die Frau
des Herrn von Bismarck, damals ein einfacher Landedelmann,
heute Fürst, *bon prince* bei alledem, der von seiner damaligen Leutseligkeit auch durchaus nichts eingebüsst hatte.

---

*) *Aus der Petersburger Gesellschaft,* II. pag. 89.

20

Er war ungezwungen, jovial, zuvorkommend wie zur Zeit
seiner Mission in Russland; er erkundigte sich nach den
Freunden, Bekanntschaften, nach grossen und kleinen Leuten,
die er dazumal gesehen, und es schien, als ob er ein gestern
abgebrochenes Gespräch nur eben wieder anknüpfe. Der
Staatsmann verbarg sich vollständig, und nur der Hofmann,
der Weltmann trat hervor; ja selbst in seinen Beziehungen
zum Fürsten Gortschakow, bestätigt uns ein scharfer Beobachter, legte er den ausländischen Minister ab, um einzig
als Collège, fast als Landsmann sich zu geben. Er bewies
ihm die Ehrerbietigkeit des warmen Anhängers gegen einen
an Jahren reiferen Freund — des Schülers gegen den Lehrer,
sagten die Schmeichler, ohne sich dabei etwas Böses, besonders ohne an den *discipulus supra magistrum* zu denken,
der vielleicht Alexander Michailowitsch, dem guten Lateiner,
in den Sinn kam.

Bei den zahlreichen Festen und Empfangsfeierlichkeiten
erschienen sie nicht selten neben einander, der Eine mit
seinem scharf gezeichneten Haupte die Menge überragend,
der Andre leicht kenntlich an seinen weichen, feinen, geistvollen und auch etwas schalkhaften Zügen. Nach der
sinnreichen Hofetiquette, von welcher der gute Homer die
erste Probe uns gegeben, als er Diomedes und Glaukos ihre
glänzenden Rüstungen unter einander austauschen liess, trug
der russische Minister die Insignien des preussischen Schwarzen
Adlerordens und der preussische Minister die des russischen
St. Andreasordens, — und diese Vermischung der Ordens-
bänder erinnerte unwillkührlich an die gemeinschaftlichen
Bande, die schon so lange die beiden berühmten Diplomaten an einander fesselten. Das Phänomen eines so herzlichen, so unwandelbaren Einverständnisses zwischen zwei
Staatsmännern, die zwei verschiedene Reiche leiten, ist ge-

wiss selten genug, es forderte zu Betrachtungen heraus,
welche in der That während der pomphaften Feste in
St. Petersburg unaufhörlich die Geister beschäftigten. Vergebens suchte man in der Vergangenheit ein Beispiel von
so beständiger und auffallender Eintracht. An gewisse ge-
schichtlich berühmte, politische Freundschaften, wie die
zwischen Choiseul und Kaunitz, Dubois und Stanhope, oder
auch zwischen Mazarin und Cromwell, wurde wohl einen
Augenblick gedacht, um sie sogleich als nur scheinbare Analogieen zu verwerfen. Niemand übrigens täuschte sich über
den bedeutenden, entscheidenden Einfluss, den die Eintracht
zwischen den beiden Kanzlern auf die neulichen Geschicke
Europa's ausgeübt; Niemand verkannte auch den ungeheuren
Nutzen, den Herr von Bismarck in seinen kühnen Unternehmungen aus dieser Verbindung gezogen: die Ansichten
schieden sich erst, als es sich darum handelte, die Rechnung
Russland's festzustellen, genau den Nutzen anzugeben, den
die zehnjährige Genossenschaft, die bewegteste Periode, die
der Continent seit dem Tage von Waterloo erlebt, dem
Czarenreich eingebracht.

Nach dem Gefühl der Einen war in der durch die
Schlachten bei Sadowa und Sedan geschaffenen Lage nichts
als Gewinn und Vortheil für das russische Volk. Sie wiesen
auf den demüthigenden Vertrag von 1856 hin, der zerrissen
auf dem Boden lag, auf das für seinen „Verrath" während des
Krimkrieges bestrafte Oesterreich, auf das gefallene und ver-
kleinerte Frankreich, auf England, das resignirt den Fort-
schritten des Generals Kaufmann in Bochara zusah, sie
wiesen auf Russland hin, das sein ehemaliges Ansehen wieder-
gewonnen und nun in langsamen Zügen die Rache einschlürfte,
die Wonne der Götter und der Günstlinge der Götter,
wie Alexander Michailowitsch einer war. Und, sagten sie,

zeichnet die Laufbahn dieses Ministers, der seit den Wiener
Conferenzen geschworen, die Erniedrigung seines Vaterlandes
zu rächen und der seinen Schwur zu halten verstanden, sich
nicht in der That durch ein wunderbares Glück, eine im-
ponirende Einheit aus? Ist die successive Züchtigung jener
stolzen „Alliirten“, die 1853 die Vertheidigung des Halbmonds gegen das St. Andreas-Kreuz ergriffen, die zehn
Jahre später die polnische Frage zu stellen gewagt, nicht
etwa das Werk einer mächtigen Nemesis? Gegenwärtig
wetteifern Oesterreich und Frankreich in Unterwürfigkeit
und Schmeichelei gegenüber dem so verschrieenen „Barbaren des Nordens“; England bemüht sich bei ihm um einen
modus vivendi in Centralasien und diese beneidenswerthe
und ruhmvolle Stellung hat Russland kampflos errungen,
während es seine innere Wohlfahrt entwickelte und seinen
Nachbar, einen bewährten alten Freund, gewähren liess,
dessen Ergebenheit sich noch niemals verleugnet hat. Es
ist nicht mehr als billig, dass Preussen die Früchte seiner
Tapferkeit und Treue geerntet, und die wohlbekannten Gesinnungen des Kaisers Wilhelm gegen den Czaren, die Fa-
milienbande, welche die beiden Höfe seit so langer Zeit
vereinen, endlich die ebenso verschiedene wie zugleich ähnliche Bestimmung der beiden Staaten sind sichere Bürgschaften für eine künftige, dauernde und unerschütterliche
Eintracht. Preussen hat keine eigenen Interessen in der
orientalischen Frage; wie oft hat es dies nicht feierlich erklärt! Am Tage, wo die Erbschaft der Osmanli frei wird,
wird auch das Haus Hohenzollern dem Hause Romanow
seine Dankbarkeit zu bezeugen wissen. Die kleinen Eifersüchteleien und kleinen Nebenbuhlerschaften haben sich
überlebt wie die kleinen Staaten und die kleinen Kunstgriffe im Kampfe um grösseren Einfluss, um grösseres Ueber-

gewicht: die Zukunft gehört einer rationellen, auf die Natur
der Dinge, die Realität der Geographie, die Gleichartig-
keit der Rassen gegründeten Politik, und diese Politik
weist Russland und Deutschland ihre besondern und sich
ergänzenden Rollen an. Vom Standpunkte der allgemeinen Principien aus darf man sich nur Glück wünschen, dass das Szepter des Occidents einer unruhigen,
vulkanischen Nation entfallen ist, die bald eine jaco-
binische, bald eine ultramontane, stets aber eine revolutionäre Propaganda macht, und dass dies Szepter auf
einen wohlgeregelten, hierarchischen und vollkommen dis-
ciplinirten Staat übergegangen ist. Und schliesslich waren
Sadowa und Sedan protestantische Siege über die beiden
ersten katholischen Mächte und der Kampf, den Herr von
Bismarck gegen die römische Curie eingeleitet, ist nur die
logische Consequenz jener grossen historischen Thatsache.
Ohne gerade gewisse weit verbreitete Ideen von einer
möglichen Verschmelzung des Protestantismus und der
Orthodoxie zu theilen, ist es jedenfalls nicht die Aufgabe
der Kirche des Photius den dem Vatican versetzten tödtlichen Schlag zum Gegenstande besondern Argwohns zu
machen.

Solchen Apologieen, denen es weder an schlauen Ar-
gumenten, noch an scharfen Pfeilen gebrach, hielten die
Andersdenkenden Einwürfe entgegen, die einem nicht minder aufrichtigen, aber weit weniger optimistischen Patriotismus entsprungen waren. Mit den Gegnern in der Bewunderung der Leichtigkeit und Schnelligkeit einverstanden,
mit welcher Russland sich von seiner Niederlage in der
Krim zu erholen verstanden, behaupteten sie, dass dieses
grosse Resultat lange vor dem Regierungsantritt des Herrn
von Bismarck, lange vor jeder Genossenschaft mit ihm er-

reicht worden und dass Russland schon seit dem Jahre 1860 die ihm gebührende Stellung in Europa wieder eingenommen, damals, als die Souveräne Oesterreich's und Preussen's und so viele deutsche Fürsten zur Begrüssung des Czaren, zur Anerkennung seiner moralischen Suprematie nach Warschau gekommen, als Napoleon seinerseits dessen Freundschaft nachsuchte und sein Schiedsrichteramt annahm. Die ausserordentliche Gewandtheit, mit welcher Fürst Gortschakow die „französische Herzlichkeit" zum Wohle Russland's ausgenutzt, ohne irgend ein wesentliches Interesse dafür zu opfern, und ohne den conservativen, traditionellen Grundsätzen seiner Regierung das Geringste zu vergeben, wird stets einer seiner schönsten Rechtstitel auf die Dankbarkeit seines Vaterlandes sein und es wäre zu wünschen gewesen, dass er dasselbe Maass, dieselbe Reserve, später, während jener Intimität mit Preussen eingehalten hätte, die bei Gelegenheit der polnischen Insurrection an die Stelle des früheren Einverständnisses mit Frankreich getreten war. Der Nachfolger Nesselrode's hat ohne Zweifel die Tragweite und die Gefahr der berüchtigten „Ermahnungen" wegen Polen's, wie die Natur der im Grunde interessirten Dienste seines Berliner Freundes übertrieben. Jedenfalls war kein Grund vorhanden, mit Europa zu schmollen, nachdem die Angelegenheit zum glänzenden Vortheil der russischen Regierung erledigt war, lange Jahre zu schmollen, keinen andern Alliirten mehr zu wollen als Preussen und dieser Macht gegenüber das System des Gehenlassens, Thunlassens und Nehmenlassens beständig einzuhalten.

Es war im Allgemeinen das schwere Unglück der fünfzehn oder zwanzig letzten Jahre — dachten jene erleuchteten Patrioten — dass in den gewichtigen Dingen dieser Welt Rachsucht und böse Laune eine so grosse Rolle mitgespielt, Empfindungen und Stimmungen, vor denen der gegenwärtige deutsche Kanzler allein sich zu hüten verstanden! Aus Rache wegen des Benehmens des St. Petersburger Cabinets in der italienischen Frage hatte Oesterreich die polnischen Insurgenten unter seinen Schutz genommen; aus Verstimmung gegen England in der Congressfrage hatte Napoleon III. die Sache Dänemark's verlassen, und Fürst Gortschakow hat solchen Beweggründen mehr als jeder Andere nachgegeben, er ist sogar der Erste gewesen, der „die Politik des Aergers" mit seinen eingebildeten Beschwerden gegen Oesterreich im Orientkriege begonnen, wie er auch nicht der Letzte gewesen, einer gewissen „Trinkgeld-Politik" mit seiner „Liga der Neutralen" zu schmeicheln, und so jede Verständigung unter den Mächten zu hintertreiben. Wie viel günstige Gelegenheiten zum Heile Europa's, zum Ruhme seiner Nation und zur Verherrlichung seines hohen Gebieters hat der russische Kanzler aus Liebe zu Preussen sich nicht entgehen lassen: im Frühling 1867, als Frankreich und Oesterreich ihm so bedeutende Concessionen im Orient anboten; im Herbst 1870, als England und Oesterreich ihn ersuchten, zu Gunsten des Friedenswerkes die Initiative zu ergreifen! Wie voller Illusionen ist auch die Annahme, dass Fürst Gortschakow während der zehnjährigen Genossenschaft mit seinem furchtbaren Collegen nichts geopfert habe! Ist der Kieler Hafen, der Schlüssel zur Ostsee, der den Deutschen in die Hände geliefert worden, etwa Nichts? Ist die Zerstückelung der dänischen Monarchie, der Heimath der Czarin, Nichts? Die Vasallenschaft der Königin Olga, die Vertreibung und Beraubung so vieler mit dem Hause Romanow blutsverwandter Familien, der Verlust der Unabhängigkeit der jederzeit Russland so ergebenen und so getreuen Mittelstaaten Nichts? Und schliess-

lich die vollkommene Umwälzung des alten europäischen
Gleichgewichts, die unmässige, riesenhafte Vergrösserung
einer Grenzmacht, ist das Alles Nichts?

„Die Grösse ist etwas Relatives und ein Land kann
an Macht einbüssen, ohne an Umfang etwas zu verlieren,
wenn neue Kräfte sich an seinen Grenzen anhäufen." *)
Dies Wort, welches Napoleon nach der Schlacht bei Sadowa
hörte, kann Russland seit dem Tage von Sedan auch auf
sich anwenden, denn Niemand sicherlich wird behaupten
wollen, dass die Aufhebung des Artikels 2 des Pariser Vertrages der Gegenwerth für die Erhebung Preussen's zu
einer grossen Macht im Centrum Europa's sei. Wird man
etwa einwenden, dass die neulichen Eroberungen in Centralasien den Gegenwerth ausmachen? Diese Eroberungen sind
mindestens von zweifelhaftem Nutzen: sie erwecken nur
England's Argwohn und können in einem gegebenen Augenblick eine sehr schwere Verlegenheit für das russische Reich
werden. Während eines allgemeinen europäischen Krieges
wird es nöthig sein, entweder diese entlegenen, ihr Joch nur
mit Ungeduld tragenden Gegenden aufzugeben, oder deren
Besatzungstruppen zu verdoppeln, zu verdreifachen und sich
um so viel auf Seiten des Occidents, auf dem entscheidenden Punkte zu schwächen. Was die Hoffnungen auf den
Orient betrifft, so stehen sie auf keinem festen Grunde,
wie alle Erbschafts-Hoffnungen: der „Kranke" hat die Er-
wartungen seiner Aerzte schon so oft getäuscht, man zählt
die tödtlichen Krisen gar nicht mehr, die ihn dahinraffen
sollten und vielleicht hätte Russland über diese Verlänge-
rung des Todeskampfes sich am wenigsten zu beklagen.

---

*) Confidentielle Note des Herrn Magne, 20. Juli 1866. — *(Pa-
piers et correspondance de la famille impériale*, I. pag. 241.)

Denn es ist in der That die Frage, ob Russland heute schon im Stande, sei, die grosse Erbschaft zu übernehmen, ob es zur Ausbeutung eines so ausgedehnten Etablissements mit allem nöthigen Material genügend versehen sei, ob es in einem Wort alle militärischen und finanziellen Kräfte und das gesammte unentbehrliche Verwaltungspersonal besitze, um so verschiedenartige und weitreichende Länderstrecken mit Nutzen an sich zu ziehen. Man nimmt europäische Provinzen nicht etwa wie die Gebiete am Amur oder am Syr-Daria in Besitz; man riskirt, auf mehr als ein unregierbares Polen unter den Donau- und Balkan-Völkerschaften zu stossen und die Einheit des Gesetzes, die Gleichförmigkeit des *Swod* wird in Ländern nicht so leicht herzustellen sein, wo die unähnlichsten Staatseinrichtungen, von der Herrschaft des krummen türkischen Säbels an bis zur parlamentarischen Herrschaft neben einander blühten. Wird die Metamorphose der Türkei nicht auch noch das moskowitische Volk umgestalten und wird die Geschichte nicht etwa bei dieser Gelegenheit die grosse pathetische Lehre von der *Græcia capta* wiederholen? Wird Russland noch Russland sein an dem Tage wo es über die orientalische Halbinsel herrscht? Kann ein Reich, das von den blauen Fluthen des Bosporus bespült wird, noch seine Hauptstadt an den eisigen Ufern Finnland's behalten? Dies sind schwere und dunkle Probleme, vor denen man wohl verweilen mag, die wohl Zweifel und Befürchtungen hervorrufen können. Unzweifelhaft indessen ist, dass Preussen in der Entscheidungsstunde seine Bedingungen stellen, seine Entschädigung stipuliren wird. Dann wird es nicht daran denken, eine Schuld der Dankbarkeit abzutragen; um einen neuen Handel wird es sich dann drehen. Wird es als Preis für seine Zustimmung Holland, Jütland, oder die deutsch-

österreichischen Gebiete fordern? oder gar die Weichsel-
grenze oder die Ostsee-Provinzen?

Wer weiss übrigens, ob das lange Drama vom Verfall
der Türkei nicht dazu bestimmt ist, eine bis dahin wenig
oder gar nicht geahnte, eine sehr originelle und nichts weniger als unlogische Schlussscene zu erleben? Nicht erst
seit heute reden die Berliner Publicisten und Patrioten
von Oesterreich's Mission in den Donauländern und am
Bosporus, von seinem providentiellen Beruf, in jenen Gegenden die deutschen Interessen wahrzunehmen, dort „als
Trägerin der deutschen Cultur" zu wirken. Seit dem grossen
Tage von Sedan besonders fehlt es nicht an Aufforderungen
und Ermahnungen an diese Macht, „ihren Schwerpunkt anderswo als in Wien zu suchen," endlich ihren alten Namen
zu rechtfertigen und im wahren Sinne des Wortes ein Reich
des Ostens zu werden. Eine mit dem nahen Verlust ihrer
germanischen Provinzen fortwährend bedrohte Monarchie
könnte in der That das Abenteuer einmal wagen, dann besonders, wenn man ihr dies Abenteuer als eine Nothwendigkeit, als eine Tugend darstellt; ein Staat, der nie stark
centralisirt gewesen und stets zwischen dem Dualismus und
einem mehr oder weniger definirten Föderalismus hin und
her geschwankt, hat sogar grosse Aussicht, Europa als der
geeignetste Rahmen für das bunte Gemisch von Rassen,
Religionen und Institutionen zu erscheinen, das sich vom
Eisernen Thor bis zum Goldenen Horn ausbreitet. Ein
„Ostreich" mit germanischen Traditionen und Einwirkungen
am Bosporus, mehr im Süden ein durch Thessalien und
Epirus vergrössertes Griechenland, endlich im Norden ein
in seiner Einheit durch die cisleithanischen Provinzen vergrössertes Deutschland — damit könnten gar Viele, England nicht ausgenommen, zufrieden sein. Diese Lösung der

orientalischen Frage, wird man gestehen, ist so gut wie
irgend eine andere, und jede Hypothese, jede Phantasie
darf hervortreten, wenn es sich um die phantastische Welt
des Orients handelt und um die nicht weniger mysteriöse
Welt, die der grosse Einsiedler von Varzin in seinem Haupte
birgt . . .

Was jedenfalls nicht in's Gebiet der Hypothese und
Phantasie gehört, was leider eine augenscheinliche und greif-
bare Wirklichkeit ist, das ist die Thatsache, dass an Stelle
der „ausschliesslich defensiven Combination," wie Fürst Gortschakow eines Tages den alten deutschen Bund genannt,
— an Stelle einer Liga friedlicher Staaten, die sämmtlich
Russland's zu Dank verpflichtete Freunde gewesen und für
dieses Reich eine fortlaufende Reihe von Wällen gebildet
hatten, — das Reich Alexander's II. nun längs seiner ganzen Grenze eine ungeheure Macht, eine ehrgeizige, beutegie-
rige, unternehmende, die stärkste Macht des Continents breit
daliegend vor sich sieht, die in Zukunft die unausbleib-
liche Mission haben wird, das gegen ihn zu vertheidigen,
was man gewöhnlich „die Interessen des Occidents" nennt.
Gegebenen Falls, je nachdem es die Verhältnisse fordern,
könnte diese Macht sogar die polnische Frage anregen und in
ganz anderer Weise als dies von London und Paris aus geschehen war. Ist die These von einem solchen „Stoss in's
Herz" nicht etwa 1871 von gewissen ungarischen Staatsmännern eifrigst vertheidigt worden, die dem preussischen
Minister als Vertraute sehr nahe stehen? Die Haltung des
Berliner Cabinets während des letzten Aufstandes in Polen
thut der Zukunft keinen Eintrag: die leidenschaftliche Rede
des Herrn von Bismarck im Jahre 1849 gegen die Empö-
rung der Magyaren hinderte ihn nicht, viele Jahre später
die Legionen des Generals Klapka zu bewaffnen. Man wird

wenigstens das preussische Gelüsten (1863) nach dem linken Weichselufer, der „natürlichen Grenze,“ nicht ableugnen. Geben nicht etwa die Berliner Freunde auch gegenwärtig hier und da zu verstehen, dass dies vielleicht das beste Mittel wäre, mit dem Geiste des Polenthums fertig zu werden? Von den Ostseeprovinzen wird nicht gesprochen, wie man auch vor der Schlacht bei Sadowa sich vor dem Gedanken bekreuzte, die Mainlinie zu überschreiten; die teutonische Aufregung in Kurland und Lievland ist jedoch im Zunehmen begriffen, und zu welch' schmerzlichen Opfern ist ein Hohenzollernfürst nicht zu bewegen, wenn er die Stimme von oben zu hören glaubt, die Stimme der „deutschen Brüder“? Sicherlich hätte es den Prinz-Regenten im Jahre 1858 geschaudert, wenn man damals von einem Kriege gegen Oesterreich und von einem Waffengefährten Namens Garibaldi mit ihm gesprochen; er hat schliesslich doch sich in die harte Nothwendigkeit fügen müssen, er hat zerrissenen Herzens und mit Thränen in den Augen das Signal zu einem brudermörderischen Kampfe gegeben. Und ist es überhaupt nicht kindisch, die Geschicke der Nationen nach der mehr oder weniger langen Lebenszeit dieses oder jenes Monarchen zu messen? Es kann in Deutschland ein Kaiser den Thron besteigen, der zu Alexander II. weder durch die Bande der Erinnerung noch die der Freundschaft hingezogen wird; es kann, um mit der Heiligen Schrift zu reden, „ein neuer König in Egypten aufkommen, der von Joseph nichts weiss,“ und dann giebt es auch in der Welt etwas, was stärker ist als Czaren und Kaiser: die historische Nothwendigkeit, das Rassen-Verhängniss . . .

Furchtbar in der That ist die Rasse der Sieger von Sadowa und Sedan. Der Geist der Eroberung und des

Länderraubs, der sie beherrscht, hat alle ihre historischen
Wandlungen überlebt, sich in alle Masken gehüllt! De-
müthig und hochmüthig zugleich, nüchtern und sich rasch
vermehrend, wanderlustig und heimathsliebend, bei prakti-
scher Anwendung ihres alten Sprichworts *ubi bene, ibi
patria*, nichts desto weniger sehr anhänglich an ihr Vaterland, schmuggeln die Deutschen sich in alle Länder ein,
dringen sie in alle Welttheile vor, verschmähen sie keinen
bewohnbaren Erdenwinkel. Sie haben ihre Familienglieder
und Blutsverwandte auf sämmtlichen Thronen und in allen
Comptoirs der Welt; sie bevölkern die gewerbreichen Cen-
tren Europa's und die Urwälder des fernen Westens; sie
entscheiden über die Präsidentenwahl in den Vereinigten
Staaten, sie liefern das stärkste Contingent zu den oberen
Verwaltungsbehörden des Czarenreichs und es ist noch nicht
lange her, dass nach einer Statistik der russischen Armee
auf 100 höhere Offiziere 80 von germanischer Abkunft
kamen.*) Dies war die Stellung des Deutschen vor den
grossen Schicksalssprüchen der Jahre 1866 und 1870, vor
der Herrschaft von Eisen und Blut, bevor ihm Herr von
Bismarck das Geheimniss seiner Kraft offenbart, das ma-
gische Wort zu ihm gesprochen: *Tu regere imperio popu-
los!* Sollen wir nun auch noch an den Hass erinnern, den
die Germanen zu jeder Zeit gegen den slavischen Namen
kundgegeben, an die Wuth, mit der sie einst an der Elbe

---

*) Es war der *Golos*, der vor einigen Jahren diese interessante
Statistik aufstellte, die damals von sehr bedeutender Wirkung war.
— Der Name Koslow war einen Augenblick berühmt geworden
in Russland: der Czarewitsch, als er ihn bei der Vorstellung der
Officiere eines grossen Armeecorps hinter einer langen Liste von
deutsch klingenden Namen aussprechen hörte, rief wie von einem
Alp befreit aus: „Endlich! Gott sei Dank!" Fr. J. Célestin, *Russ-
land seit Aufhebung der Leibeigenschaft*, Laibach 1875, pag. 334.

und Oder ihn ausgerottet, und entsetzt sich unsere Seele
nicht bei dem Gedanken an einen neuen Zusammenstoss
der beiden Rassen, der heute mehr als je an Wahrscheinlichkeit gewinnt? Es ist freilich Mode, alle diese Befürchtungen als Schülerträume, als leere Hirngespinnste von
Schriftstellern und Professoren zu verspotten; die Wichtigthuer aber, die sogenannten ernsten Männer, die Auguren
und Aruspices der Politik, haben sie etwa in neuester Zeit
manches bedrohende Problem anders behandelt? Haben sie
etwa eine andere Sprache geführt, als es sich um Schleswig-Holstein und Deutschland's Ansprüche auf das Elsass,
als es um die italienische Einheit und die Programme des
Nationalvereins sich handelte? Es liesse sich ein merkwürdiges Kapitel aus der zeitgenössischen Geschichte über „Diplomaten und Professoren" schreiben, wobei recht wohl bewiesen werden könnte, dass von den beiden ehrwürdigen
Genossenschaften die pedantischste und ideologischste nicht
gerade die ist, die ein dünkelhaftes Volk dafür hält.

Liegt nicht etwa — fuhren dieselben Personen fort,
denen die Interessen der Gegenwart und der Zukunft mehr
galten als nutzlose Reminiscenzen aus der Vergangenheit —
liegt nicht etwa viel Ideologie in der Vermischung der beiden Epochen 1814 und 1870 und in dem Bestreben, den
Feldmarschall von Moltke als den Fortsetzer des Werkes
Kutusow's darzustellen? Als mit dem Brande Moskau's
das Signal zum Befreiungskriege gegeben war, erhob sich
ganz Europa gegen einen hochmüthigen Tyrannen; es galt
die Erlösung aller unter dem Joche einer Universalherr-
schaft seufzenden Staaten. Hat der letzte grosse Krieg damit irgend etwas gemein? Könnte man nicht vielmehr
sagen, dass es im Gegentheil Frankreich gewesen, das für
das Gleichgewicht der Welt und die Unabhängigkeit der

Königreiche kämpfte, indem es durch eine verspätete und schlecht berechnete Kraftanstrengung sich bemühte, eine Reihe selbstverschuldeter Irrthümer zu verbessern, unter denen es jedoch nicht allein zu leiden hatte? In ihren Beweggründen verschieden, gleichen sich die beiden Epochen eben so wenig in Beziehung auf die angewandten Mittel und Wege. Einen Krieg mit revolutionären Ueberraschungen *(à coups de révolutions)* hatte der preussische Minister Herrn Benedetti früh angekündigt, und er hat Wort gehalten: er übte Rücksichten, fand verständnissvolle Milderungsgründe gegenüber der Commune; gegenwärtig beschützt er offen die republikanische Regierungsform in Frankreich gegen jeden Restaurationsversuch und opfert so das monarchische Princip und die höchsten Interessen der europäischen Ordnung einer rein selbstsüchtigen Berechnung. Das war nicht der Geist, der damals die Verbündeten von 1814 beseelte; der hochherzige Alexander I. besonders hatte eine andere Auffassung von den Pflichten der Souveräne, von der Solidarität der conservativen Interessen. Und welch' strenges Urtheil hätte Kaiser Nicolaus nicht über die gesammte Berliner Politik abgegeben, über die Erneuerung Deutschland's, die von der Execution in Schleswig-Holstein bis zur Entscheidung der Kronsyndici, von der Zerstörung des Bundes bis zum Umsturz der Welfendynastie, von der Bildung der ungarischen Legionen und den mit Mazzini angeknüpften Unterhandlungen bis zum „Culturkampf" gegen die katholische Kirche nichts Anderes war als eine Revolution von oben!

Man täusche sich nur nicht, hiess es dann weiter, die Revolution allein findet ihren Vortheil bei dem jetzt in Deutschland gegen den Katholicismus geführten Kriege, und gar arg ist die Illusion derer, die sich naiverweise schmeicheln, dass den protestantischen oder orthodoxen Ideen, dem religiösen Sinn im Allgemeinen, aus den Verlusten des Papstthums ein Gewinn erwachsen werde. Es bedarf nur eines Blicks auf die schweren Bataillone des „Culturkampfes", um ihren Gott zu erkennen; auf ihren Bannern entfalten sie deutlich genug das Zeichen, unter dem sie zu siegen gedenken. Sind es die aufrichtigen Protestanten, die evangelischen Christen, für die das Evangelium eine Wahrheit ist, welche zuvorderst in der Sturmcolonne stehen oder sie auch nur mit ihren Segenswünschen und Gebeten begleiten? Gewiss nicht! Alle diejenigen, welche von der Reformation nicht blos den leeren Namen, sondern die kräftige Doctrin bewahrt haben, verleugnen frei heraus diesen Kampf und seufzen innerlich darüber. Sie haben das richtige Gefühl, dass in einer vom Geiste der Negation so tief erschütterten und durchwühlten Zeit die religiösen ebenso wie die conservativen Interessen solidarisch unter einander sind. Die Kampfhähne, die Eiferer, die „von Gottes Geist Erfüllten" sind gerade diejenigen, die weder an einen Gott noch an den Geist glauben, die keine andere positive Religion als den Positivismus kennen und nicht unter diesen würde der wiedererstandene Luther seine Kinder suchen. Der grosse Gegner Rom's im sechszehnten Jahrhundert hielt an der Offenbarung, hielt an der Bibel fest, an seinem Dogma von der Gnade: ist das nicht ein lächerliches „Zopfthum" für die Jünger eines Strauss oder Darwin? Der Wittenberger Apostel glaubte an die Rechtfertigung durch den Glauben, die Berliner Apostel glauben nur an die Rechtfertigung durch den Erfolg.

Es ist etwas sehr Ernstes — schlossen endlich jene Männer, die sich in ihrem Patriotismus und ihren conservativen Gesinnungen beängstigt fühlten — es ist etwas sehr Gefährliches für einen grossen Staat, in seinen Beziehungen zu den andern Mächten gewisse feste Grundsätze, gewisse lang bewährte Verhaltungsregeln, die so zu sagen *arcana imperii* geworden, aufzugeben, und Napoleon III. hat einen solchen Bruch mit den alten Traditionen in der auswärtigen Politik Frankreich's theuer genug bezahlt. Russland hatte ebenfalls in Beziehung auf Europa geheiligte Traditionen, welche die Grösse und Stärke der früheren Regierungen ausmachten; unter den Letzteren hatte man ein Auge für die Freiheit der Ostsee, man wachte über das Gleichgewicht der Kräfte zwischen Oesterreich und Preussen, man würdigte die Freundschaft und Ergebenheit der deutschen Mittelstaaten, man schützte überall das monarchische Princip gegenüber der Revolution. Möge Russland es nie zu bereuen haben, dass es mehr und mehr aus den Geleisen sich entfernt, in denen während eines Jahrhunderts die Triumphwagen Peters des Grossen, Catharina II., Alexander's I. und des Kaisers Nicolaus sich bewegt haben.

So sprachen unabhängige Männer an den Ufern der Newa, während die officielle Welt alle polaren Herrlichkeiten zu Ehren Wilhelm's des Eroberers entfaltete; sie liehen ihre überzeugenden Gedanken übrigens nur einem vagen, aber intensiven und tiefen Gefühl, welches die Seele Russland's bewegte. Gewohnt an Gehorsam und Disciplin, was man oft als Knechtsinstinct taxiren mag, was bei diesem Volke zuweilen aber ein grosser und bewundernswerther patriotischer Instinct ist, hüteten die Russen sich wohl, der Regierung bei der den Preussen gemachten glänzenden Aufnahme zuwider zu sein; sie beschränkten sich darauf, als passive Theilnehmer bei einem Schauspiel zu erscheinen, das sie im Herzen nicht berührte. Die Presse war während dieser Feste und Festivals mässig in ihren

Schilderungen, noch mässiger in Reflexionen: die Officiösen
von Berlin wussten ihr nichts Besseres nachzusagen, als
dass sie einen „passenden" Ton angeschlagen. Dies war
auch der Ton der russischen Gesellschaft, in ihrer Ge-
sammtheit betrachtet; die schönen „Perspectiven" der Residenz gaben sinnlich wie sittlich ein richtiges. Bild von
der Stimmung: Treibhauspflanzen im Vordergrund, der Anblick des Eises im Hintergrund! Die Gäste waren nicht
die Letzten unter denen, die diesen Kontrast wahrnahmen:
mit den auserlesenen Wohlgerüchen exotischer Pflanzen ath-
meten sie von Zeit zu Zeit die scharfe Luft vom Lande,
den rauhen Nordwind ein, und Herr von Bismarck selber
schien etwas von der ihn umgebenden Luft zu verspüren.
Man fand in seinem Wesen mehr Lebhaftigkeit und Jovialität als Schwung und Wärme, er war in Worten gemesse-
ner als man es an ihm gewohnt war und schien absichtlich
jeden Geistesblitz zu unterdrücken. Es ist immer sonderbar, dass dem ehemals missvergnügten Diplomaten während
seines diesmaligen Aufenthaltes in der russischen Hauptstadt kein Witz, kein lustiger Einfall über die Lippen kam,
womit er ja sonst nicht gar so sparsam ist, auch keine jener überwältigenden Indiscretionen, die das Vergnügen wie
der Schrecken der Salons und Kanzleien sind. Nur ein
einziges Eindruck erregendes Wort wurde von den Lippen
aufgelesen, die so oft einen Schicksalsspruch verkündigt
hatten, das Wort, „dass er nicht einmal den Gedanken zu-
lassen könne, jemals gegen Russland feindlich zu sein."
Die Erklärung war deutlich und beruhigend und schien als
eine discrete Antwort auf die Befürchtungen gelten zu
sollen, die sich nicht an's Tageslicht hervorwagten. Die
ungläubigen oder verdriesslichen Seelen konnten sich jedoch
der Betrachtung nicht erwehren, dass vor zehn Jahren eine

ähnliche dem Czarenreiche aus dem Munde eines preussischen Ministers gegebene Zusicherung als ganz überflüssig
erschienen wäre und sogar ein komisches Lächeln hervorgerufen hätte...

Hier endet die Aufgabe, die wir uns mit dieser Studie gestellt. Die Begegnung der beiden Kanzler im Frühling des Jahres 1873 in der Hauptstadt Peters des Grossen
war gewissermaassen der Epilog einer gemeinsamen Thätigkeit, welche zehn Jahre gedauert und so viel dazu beigetragen, das Aussehen der Welt zu ändern. Seit jener Epoche
hat Europa keinen Sturm mehr erlebt, obgleich es an drohenden Wolken an seinem stets dunkeln Horizonte nicht
gefehlt. Es gab sogar hie und da ein Wetterleuchten als
Anzeichen, dass die alte Eintracht zwischen dem Berliner
und St. Petersburger Cabinet nicht mehr eine so absolute sei
wie vordem, dass gewisse periodische Störungen oder doch
gewisse Meinungsverschiedenheiten eingetreten seien. So
weigerte sich z. B. die Regierung des Czaren, dem deutschen Reichskanzler in seinem spanischen Feldzuge, bei
seiner hastigen Anerkennung der Präsidentschaft des Mar-
schalls Serrano zu folgen, und es scheint nicht zweifelhaft,
dass die persönliche Intervention des Kaisers Alexander II.
mit kräftiger Unterstützung von Seiten England's, letztes Jahr
Frankreich vor einem ungerechten Angriff, vor einem grossen Unglück bewahrte. Seit jener Epoche trat der An-
schluss Oesterreich's an die officielle Politik der beiden
Nordmächte hinzu und vervollständigte oder complicirte eine
Verbindung, an der es schwer ist, irgend welche gemeinsame Interessen zu entdecken, und die bis heute wenigstens

ihre Uebereinstimmung nur im Schweigen gefunden. Die
Zukunft allein kann die Tragweite und Kraft dieser so sehr
gepriesenen und vielleicht eben so schlecht erkannten wie
schlecht ersonnenen Allianz der drei Mächte enthüllen;
doch dürfte man sich schwerlich täuschen, wenn man von
vornherein annimmt, dass in diesem gemeinschaftlichen
Haushalt Herr von Bismarck sich unter den drei Theil-
nehmern wohl als der glücklichste betrachten kann.

ANHANG.

Anhang.

Die verschiedenen Abtheilungen dieses Bandes sind nach und nach im Jahrgang 1875 der *Revue des Deux Mondes* erschienen. Nach der Veröffentlichung des Kapitels „Die Lahmlegung Europa's," las man in der Lieferung vom 1. October:

„Herr Benedetti sendet uns folgenden Brief:

Paris, den 24. September 1875.

Herr Director!

In der letzten Nummer der *Revue des Deux Mondes* haben Sie einen Artikel von Herrn Klaczko veröffentlicht, der mich veranlasst, Sie um eine kurze Berichtigung zu ersuchen. Ich darf gewiss Niemand das Recht bestreiten, die Ereignisse zu schildern, deren anekdotische Darstellung dieser Schriftsteller unternommen, und nach bestem Wissen den Antheil zu beurtheilen, den ich an denselben gehabt; in meinem persönlichen Interesse sowohl, wie in dem der Regierung, der ich zu dienen die Ehre gehabt, ist mir im Gegentheil nichts erwünschter als eine Prüfung und Besprechung dieser Ereignisse; in ihrem Interesse wie in dem meinen kann ich mich des Lichtes nur freuen, das daraus hervorgegangen und der Irrthümer, die auf diese Weise zerstreut worden. Die Besprechung aber kann nur eine ernsthafte und nützliche sein, wenn sie eine loyale ist, und loyal kann sie nur unter der Bedingung sein, wenn sie sich an feste und unleugbare Thatsachen hält.

Nun lese ich aber in dem Artikel des Herrn Klaczko Folgendes: „Gewiss hatte der französische Gesandte am Berliner Hofe in jenem Jahre 1866 eine sehr schwierige und peinliche, fast hätten wir ·gesagt pathetische Stellung. Er hatte mit Eifer, mit Leidenschaft an dem Abschluss des *connubio* Italien's und Preussen's gearbeitet, weil ihm dasselbe als ein ungeheures Glück für die kaiserliche Politik, als ein glänzender Sieg des „neuen Rechts" und der napoleonischen Ideen über die alte Ordnung der Dinge galt. In der übrigens sehr begründeten Furcht, dies Werk scheitern und Preussen zurücktreten zu sehen, wenn man mit diesem von eventuellen Compensationen und vorher zu bestimmenden Verpflichtungen redete, hatte er seiner Regierung von jedem in dieser Richtung zu machenden Versuche abgerathen . . . ." (S. 219). In einer Note (auf S. 214) hatte Herr Klaczko zudem gesagt: „Herr Drouyn de Lhuys, der von Oesterreich schon für jeden Fall die Abtretung Venetien's in der Tasche hatte, bestand in diesem Augenblicke mehr als je darauf, dass. man ebenfalls von vornherein sich von Preussen Sicherheit geben lasse. Herr Benedetti redete stets von einem solchen Schritte ab, weil er fürchtete, Preussen könne in dem Falle von jedem Kriegsgedanken gegen Oesterreich abstehen."

Entweder haben diese Angaben keinen Sinn oder sie bedeuten, dass ich der wahre Urheber, wenn nicht ohne Wissen meiner Regierung der Unterhändler der 1866 zwischen Preussen und Italien abgeschlossenen Allianz gewesen bin, dass ich ausserdem Herrn Drouyn de Lhuys durch unausgesetzte Bemühungen davon abgehalten, vor dem Kriege mit Oesterreich eventuell nothwendige Bürgschaften für die Sicherheit Frankreich's vom Berliner Cabinet zu fordern.

Herr Klaczko bekräftigt diese Behauptungen weder durch

Anführung einer bekannten Thatsache, noch durch einen
Auszug aus einem officiellen Actenstück; er liefert in keiner
Weise irgend einen Beweis für seine Behauptung.

Was den preussisch-italienischen Vertrag betrifft, so
wusste er indessen, da er in jedem Augenblick das Buch citirt, welches ich 1871 unter dem Titel *Ma mission en
France* veröffentlichte, dass ich jede Betheiligung an diesem
Acte von mir wies; er wusste, dass ich den Anspruch machte,
dies bewiesen zu haben und ein blosses Widersprechen kann
hier nicht genügen; in solchem Falle muss man den Gegen-
beweis leisten, feststellen, dass ich, weit entfernt, dem zwischen Preussen und Italien abgeschlossenen Vertrage fern geblieben zu sein, wie ich behauptet, dessen Hauptanstifter gewesen sei.

Es ist mir wichtig, dass die Leser der *Revue des Deux
Mondes* darüber aufgeklärt werden; sie kennen den Artikel
des Herrn Klaczko, es ist billig, ihnen einige Worte aus den
Depeschen vorzulegen, die ich veröffentlicht habe.

„ . . . Man meldet mir," schrieb ich am 14. März 1866,
„die nahe Ankunft eines italienischen Stabsofficiers, des Generals Govone, der mit einem wichtigen Auftrag nach Berlin
kommen soll; diese Neuigkeit . . . hat eine gewisse Aufregung hervorgerufen. Wenn sie sich bestätigte, so würde man
nicht umhin können zu glauben, dass Preussen und Italien
an einem Allianzvertrage unterhandeln . . ."

Zwei Tage darauf fügte ich hinzu: „Herr General
Govone ist vorgestern in Berlin angekommen. Nach der Versicherung des Grafen Bismarck und des italienischen Gesandt-
ten wäre er mit einer militärischen Mission betraut und seine
Reise hätte ausschliesslich den Zweck, die in den Kriegsheeren
eingeführten Verbesserungen zu studiren."

Wiederum zwei Tage später war ich in der Lage, meine
Regierung genau zu unterrichten, und ich sagte ihr: „Ich

habe Ihnen mit der Meldung von der Ankunft des Generals
Govone zugleich geschrieben, dass nach den Worten des Herrn
von Bismarck und des italienischen Gesandten dieser Bevollmächtigte des Florentiner Cabinets ausschliesslich beauftragt
sei, Preussen's Militärverhältnisse zu studiren. Herr von Bismarck, der wahrscheinlich vergessen hatte, was er mir in
dieser Beziehung gesagt, belehrte mich gestern, dass der General Govone autorisirt sei, mit der preussischen Regierung
in Unterhandlungen zu treten. Die Mittheilungen, die er dem
Ministerpräsidenten gemacht, gehen im Wesentlichen darauf
hinaus . . ." Am Schlusse dieser Depesche fügte ich hinzu:
„Die italienische Gesandtschaft beobachtet eine absolute Reserve mir gegenüber. Ich weiss nicht, ob ich dies bedauern
soll. Die vertraulichen Mittheilungen des Herrn von Bismarck,
die ich doch nicht ablehnen kann, versetzen mich schon in
eine hinreichend missliche Lage . . ."

Am 27. März endlich, als die Bevollmächtigten schon
mehrere Conferenzen mit einander gehalten, meldete ich Herrn
Drouyn de Lhuys: „ . . . Herr von Bismarck hat mich von
seinen Unterredungen mit dem General Govone und dem
italienischen Gesandten unterhalten . . . und ich bin um so
mehr in der Lage, Ihnen Rechenschaft darüber abzulegen, als
Herr von Barral, der italienische Gesandte, *sich endlich
seinerseits entschlossen hat, mir seine Schritte und die Absichten seiner Regierung nicht gänzlich zu verhehlen . . .*"

Von zwei Dingen eines: entweder Herr Klaczko giebt
zu, dass meine Correspondenz eine aufrichtige war, oder er
nimmt an, dass sie in der Absicht redigirt war, mein Betragen und den Antheil, den ich heimlich an der Unterhandlung
genommen, zu verbergen. Im ersten Falle wird Niemand
begreifen, wie er behaupten kann, *dass ich mit Eifer und
Leidenschaft an dem Abschluss des connubio Italien's und
Preussen's gearbeitet.* Nach der zweiten Hypothese nehmen
die Dinge einen anderen Charakter an und ich will warten, bis

Herr Klaczko sich erklärt, um ihm dann meine Meinung darüber auszudrücken.

Für den Augenblick rufe ich das einzige Zeugniss an, das Niemand verdächtigen kann, das des italienischen Bevollmächtigten. Die Correspondenz des Generals Govone ist nach seinem Tode und nach Erscheinen meines Buches *Ma mission en Prusse* durch den General La Marmora veröffentlicht worden, der von derselben nichts ausgelassen hat. In dieser Correspondenz, in der Alles ausführlich erzählt wird, kommt mein Name nur zweimal vor: das erste Mal in einem Telegramm vom 28. März, zwölf Tage nach der Ankunft des italienischen Bevollmächtigten in Berlin, und darin wird Folgendes über mich gesagt: „Ich glaube Ihnen mittheilen zu müssen, dass der Präsident (Herr von Bismarck) Herrn Benedetti von allem Vorfallenden genau in Kenntniss setzt."

In dem Briefe, in dem mein Name zum zweiten und letzten Mal vorkommt, er ist vom 6. April, zwei Tage vor Unterzeichnung des Vertrages (die Daten sind wichtig und es ist von Nutzen, sie zu notiren), berichtet General Govone über einen mir gemachten Besuch, den ersten seit seiner Ankunft in Berlin; und was habe ich ihm da über seine Unterhandlungen gesagt? „Gestern, nach meinem Besuch bei Herrn von Bismarck, sah ich Herrn Benedetti; er dachte, dass es für uns vorzuziehen sei, keinen Vertrag zu unterzeichnen, sondern nur einen vollständig discutirten Entwurf zu haben, der zur Unterzeichnung bereit läge, wenn Preussen seine Mobilisation beendigt hätte . . ."

Berechtigen diese beiden Auszüge zu dem Glauben, dass ich der Vertraute und Rathgeber des italienischen Gesandten gewesen? Bestätigen sie nicht im Gegentheil Punkt für Punkt die Aufrichtigkeit meiner Correspondenz? Wo hat Herr Klaczko gesucht, wo gesehen, dass ich an dem Uebereinkommen zwischen Italien und Preussen mitgewirkt habe? Hätte er dies nicht sagen müssen, ehe er eine ernste Behauptung aufstellte? Denkt er vielleicht, mir einen Vorwurf daraus zu machen, dass ich mich bemüht, das Vorgefallene zu erfahren, und dass ich meine Regierung davon genau unterrichtet?

Was die von Herrn Klaczko in seinem Artikel zweimal wiederholte Behauptung betrifft, dass ich vor dem Kriege Herrn Drouyn de Lhuys unaufhörlich abgeredet, in Berlin von eventuellen Compensationen und vorgängigen Vereinbarungen zu sprechen, aus Besorgniss, dass Preussen von dem Kampfe mit Oesterreich abstehe, so antworte ich darauf durch folgenden Auszug aus einem Briefe, den Herr Drouyn de Lhuys am 31. März während der zwischen den Cabinetten von Berlin und Florenz eröffneten Unterhandlungen an mich gerichtet hat:

„Ich habe mit Vergnügen," sagt er, „die Privatbriefe gelesen, die Sie im Laufe dieses Monats an mich gerichtet haben. Ich sage Ihnen dafür meinen ganzen Dank. Wenn ich dieselben empfangen, ohne sie sofort zu beantworten, so liegt es daran, dass ich an den Instructionen, die ich Ihnen zu verschiedenen Malen vorgezeichnet, nichts zu ändern hatte. Unsere Anschauung ist noch immer die gleiche. Obwohl wir die ganze Bedeutung der neuen Krisis anerkennen, so sehen wir doch in der Verwicklung, wie sie heute sich darstellt, kein hinreichendes Motiv, um aus unserer neutralen Stellung herauszutreten. Wir haben uns darüber offen gegen den preussischen Hof ausgesprochen. Als wir vom Wiener Cabinet darüber befragt wurden, erklärten wir ihm fest, dass wir neutral bleiben wollten, obgleich es uns die Bemerkung gemacht, dass unsere Neutralität für Preussen günstiger sei als für Oesterreich. Wir warten also den bewaffneten Conflict ab, wenn er überhaupt ausbrechen soll, und zwar in der Haltung, die wir gegenwärtig einnehmen. Der König selber hat gern mit Ihnen anerkennen wollen, dass die augenblicklichen Verhältnisse keine Grundlage zu der Verständigung bieten, die Se. Majestät wünscht. Der Gang der Ereignisse, die Natur und die Tragweite der engagirten Interessen und die Ausdehnung, die der Krieg nimmt, wie die Fragen, die er hervorruft, werden a l s d a n n die Elemente zu einem Uebereinkommen bestimmen, das zwischen Preussen und uns getroffen werden kann . . ."

In demselben Briefe, den man vollständig auf S. 77 meines Buches *Ma mission en Prusse* nachlesen kann, wollte Herr Drouyn de Lhuys mir auch die Erwägungsgründe angeben, die unsere reservirte Haltung gegenüber den Anstrengungen Preussen's und Italien's, zu einer Verständigung zu gelangen, nothwendig machten, und er fügte zum Schluss hinzu: „ . . . Das ist die ganze Wahrheit über unsere Anschauung der Lage. Ich billige übrigens Ihre Haltung und Ihre Sprache vollkommen und werde Ihnen Dank dafür wissen, wenn Sie fortfahren, mich über alle Einzelnheiten dieser Krisis so genau zu unterrichten."

Würde mir Herr Drouyn de Lhuys in solchen Ausdrücken den Empfang meiner Correspondenz bescheinigt haben, wenn diese den Zweck verfolgt hätte, ihn von jedem Projekt, mit Preussen ein Uebereinkommen zu treffen, abwendig zu machen, wenn zwischen dem Minister und dem Gesandten der Zwiespalt geherrscht hätte, dessen volle Verantwortlichkeit Herr Klaczko auf mich übertragen möchte? Ich will nicht weiter gehen und überlasse es dem Scharfblick Ihrer Leser, die Dinge klarer zu schauen; ich will Sie nur noch darauf aufmerksam machen, dass wenn Herr Klaczko, wie ich voraussetzen muss, diesen Brief kannte, ehe er seinen Artikel schrieb, es unmöglich wird, für die darin begangenen Irrthümer eine Erklärung zu finden.

Ich bedaure übrigens, sagen zu müssen, dass ich genöthigt wäre, fast seine ganze Arbeit durchzunehmen, wenn ich die Fehler derselben verbessern wollte; doch habe ich nicht die Absicht, mein Recht der Widerlegung zu missbrauchen, und will mich mit Gegenwärtigem bescheiden. Einen andern

Irrthum muss ich jedoch wegen seiner besondern Wichtigkeit berichtigen.

In einer Antwort auf eine telegraphische Anfrage des Herrn Drouyn de Lhuys schrieb ich ihm am 8. Juni 1866, dass Niemand in Preussen, vom König bis zum niedrigsten seiner Unterthanen, Herr von Bismarck ausgenommen, meiner Ansicht nach einwilligen würde, uns irgend einen Theil deutschen Gebietes am Rhein abzutreten. Nachdem er einen Auszug aus meiner Depesche gemacht, fährt Herr Klaczko fort:

„ . . . Und derselbe Diplomat, der vor dem böhmischen Feldzuge die Lage in dieser Weise beurtheilt hatte, war derselbe Gesandte, der es jetzt auf sich nahm, Herrn von Bismarck die Forderungen des Tuileriencabinets vorzulegen, der so weit ging, ihm am 5. August den Entwurf zu einem geheimen Vertrage zu unterbreiten, in welchem die Abtretung des ganzen linken Rheinufers an Frankreich, mit Einschluss der grossen Festung Mainz, enthalten war!"

Herr Klaczko täuscht sich, ich habe es nicht auf mich genommen, diese Mittheilung zu machen, und seine übrigens jedes Beweises entbehrende Angabe setzt mich um so mehr in Erstaunen, als er aus meinem Buche hat sehen können, dass die Dinge sich durchaus nicht so verhielten, dass ich im Gegentheil mit Rücksicht auf die neuen und ernsten Schwierigkeiten, denen ein solches Projekt meiner Ansicht nach begegnen müsste, forderte, vorher in Paris darüber conferiren zu dürfen, und dass mir befohlen wurde, vorzugehen. Habe ich gut oder übel daran gethan, zu gehorchen? Das ist eine andere Frage; Herr Klaczko aber sollte um so mehr sich enthalten, diesen Zwischenfall auf die von ihm beliebte Weise hervorzuheben, als die Folgen desselben schwer und verderblich waren, wie er zu erinnern sich befleissigt.

Wenn Herr Klaczko die Pflichten des Geschichtschreibers dieser Art auffasst, so kann ich nur mein Erstaunen darüber ausdrücken. Er hat ohne Zweifel nicht bemerkt,

dass Parteigeist und persönliche Sympathieen Einflüsterungen zugänglich sind, welche die Redlichkeit nicht gelten
lässt. Ich bedaure dies für einen Publicisten, der die Leser
der *Revue des Deux Mondes* an besser vorbereitete und unparteilicher geschriebene Studien gewöhnt hatte. Was mich
betrifft, so werden Sie zugeben, Herr Director, dass ich so
grundlose Behauptungen durch mein Schweigen nicht beglau-
bigen durfte, und dass Herr Klaczko mich in die Nothwendigkeit versetzt hat, zu protestiren, trotz meines sehr aufrichtigen Wunsches, jede Polemik zu vermeiden und eine
Zurückhaltung zu beobachten, von der es mir schwer wird,
mich zu entfernen. Dieser Brief hat übrigens keinen andern
Zweck und indem ich Sie ersuche, ihn in der nächsten Nummer der *Revue* abdrucken zu wollen, bitte ich Sie, die Versicherung meiner vollkommensten Hochachtung entgegen zu
nehmen.

Benedetti.

„Wir haben den Brief des Herrn Benedetti Herrn
Julian Klaczko mittheilen müssen, der uns denselben mit
folgenden Bemerkungen zurücksandte:

Der Herr Graf Benedetti vermengt zwei ganz verschiedene Unterhandlungen, von denen in unserer Arbeit gesprochen worden, ebenso die zwei ganz verschiedenen Beurthei-
lungen, deren Gegenstand sie unsrerseits gewesen. Erst in
der Angelegenheit den Vertrag wegen Belgiens betreffend, im
Monat August 1866, hat uns das Betragen des Herrn Benedetti gegen seinen Minister wenig correct geschienen; wir
haben nicht dasselbe Urtheil über sein Verhalten in den Monaten März und April desselben Jahres, als es sich um den geheimen Vertrag zwischen Herrn von Bismarck und dem General
Govone handelte, abgegeben; noch weniger haben wir ihm den

Vorwurf gemacht, der Anstifter dieses Vertrages ohne Wissen
seiner Regierung gewesen zu sein. Wir haben nur behauptet, dass seine damaligen Depeschen von der Art waren, dass
sie die französische Regierung von jedem Versuch einer vorgängigen Uebereinkunft mit Preussen im Hinblick auf die
Kriegseventualitäten abschrecken mussten.

Herr Benedetti liess in der That nicht ab, den Berliner
Hof als unzugänglich für jede solche Eröffnung darzustellen.
Noch im Juni 1866, am Vorabend des Krieges, schrieb er:
„Die Befürchtungen, die wir überall in Deutschland einflössen,
bestehen noch immer und werden einstimmig und laut zum
Ausdruck gelangen, so wie wir die geringste Veranlassung
zu der Vermuthung geben, dass wir uns nach Osten hin ausdehnen wollen. Der König würde eben so wenig wie der
geringste seiner Unterthanen es in diesem Augenblicke dulden, dass man die Eventualität eines Opfers am Rhein nur
durchschimmern liesse. Der Kronprinz, der von den Gefahren
der herrschenden Politik tief durchdrungen ist, erklärte kürzlich einem meiner Collegen in grosser Gemüthserregung,
dass er einer Abtretung, und wäre es auch nur der kleinen
Grafschaft Glatz, den Krieg vorziehe . . ." *(Ma mission
en Prusse,* pag. 171—172). In seinen übrigen Berichten
wie von Anfang bis zu Ende seines Buches, kommt Herr Benedetti immer wieder auf den Umstand zurück, dass er nach
dieser Seite hin niemals „zu Hoffnungen ermuthigt habe,"
dass er vielmehr „zur Genüge darauf hingewiesen, dass man
in keinem Falle von Preussen gutwillig Gebietsconcessionen
an der Ostgrenze erlangen werde." *(Ma mission,* pag. 176).

Dies war aber nicht die Meinung der italienischen Unterhändler am Berliner Hofe. Herr von Barral drückte sich
in einem am 6. Mai an den General La Marmora gesandten
Telegramm folgendermaassen aus: „Man ist äusserst besorgt
über die, wie versichert wird, sehr lebhaften Unterhandlungen,
die zwischen Frankreich und Oesterreich wegen Fernhaltung

Italien's geführt werden und die bis zum Anerbieten der Rheinlinie an Frankreich gegangen wären. Auf meine Bemerkung wegen der Gefahr eines solchen Anerbietens von Seiten einer deutschen Macht antwortete mir Herr von Bismarck mit einem Achselzucken, womit er klar andeutete, dass er gegebenen Falls vor diesem Mittel, eine Gebietsvergrösserung zu erlangen, nicht zurückschrecken würde." — Der General Govone seinerseits erzählt in einem sehr eingehenden Bericht vom 7. Mai denselben Zwischenfall noch ausführlicher.

„Herr von Bismarck möchte gern die Absichten und Wünsche des Kaisers kennen, er hat darüber mit Herrn von Barral gesprochen, er hat ihm gesagt, er möge suchen, durch Ritter Nigra etwas zu erfahren; er hat sogar zu verstehen gegeben, dass er geneigt wäre, ihm die Rheinufer zu überlassen, nachdem er durch seine Agenten erfahren, dass der Kaiser mit Oesterreich unterhandle und dass Oesterreich ihm, wie er glaube, Venetien abtrete und ihn sogar auffordre, sich des linken Rheinufers zu bemächtigen. Herr von Barral, mit dem er darüber sprach, rief aus: „Oesterreich aber würde sich Deutschland gegenüber nicht so sehr blossstellen, ihm etwas anzubieten, das zum deutschen Bunde gehört!" Herr von Bismarck machte eine Geste, die zu sagen schien: „Ich würde es ebenfalls abtreten." — In seinem Bericht vom 3. Juni endlich, fünf Tage vor der Depesche des Herrn Benedetti über „den König und den geringsten seiner Unterthanen" citirt General Govone folgende Antwort des Herrn von Bismarck auf seine Frage, ob man nicht „irgend eine geographische Linie" zur Schadloshaltung Frankreich's finden könnte: „Da wäre die Mosel (sagte Herr von Bismarck). Ich bin," setzte er hinzu, „viel weniger Deutscher als Preusse und würde keine Schwierigkeiten machen, zur Abtretung des ganzen Landes zwischen Rhein und Mosel an Frankreich meine Einwilligung zu geben: die Pfalz, Oldenburg, ein Stück preussisches Gebiet u. s. w. Der König aber würde grosse

Skrupel empfinden und könnte sich nur im äussersten Augenblick dazu entschliessen, wenn es hiesse, Alles zu verlieren oder Alles zu gewinnen. Jedenfalls müsste man, um den König zu irgend einem Uebereinkommen mit Frankreich zu bestimmen, das Minimum *(il limite minimo)* der Ansprüche dieser Macht kennen." *)

Das Urtheil der italienischen Unterhändler über diesen schwerwiegenden Punkt war also weit verschieden von dem des Herrn Benedetti; in den ganz confidentiellen und augenscheinlich aufrichtigen Berichten an ihre eigene Regierung betrachteten sie ein gewisses vorgängiges Territorial-Abkommen zwischen Frankreich und Preussen ohne Zweifel als eine schwierige, aber keineswegs unmögliche Aufgabe. Wir haben in unserer Studie die Frage nicht discutirt, wer von Beiden, der General Govone oder Herr Benedetti, die Lage richtiger beurtheilt habe; wir haben diese Meinungsverschiedenheit nicht einmal erwähnt: wir haben nur gefragt, wie Herr Benedetti hat glauben können, dass er nach Sadowa und Nikolsburg Preussen für gewisse Vereinbarungen zugänglicher finden könne, die es vor seinen ungeheuren Siegen und in einer äusserst gefahrvollen Krisis nicht habe annehmen wollen. Wie hat er am 5. August die Verantwortung übernehmen können, **) von Herrn von Bismarck das ganze linke

---

*) La Marmora, *Un pó più di luce,* pag. 211, 221, 275.

**) Wir sagten: „Wie hat er es auf sich nehmen können, Herrn von Bismarck die Forderungen des Tuileriencabinets zu überreichen? . . ." und Herr Benedetti sieht in den Worten „auf sich nehmen können *(pris sur lui)* die Andeutung einer Initiative. Wir haben jedoch ganz ausdrücklich gesagt: die Forderungen des Tuileriencabinets und auch sogleich die eigenen Worte des Herrn Benedetti hinzugefügt: „Ich habe nichts provocirt, ich habe noch weniger den Erfolg garantirt; ich habe mir nur erlaubt, ihn zu hoffen." Keiner unserer Leser hat über den Sinn unserer Worte sich täuschen, noch darin die Andeutung sehen können, die Herr Benedetti uns unterschiebt.

Rheinufer, die grosse Festung Mainz nicht ausgenommen, zu
verlangen, er der am 8. Juni überzeugt war, dass man von
Preussen nicht einmal ein Gebiet von dem Umfang der Grafschaft Glatz erlangen werde? Wir haben für diesen Widerspruch die einzig mögliche Erklärung gegeben, die einzige,
dürfen wir behaupten, die dem Geiste all derer sich darbot,
welche diese Ereignisse studirt haben. Vor dem böhmischen
Feldzuge, sagten wir, fühlte sich Herr Benedetti nicht stark
genug, von Preussen Gebiets-Zugeständnisse zu erlangen und
hatte um so mehr die Schwierigkeiten einer solchen Forderung betont, als er fürchtete, Preussen zurücktreten und dessen *connubio* mit Italien scheitern zu sehen, wenn man vorzeitig zu viel Gewicht auf Compensationen legte. Er zog es
deshalb vor, auf die militärischen Ereignisse zu zählen, um
aus ihnen Vortheile für sein Land zu erwerben, auf die
„Noth" zu bauen, „in welche die preussische Regierung durch
den Krieg versetzt werden könnte" (*Ma mission*, pag. 172),
denn er so wenig wie irgend ein gewöhnlicher Sterblicher
war auf den niederschmetternden Schlag bei Sadowa gefasst.
Nach Sadowa war er über Preussen's Erfolg erschrocken;
die patriotischen Beängstigungen für Frankreich nahmen nun
in seinem Herzen die Stelle der grossmüthigen Sympathieen für
Italien ein und wie er selbst es gesagt, „im Angesichte der
bedeutenden Gebietserwerbungen Preussen's war er der Ansicht, dass jetzt eine Territorialveränderung zur Sicherheit
Frankreich's nothwendig sei." (*Ma mission*, pag. 167.)
Diese Veränderung hatte er zuerst am Rhein zu finden gehofft, „vorausgesetzt, dass die Sprache seiner Regierung fest
und ihre Haltung entschlossen sei" (pag. 178); er hatte sie
darauf an der Maas und der Schelde gesucht und sich zu
der geheimen Unterhandlung wegen Belgien's hinreissen
lassen, die Frankreich so verhängnissvoll werden sollte.

Es sind wahrscheinlich nicht die von uns nach der
Schlacht bei Sadowa Herrn Benedetti zugeschriebenen „pa-

triotischen Beängstigungen," die seine Verstimmung hervorgerufen. Wären es also die „italienischen Sympathieen,"
die seine Empfindlichkeit erregten? Seine ausgesprochene
Hinneigung zum Vaterlande und zur Sache des Herrn von
Cavour ist der hervortretende Zug im politischen Leben des
ehemaligen französischen Gesandten am Berliner Hofe; aller
Welt ist es nur zu bekannt, dass Herr Benedetti jederzeit
zu den hervorragendsten Mitgliedern einer Partei gehörte,
die einen sehr grossen Einfluss in den Räthen des zweiten
Kaiserreichs genoss, einer Partei, welche die italienische Einheit als das ruhmvollste Werk der Regierung, als das für
Frankreich nützlichste Werk ansah und in deren Augen das
connubio Italien's und Preussen's als ein ungeheures Glück
für die kaiserliche Politik, als ein glänzender Sieg über die
alte Ordnung der Dinge, als ein Gewinn für das „neue Recht"
und die napoleonischen Ideen galt! Die diplomatische Laufbahn des Herrn Benedetti trägt in dieser Beziehung sogar
einen Stempel der Einheit und Untheilbarkeit, der ihm die
ewige Dankbarkeit aller italienischen Patrioten sichern sollte.
Im Jahre 1860 hatte er an dem Vertrage wegen der Abtretung von Savoyen und Nizza gearbeitet und ihn glücklich
zu Stande gebracht; dafür liess die kaiserliche Regierung den
Züricher Vertrag zerreissen und rechtfertigte damit stillschweigend die Annexion Toscana's und der Emilia. 1861 wurde
er zum bevollmächtigten Minister Frankreich's in Turin ernannt, gewissermaassen um Italien für den kürzlichen Verlust des Grafen Cavour zu trösten, jedenfalls um jenseits der
Alpen die freundlichen Beziehungen wieder herzustellen, welche
die Invasion im Königreich Italien einen Augenblick sehr getrübt hatte. Im Sommer des folgenden Jahres (August 1862)
wurde in Folge von Aspromonte und der Circulardepesche des
Generals Durando vom 10. September, der die Räumung Rom's
verlangte, die Eintracht zwischen Frankreich und Italien von
Neuem gestört. Herr Thouvenel musste darauf das Hotel am

Quai d'Orsay verlassen und Herrn Drouyn de Lhuys Platz machen, während Herr Benedetti, sowie Herr von Lavalette, sein College in Rom, sich beeilten, ihre Entlassung einzureichen, um damit ihre Missbilligung eines den italienischen Bestrebungen weniger günstig gewordenen Systems recht laut auszudrücken. Erst zwei Jahre später, den 7. October 1864, nachdem die Convention vom 15. September den Wünschen des Turiner Cabinets bezüglich Rom's Genüge geleistet, nachdem auch Herr von Bismarck durch Paris gekommen war und dort die ersten Schritte zu seinem Feldzuge gegen Oesterreich gethan, betrat er wieder die verlassene Laufbahn. Der Berliner Posten wurde zu einer Botschaft erhoben und Herr Benedetti deren Inhaber. Sein ehemaliger College in Rom, Herr von Lavalette, zögerte ebenfalls nicht, im Rathe des Kaiserreichs seinen Platz wieder einzunehmen und in demselben Augenblicke wurde dem wegen seiner Prussomanie bekannten General La Marmora die Leitung der Geschäfte in Turin übertragen. Deshalb begann auch Anfangs 1865 Herr von Bismarck seinen ersten Feldzug gegen Oesterreich in Sachen der Herzogthümer und that er seine ersten Schritte in Florenz, um eine Verständigung mit Italien herbeizuführen. Das *connubio* kam erst definitiv im April 1866 unter den Augen des Herrn Benedetti zum Abschluss.

Niemand, dass wir wüssten (und wir weniger als irgend Jemand) hat es Herrn Benedetti zum Vorwurf gemacht, dieses *connubio* ohne Wissen seiner Regierung begünstigt zu haben; Herr Benedetti aber wird gewiss nicht behaupten wollen, dass dieses Uebereinkommen zwischen Italien und Preussen nicht seine vollen Sympathieen gehabt. Der General Govone liess sich ihm gegenüber nicht auf Eröffnungen ein; zugegeben! Herr Benedetti hingegen hat dem italienischen Unterhändler werthvolle Vertrauensmittheilungen gemacht, die z. B., „dass Herr von Bismarck eine Art Verrückter sei, den er (Herr Benedetti) kenne und seit fünfzehn Jahren nicht

aus den Augen verloren habe." *) Er hatte ihm ebenfalls
gerathen, „keinen Vertrag zu unterzeichnen, sondern nur einen
vollständig discutirten Entwurf zu haben, der zur Unterzeichnung bereit läge, wenn Preussen seine Mobilisation beendigt
hätte." Glaubt Herr Benedetti Jemandem damit einreden zu
können, dass er das *connubio* habe verhindern wollen? Gewiss nicht! Damit sagte Herr Benedetti dem General Govone, dass er nur mit gutem Vorbedacht handeln möge. Damit gab er ihm einen guten Rath; man giebt aber keinen
guten Rath in einer Sache, die man scheitern sehen möchte.
Uebrigens handelte es sich nicht darum, die Italiener zum
connubio geneigt zu machen, sie waren es natürlich von vornherein; wichtig war es, den Berliner Hof dafür zu gewinnen,
über seine Skrupel zu triumphiren, ihn besonders über die
Absichten Frankreich's zu beruhigen. „Ich glaube Ihnen mittheilen zu müssen," telegraphirte der italienische Unterhändler
am 28. März an General La Marmora, „dass der Präsident
(Herr von Bismarck) Herrn von Benedetti von allem Vorfallenden genau in Kenntniss setzt." **) Herr von Bismarck
hätte dies sicherlich nicht gethan, wenn er bei Herrn Benedetti einen Widerwillen oder nur Lauheit für die italienische
Allianz vorausgesetzt hätte.

Damals wie bisher, in Frankreich wie im Ausland, in
den Augen der Publicisten wie in denen seiner eigenen Vorgesetzten (wie wir dies sogleich feststellen werden), hat der
ehemalige französische Gesandte am Berliner Hofe stets für
den kaiserlichen Beamten gegolten, der am eifrigsten am
Gelingen einer italienisch-preussischen Allianz sich betheiligte und seinem Buche *Ma mission en France* ist es in

---

*) „Del conte Bismarck dice (M. de Benedetti) che è un diplo-
matico, per cosi dire *maniaco;* che da quindici anni che lo conosce
e lo *segue* . . ." Bericht des Generals Govone vom 6. April 1866.
(La Marmora, pag. 139.)

**) La Marmora, pag. 110.

keiner Weise gelungen, eine Ueberzeugung zu erschüttern,
welche wir uns nicht scheuen, als eine allgemeine zu bezeichnen.

Es wäre uns niemals in den Sinn gekommen, in einer
so wichtigen Streitfrage mit unserer obscuren Person und unseren bescheidenen Schriften hervorzutreten; da jedoch Herr
Benedetti in den von uns früher in der *Revue des Deux
Mondes* veröffentlichten Arbeiten „besser vorbereitete und
unparteilicher geschriebene Studien" hat erkennen wollen,
so dürfen wir mit weniger Bedenken eine der Seiten zum
Zeugniss anrufen, die wir schon vor sieben Jahren jener
erschütternden Episode aus der Geschichte der Gegenwart
gewidmet haben. In unseren *Préliminaires de Sadowa*
drücken wir uns in Beziehung auf den zwischen Herrn
von Bismarck und dem General Govone im Frühling 1866
abgeschlossenen Vertrag folgendermaassen aus: „Nur einem
Kraftgenie wie Herrn von Bismarck war es möglich, mit
diesem höllischen Boten zu unterhandeln, der von seinem
Collegen, dem Grafen Barral unterstützt wurde; im Hintergrunde erschien von Zeit zu Zeit Herr Benedetti. An
dieser Stelle streckt man unwillkürlich die Hand nach einem
Band Macchiavelli aus, es gelüstet Einen, ein Kapitel der
Legazioni nachzulesen. Wie glücklich wäre der grosse Florentiner gewesen, seine drei Landsleute im Kampfe mit einem
barbaro zu sehen! . . . In Paris sah man (in diesem Vertrage) nur die einzige wunderbare Thatsache eines Pactes
zwischen einem Monarchen von Gottes Gnaden und einem
König durch Volkes Willen und man war voller Bewunderung
für die Gewandtheit des Herrn Benedetti: nur einem Diplomaten aus der neuen Schule konnte ein solches Mirakel gelingen!" Endlich zu Anfang derselben Studie, bei Darstellung
der Umstände, welche 1864 die wegen des Zwischenfalls Durando in Ungnade gefallenen Grössen wieder auf die politische
Schaubühne geführt, sagten wir: „Es wurde Herrn Drouyn

de Lhuys ohne Zweifel schwer, Herrn von Lavalette als Collegen anzunehmen, der gar kein Hehl daraus machte, dass er Lust habe, ihm sein Departement abzunehmen; es wurde ihm wahrscheinlich noch schwerer, sich einen so erklärten Gegner wie Herrn Benedetti zu seinem Hauptagenten aufdringen zu lassen. Zwei Jahre später, nach Sadowa, und am Tage als er sein Portefeuille niederlegte, musste derselbe Minister noch ein anderes Dekret gegenzeichnen, durch welches Herr Benedetti zur Würde eines Grosskreuz erhoben wurde. Wer weiss indessen, ob in der Vorstellung des Herrn Drouyn de Lhuys diese zweite Unterschrift nicht dazu bestimmt war, ihn einigermaassen an der ersten zu rächen? In der That war es vielleicht nur ein Ausfluss berechneter Malice, einen Beamten so hoch auszuzeichnen, weil er nur zu sehr einer Politik gedient, deren Verantwortlichkeit man für sich selbst entschieden von sich wies." *)

Urtheilten die ehemaligen Vorgesetzten des französischen Ex-Botschafters am Berliner Hofe etwa anders? Herr Benedetti selbst liefert uns in dieser Beziehung ein werthvolles Zeugniss, das wir uns wohl hüten werden, zu übergehen. Er erzählt (*Ma mission*, pag. 148), dass im Januar 1870 der damalige Minister der auswärtigen Angelegenheiten, Herr Graf Daru, in einem Briefe Anspielungen auf die Ereignisse von 1866 in Ausdrücken gemacht, die den Gesandten nicht wenig verletzten: „Der Territorialbestand Preussen's," hatte ihm Herr Daru geschrieben, „ist die Folge von Ereignissen, die es vielleicht nicht von Ihnen abgehangen zu verhindern . . ." Vier Jahre nach Sadowa also schrieb man noch immer Herrn Benedetti in den Bureaux des Quai d'Orsay einen bedeutenden Antheil an jenen verderblichen Ereignissen zu. Der Gesandte hielt es für zeitgemäss, seinen neuen Vor-

---

*) S. die *Revue des Deux Mondes* vom 15. September und 1. October 1868.

gesetzten über „die Rolle, die er bei jener Gelegenheit gespielt," in einem Privatbrief vom 27. Januar 1870 aufzuklären. „Ich weiss wohl," lesen wir hier, „was Alles hierüber gesagt worden ist; aus Gründen aber, die Sie, wie ich
nicht bezweifle, zu würdigen wissen, habe ich nicht daran gedacht, den Theil von Verantwortlichkeit, den man mir zu-
schob, abzulehnen und zu diesem Zwecke die Irrthümer zu
widerlegen, die ein falsch berichtetes Publikum nur zu leicht
aufgenommen." Er führt dann aus, dass er „ein thätiger,
correcter, voraussichtiger Berichterstatter" gewesen und be-
ruft sich deshalb auf seine im Archiv der auswärtigen Angelegenheiten niedergelegte Correspondenz. „Ich muss hinzufügen, dass ich niemals, und bei keiner der von mir
erfüllten Missionen andere Correspondenzen geführt habe
als diejenige, deren Zeugniss im Departement oder in den
Händen Ihrer Vorgänger sich befindet, und dass ich in allen
Epochen meiner Laufbahn keine andern Befehle auszuführen gehabt als die mir direct von ihnen ertheilt worden
sind." (*Ma mission*, pag. 148—149). Dies genügt Herrn
Benedetti noch nicht und indem er diesen Brief veröffentlicht,
begleitet er ihn (pag. 150) mit einem triumphirenden Commentar: „Ich habe ein fest stehendes und unzweifelhaftes
Factum bekräftigt, wenn ich in meinem Briefe (an Herrn
Daru) hervorhob, dass ich bei keiner Gelegenheit (diese
Worte sind von Herrn Benedetti selber unterstrichen) die
Ehre gehabt, eine directe und confidentielle Correspondenz
mit dem Kaiser zu führen. Er hat mich seines Vertrauens
gewürdigt und mir auch manchmal seine Zufriedenheit aus-
gedrückt; niemals hat er mir seine Befehle anders als durch
Vermittlung seines Ministers der auswärtigen Angelegenheiten
zukommen lassen, mit dem ich ausschliesslich correspondirt
habe. Niemand, denke ich, wird annehmen, dass ich dies in
so bestimmter Form hätte behaupten dürfen, wie ich es in
dem Briefe an den Herrn Grafen Daru, meinen unmittelbaren

23

Vorgesetzten, gethan, wenn ich dazu nicht vollständig berechtigt gewesen wäre."

Unglücklicherweise sieht sich Herr Benedetti einige Seiten weiter (pag. 194) zu dem Geständniss genöthigt, dass er in seiner Unterhandlung über einen geheimen Vertrag wegen Belgien's eine Correspondenz geführt, die nicht durch das Departement der auswärtigen Angelegenheiten gegangen und die der Leiter dieses Departements nicht kannte. „Ich erachtete es für passend," lesen wir hier, „an den Staatsminister, Herrn Rouher, den Brief zu richten, in welchem ich über meine Unterredung mit Herrn von Bismarck Rechenschaft ablegte und der dem Vertragsentwurf wegen Belgien's beigefügt war. Herr Rouher hat die Correspondenz, die ich einige Tage mit ihm geführt, nicht im Ministerium niedergelegt, da er dessen Leitung niemals unternommen hat." Freilich behauptet Herr Benedetti, um diesen schweren Ordnungsfehler zu bemänteln, dass Herr Drouyn de Lhuys gegen Mitte August seine Demission eingereicht hatte: „Es gab also in jenem Moment keinen Minister der auswärtigen Angelegenheiten;" wir haben ihm jedoch bewiesen, dass Herr Drouyn de Lhuys nicht vor dem 1. September 1866 sein Portefeuille verlor. Bis zu diesem Datum hat Herr Drouyn de Lhuys nicht aufgehört, das Departement zu leiten, und zwar mit dem Wunsche, an demselben zu bleiben und das völlige Aufgeben der traditionellen französischen Politik zu hindern; der Gesandte selbst citirt in seinem Buche mehrere Depeschen, die er mit ihm über ernste Fragen noch am 21. und 25. August gewechselt (pag. 204 und 223); nur die Unterhandlung über den Vertrag wegen Belgien's hat Herr Benedetti für „passend" erachtet, seinem unmittelbaren Vorgesetzten zu verschweigen und mit dem Staatsminister allein darüber zu reden. Diese Unterhandlung hat nicht nur ihren Anfang, sondern auch ihr Ende gehabt (sie wurde von Herrn von Bismarck abgebrochen), *stets während des Ministeriums des*

Herrn Drouyn de Lhuys und ohne sein Wissen. Es hat
also *eine Gelegenheit* gegeben, bei welcher Herr Benedetti
nicht ausschliesslich mit dem Minister der auswärtigen Angelegenheiten correspondirte! es hat also *eine Epoche in der
Laufbahn* des Herrn Benedetti gegeben, in der er Befehle
empfangen, die ihm nicht durch Vermittlung des Quai d'Orsay
zugekommen! Und wie sollen wir dem ehrenwerthen Grafen
Daru es verargen, wenn er meinte, dass das was im Monat
August 1866 geschehen war, auch in den Monaten März und
April desselben Jahres hatte geschehen können.

Herr Benedetti übergeht in seiner Reclamation diesen
Zwischenfall den Vertrag wegen Belgien's betreffend mit tiefstem
Stillschweigen; derselbe bildet jedoch den Cardinalpunkt, den
einzig wahrhaft inhaltsschweren Punkt der Debatte, den einzigen
auch, wegen dessen wir uns ihm gegenüber den Vorwurf erlaubt, ohne Wissen, nicht seiner Regierung, sondern seines
Ministers, gehandelt zu haben. Fände Herr Benedetti darin
vielleicht auch nur einen anekdotischen Nebenumstand, der
sich mit der Würde der Geschichtschreibung nicht vertrage. Er
hatte in der That anfangs in seinem im Moniteur vom 29. Juli
1870 publicirten Briefe versucht, diesem bedauernswerthen
Ereigniss eine ganz anekdotische Wendung zu geben, diesem
compromittirenden Actenstück so zu sagen eine *generatio
spontanea* zuzuschreiben; er habe sich nur von den Ideen
des Herrn von Bismarck eine genaue Kenntniss verschaffen
wollen und nur „eingewilligt, sie gewissermaassen nach seinem Dictat niederzuschreiben." Er hat natürlich diesen Scherz
nicht lange fortsetzen können, er hat in seinem Buche eingestehen müssen, dass er eine wirkliche Unterhandlung angeknüpft, und Herr von Bismarck hat sich seither das boshafte
Vergnügen gewährt, die verschiedenen Phasen dieser Unterhandlung durch verschiedene Auszüge aus den Papieren von
Cerçay zu beleuchten und sie im Preussischen Staatsanzeiger
als Antwort auf das Buch des Herrn Benedetti abdrucken

zu lassen. „Während meiner langen Laufbahn," sagt Herr
Benedetti in der Vorrede zu seinem Buche (pag. 4) bin ich
nur bei drei verschiedenen Gelegenheiten beauftragt gewesen,
Unterhandlungen zu einem genau angegebenen Zweck zu eröffnen, wobei mir mit einem Theil der Initiative ein verhält-
nissmässiger Antheil an der Verantwortlichkeit überlassen
wurde." Er zählt diese drei Unterhandlungen auf und be-
weist, dass er sie alle glücklich zum Ziele geführt; aber er
hütet sich wohl, seine Unterhandlung wegen Belgien's dazu
zu zählen, in der man ihm indessen einen Theil der Initiative gelassen und in der wir ihm ebenfalls seinen Antheil an
der Verantwortlichkeit überlassen wollen.

Wir überlassen ihm ebenfalls den Ton seiner Polemik:
er ist *sui generis* wie seine Diplomatie, und hier ist es an-
gebracht, mit Herrn von Bismarck zu sagen: „Herr Benedetti ist zu schlau für uns."